中国文化遗产研究院　编著

吴炎亮　王闯　卢治萍　著

查海聚落经济形态研究

文物出版社

图书在版编目（CIP）数据

查海聚落经济形态研究 / 中国文化遗产研究院编著；
吴炎亮，王闯，卢治萍著 . -- 北京：文物出版社，
2025.4

ISBN 978-7-5010-8239-1

Ⅰ.①查⋯　Ⅱ.①中⋯ ②吴⋯ ③王⋯ ④卢⋯　Ⅲ.
①新石器时代文化—文化遗址—研究—阜新蒙古族自治县
Ⅳ.① K878.04

中国国家版本馆 CIP 数据核字（2023）第 214809 号

查海聚落经济形态研究

编　　著：中国文化遗产研究院
著　　者：吴炎亮　王　闯　卢治萍

责任编辑：王霄凡
责任印制：张　丽

出版发行：文物出版社
社　　址：北京市东城区东直门内北小街 2 号楼
邮政编码：100007
网　　址：http://www.wenwu.com
邮　　箱：wenwu1957@126.com
经　　销：新华书店
印　　刷：宝蕾元仁浩（天津）印刷有限公司
开　　本：787mm×1092mm　1/16
印　　张：19.25
版　　次：2025 年 4 月第 1 版
印　　次：2025 年 4 月第 1 次印刷
书　　号：ISBN 978-7-5010-8239-1
定　　价：280.00 元

序

查海遗址是中国东北地区新石器时代早期最具代表性的遗址之一，经过20世纪的多次发掘，取得了十分重要的考古学研究成果，具有很高的学术影响力。该遗址的文化内涵丰富，年代序列清晰，遗址中发现了结构完整的原始聚落、位于中心广场的龙形堆石、祭祀坑、居址葬以及组合完整的陶器和石器、早期玉器等，在兴隆洼文化乃至同时代其他考古学文化遗存中，都很有代表性。

早在20世纪80年代，著名考古学家苏秉琦先生曾经亲临遗址现场考察，并题词"玉龙故乡，文明发端"，可见其在中华文明起源研究方面的重要性。在已经出版的考古发掘报告基础上，以吴炎亮同志为首的研究团队以遗址出土的丰富石器遗存为研究对象，在其他证据并不十分充分的情况下，进一步解读和论证了该遗址的经济形态。这是对以往研究成果的一个有益补充，在一定程度上填补了查海遗址的研究空白，无疑具有重要的学术意义。

地层学和类型学是前期田野发掘工作和后期资料整理研究工作中的两大研究方法和手段。类型学对研究和认识石器时代社会的经济形态有着不可替代的重要性——我们可以从石器的形制上了解其功能。但同时，类型学也存在不可避免的缺陷，即无法获得功能方面的直接证据。研究团队在传统考古类型学基础上，结合新技术、新手段，既采取微痕观察的方法开展研究，又通过实验考古的方法进行有依据的论证；既对第一手考古资料进行了系统而扎实的整理，又基于新技术新方法对其进一步阐释。这种采用新方法与传统类型学方法相结合的研究手段和途径得出的研究结论，使我们对于查海聚落经济形态的研究结果更具可信性。这是考古学研究方法上的一次创新，也是本书可以作为一部考古学探索之作的意义所在。

本书是吴炎亮同志主持的国家社科基金项目《石器视野下的查海聚落经济形态研

究》的后期成果之一，是在项目结项报告的基础上调整和充实而成的，是研究团队多年的积淀和总结。

　　衷心祝贺《查海聚落经济形态研究》的出版，期望对同行相关研究有所帮助。

中国文化遗产研究院院长

二〇二四年一月

目录

第六章
铲形石器的实验考古　　*141*

第七章
查海聚落遗址经济形态分析　　*181*

插图目录

表格目录

第一章
研究对象和研究目的

查海新石器时代遗址有着丰富的文化内涵和保存良好的原始村落遗址。该遗址发现于1982年，经多次考古发掘，揭露了距今约7600年的聚落遗址和大量房址、窖穴、墓葬等遗迹，以及玉器、陶器等遗物。这些发现对研究史前文化具有重要意义。

本研究聚焦于查海遗址出土的铲形石器，采用考古类型学、微痕分析和实验考古方法，旨在深入分析石器功能和使用方式，探讨查海聚落经济形态。研究不仅关注石器本身，还结合其他领域成果，力求全面分析材料，得出可靠结论。通过对查海遗址经济形态演变的对比分析，为理解中国北方山区旱作农业文明的起源和文化发展提供了新视角，同时为探讨现代社会经济发展与自然资源环境保护的关系提供历史借鉴。

第一节　查海遗址的考古调查与发掘概况

查海遗址是目前辽宁省内发现的年代最早的新石器时代遗址，该遗址保存较好，文化内涵丰富，是史前古村落遗址的典型代表，发现遗迹有房址、窖穴、居址葬、墓葬、龙形堆石遗址、中心广场和环壕遗址。由于周围没有现代村庄的干扰，查海遗址极好地保留了原始村落的自然风貌。玦形玉器、龙形堆石以及人神崇拜[1]，是查海遗址中的重要发现，也是史前考古研究不可多得的重要资料。

1982年5月，查海遗址由阜新市文物干部赵振生发现。与此同时，在附近地区做考古调查工作的刘葆华、孙杰和袁海波等人又在沙拉乡五田地、四合乡冠山沟两地发现与查海遗址文化内涵相似的遗址。同年秋，在康平县举办的辽宁省文物资料普查工作研讨会开幕式上，大家认真地逐条分析了查海村附近新发现遗址的文化内涵，总结了其文化面貌与特点。这些遗址地层中的遗物堆积一般比较简单，文化层积也较少；居址多为半地穴式，直辟于花岗岩或片麻岩的基岩层内；但其遗物种类较特殊，尤以平肩宽刃铲状石器及"之"字形纹直腹陶罐残片等为主要特征。当时，与会者一致认为这应是一种新的考古学文化。随后，孙守道、魏凡等十几人先后对遗址进行了复查，根据遗物特征推测其应是距今至少7000余年的一处大型聚落址。

1985年9月，著名考古学家苏秉琦莅临辽宁查海、牛河梁等遗址实地考察时指出，查海遗址类型当是先红山文化主源区型之一。据此，苏秉琦提出了关于先红山文化起源问题的科学观点。在此基础上，他又通过深入考察红山陶器上出现的各种压印、刻划及纹饰形态演变规律，指出查海遗址出土文物的纹饰变化或将最大程度探讨和解决"之"字纹的起源问题。在苏秉琦的大力建议和组织下，从1986年春季开始，辽宁省文

---

[1] 2019年9月23日，郭大顺应邀出席"查海文化学术论坛"，期间作题为《玉·龙·轴·神》的关于查海遗址考古发现的专题讲座，阐述了关于查海遗存"四大发明"的看法。

物考古研究所（2021年9月更名为辽宁省文物考古研究院）开始对查海遗址进行全面、正式的考古发掘。

1986年，对查海遗址开展第一次大规模试掘，并发表和公布了试掘简报。此次考古工作主要取得三方面收获。

第一，对整个遗址区域进行了一次全面普探，先后四次在遗址四周发掘探沟75条，确定了整个遗址的分布范围与面积。

第二，在该遗址南缘部分（冲沟的北侧）相继发掘了5米×5米探方6个，发现1座房址和其他建筑遗物，通过分析初步确定了这一遗址的文化内涵。

第三，对遗址区内房址（F1）出土的木炭标本进行了碳十四年代测定，确定此遗址的年代为距今6925±95年，经树轮校正后为距今7600年。这组科学数据充实了新石器时代考古编年资料，为下一阶段开展大规模田野考古发掘及科学研究工作奠定了坚实的基础。

1987、1988、1990年又对该遗址进行了三次清理发掘，并在《辽海文物学刊》《文物》[1] 发表了工作情况及初步分析。

这三次考古发掘面积共1500平方米，工作区域位于Ⅰ、Ⅱ、Ⅳ区内的冲沟两侧。沟南区和沟Ⅳ区现已基本封闭，未见任何考古遗迹，沟北区及沟Ⅰ、Ⅱ区共发掘13处房址（编号F1～F13，包括1986年发掘的1座房址）、7处窖穴（编号H1～H7）、3座墓葬（编号D1～D3）、3处居室葬（F7M、F16M、F18M）。出土遗物十分丰富，包括陶器、石器、玉器。这三次发掘的主要收获及重要发现如下。

第一，廓清了该聚落遗址的范围，使该聚落遗址及其东南部房址排列的布局规划、范围与方位特点逐渐清晰。发掘的13座房址，皆为南北向半地穴式，排列有序，方向大体一致，基本在195°～220°。房址的内部和中部皆设灶，内、外两圈墙都有柱网，生产工具、生活用具等遗物组合齐全。

第二，出土了一件早期玉器。该玉器于1989年经中国地质科学院地质研究所鉴定为透闪石软玉，这是我国迄今发现较早的使用真玉的实例。苏秉琦认为这一发现解决了三方面问题：一是对玉文化的认识，二是关于玉器的加工，三是关于玉的使用。

---

[1] 辽宁省文物考古研究所：《辽宁阜新县查海遗址1987～1990年三次发掘》，《文物》1994年第11期；方殿春：《阜新查海遗址的发掘与初步分析》，《辽海文物学刊》1991年第1期。

第三，1990年在遗址内发现了我国少见的、完整的类龙纹陶器残片，该陶器残片发现于居室葬（F7M）内，该居室葬内还先后清理出大、中、小玉匕形器6件。

第四，新采集的木炭标本经碳十四测定，再次确定年代为距今7360±150年（未经树轮校正）。

1992～1994年，辽宁省文物考古研究所先后对该遗址进行了三次较大规模的发掘，并在《辽宁考古文集》发表了相关工作成果。发掘面积共5800平方米，主要发掘区域为Ⅰ、Ⅱ区。其中，1992年的揭露区域面积近1000平方米，主要位于遗址南部。主要发现包括10座房址（编号F14～F23）、3处窖穴（编号H8～H10）、1处陶器堆（编号D4）、2处居室葬（编号F19M、F21M）。F20灶内还发现1具发育完全的猪上颌骨，F16灶内发现2块猪盆骨。另外，还出土十余件精美的玉器。

遗址1993年发掘面积为2500平方米，主要发掘区域为Ⅰ、Ⅱ区，位于遗址西北部。主要发现包括16座房址（编号F24～F39）、18处窖穴（编号H13～H30）。这次发掘的房址，地下部分带有一层基岩夹层及二层平台层构造；也有的房屋地下墙壁南端或东南端向外凸，呈半椭圆形，推测为出入的通道。部分房址内还发现有灶底铺石现象。在一些房址范围内发现一些破碎且质地疏松的猪骨残渣、炭化的山杏核外壳残片及山胡桃果核。在上述16座的房址群范围内，另有三组7座房址相互间似乎具有打破关系。这些发现为进一步研究查海遗址和早期中国历史分期提供了大量重要实物依据。此外，F39范围内发现了2件塑、刻有蟾蜍和蛇衔蛙题材动物纹样的直腹罐，这在中国新石器时代考古发现中较为罕见。

遗址1994年发掘面积近2300平方米，主要发掘区域为Ⅰ区，即遗址群的中部和东北部。主要发现包括16座房址（编号F40～F55）、5处窖穴（编号H31～H35）、1处居室葬（编号F43M）、1处龙形堆石遗迹、10座大型墓葬（编号M1～M10）、2处大祭祀坑群（编号H34、H36）、2段环壕（编号G1、G2）。在这次发掘及研究过程中，发现了一组有明显早、晚打破关系的房址，即F47、F48、F52、F55，为进一步考证和研究查海遗址内涵变化及其历史分期规律提供了新的依据。新发现的F46位于聚落遗址中心偏北，面积近120平方米，是新发掘范围内规模最大的一处房址。该房址出土一对大铲形石器，形制规模远超其他房址出土的同类器。推测该居室是当时聚落内政治、经济地位较高者的住房，或是军事、聚会、宗教祭祀用房。环壕沟的发现确定了该聚落的四至。聚落中心墓地、祭祀遗址及复杂的大型龙形堆石等的发现，为开展科学研究工作，探讨聚落遗址总体结构、布局特点及演变，了解当时该地区的自然地理环境及人类活动、物质生活方式和意识形态变化等重大问题，提供了更多翔实的资料。

三次考古发掘工作结束后，发掘者陆续对发掘资料进行了全面、系统的整理，对出土遗物进行了修复保护，并启动了考古报告编写工作。经过几年时间的艰苦努力，2012年11月，《查海——新石器时代聚落遗址发掘报告》（以下简称《报告》）正式出版，详细地公布了发掘成果。

该考古发掘报告是对查海遗址历次考古工作成果的一次集中梳理和总结，全面揭示了查海遗址的文化面貌。由于时间有限，报告编写者没有对查海遗址所体现的经济形态进行深入细致的研究，这就为我们提供了一次研究机遇。本书以石器为研究对象，其中以铲形石器为重点，在传统考古学研究方法的基础上，以微痕观察和实验考古为手段，对查海聚落的经济形态进行综合研究，这也是对已经发表的考古报告的有益补充。

第二节　研究简史和研究现状

新石器时代各考古学文化的经济形态一直是国内外学术界的重点研究方向之一，并已经取得丰富的学术成果。

一、查海遗址的文化属性

学术界对查海遗址的认识经历了一个逐渐变化的过程。起初，查海遗址早、中、晚三期被视为同一考古学文化的不同发展阶段，称为"兴隆洼文化"[1]"查海文化"[2]或者"查海—兴隆洼文化"[3]。随着考古实践和研究工作的深入，人们意识到它们可能代表了不同的文化类型。1987年，内蒙古自治区敖汉旗小河西遗址的发掘，发现了以夹砂素面陶筒形罐为特色的器物群，于是发掘者提出了"小河西文化"的命名[4]。小河西文化可能是截至目前在辽西地区发现的最早的新石器时代考古学文化，其具体年代被专家推定为距今约8200年。目前，相关研究者已倾向于将查海遗址早期划入小河西文化范畴，而把查海遗址中、晚期视为兴隆洼文化遗存，并将查海文化的具体年代确定为距今8200～7200年。查海遗址中、晚期都流行直腹罐，纹饰风格也相同，说明它们之间应有一定的继承关系。晚期流行的"之"字纹应是由早期的交叉纹、"人"字纹发展演变而来的。"之"字纹在出现时便与筒形罐相结合，形成了"'之'字纹筒形罐传

---

[1] 中国社会科学院考古研究所内蒙古工作队：《内蒙古敖汉旗兴隆洼遗址发掘简报》，《考古》1985年第10期。

[2] 辽宁省文物考古研究所：《辽宁阜新县查海遗址1987～1990年三次发掘》，《文物》1994年第11期；方殿春：《阜新查海遗址的发掘与初步分析》，《辽海文物学刊》1991年第1期。

[3] 郭大顺：《辽宁史前考古与辽河文明探源》，《辽海文物学刊》1995年第1期；辽宁省文物考古研究所：《查海——新石器时代聚落遗址发掘报告》，文物出版社，2012年。

[4] 杨虎：《敖汉旗榆树山、西梁遗址》，中国考古学会编《中国考古学年鉴（1989）》，文物出版社，1990年，第131页。

统"，这一传统对东亚地区新石器时代文化格局产生了很大影响[1]。

由于专门对查海遗址经济形态进行的研究较少，我们不妨首先对查海遗址所属的小河西文化和兴隆洼文化的经济形态进行一下梳理。

二、小河西文化的经济形态

关于小河西文化的经济形态，多位学者应用考古类型学和聚落考古的方法研究后指出，小河西文化以农业为主，采集和狩猎也占很大比重。杨虎认为，小河西文化遗存与兴隆洼文化有高度的区域相似性，这种区域相似性应当看作是对小河西文化遗址与兴隆洼文化年代相近、经济类型特点相同的反映。小河西文化先民们长期从事定居的农耕生活，同时兼营渔猎经济[2]。索秀芬认为，在小河西文化查海遗址一期居住面出土的生产工具有用于砍伐的石斧、用于掘土的锄形器、用于收割的石刀、加工谷物的磨盘和磨棒、用于砍砸的砍砸器、用于磨制的沟槽器以及环形有孔石器等，是一整套农业生产工具，因此该遗址经济形态当以农业为主。在居住面西北部还有一大批炭化山杏核，表明采集业也是其重要经济成分[3]。在古植物和古动物遗存的调查及研究方面，查海遗址一期还发现大量有炭化痕迹的山杏核、核桃皮、胡桃楸、榛子壳、果核等，表明采集经济在小河西文化生业方式中占有很大比例。而石器碎片及陶片表面残留物样品的植物淀粉粒植硅体分析，表明小河西文化可能已经开始驯化粟类植物[4]。

三、兴隆洼文化的经济形态

以冈村秀典为代表的部分日本学者认为，兴隆洼文化先民长期在山地森林、河流湿地中开展狩猎、采集野生坚果、捕鱼等活动，其生业活动分布的地理范围已经极为广阔，物质生产能力足以支持当时众多的人口。严文明认为，兴隆洼文化已经有了比较发达的农业[5]。杨虎认为，兴隆洼文化属于一种从事定居的农耕生活、兼营渔猎的社会

[1] 王闯:《中国东北及华北地区之字纹研究》，辽宁人民出版社，2013年。

[2] 杨虎:《敖汉旗榆树山、西梁遗址》，中国考古学会编《中国考古学年鉴（1989）》，文物出版社，1990年，第131页。

[3] 索秀芬、李少兵:《小河西文化聚落形态》，《内蒙古文物考古》2008年第1期。

[4] 孙永刚:《西辽河上游地区与中原地区史前生业方式比较研究》，《辽宁师范大学学报（社会科学版）》2015年第2期；马志坤等:《西辽河地区全新世早中期粟类植物利用》，《中国科学·地球科学》2016年第7期；

[5] 严文明:《东北亚农业的发生与传播》，《农业发生与文明起源》，科学出版社，2000年，第36页。

经济类型[1]。还有部分学者也持相同的观点，例如姚义田《东北亚的石制农具》（1994），蔺小燕《兴隆洼文化经济形态分析》（2007），崔岩勤、姜黎梅《兴隆洼文化经济形态简析——从考古发掘出土的生产工具及动植物遗存谈起》（2007），崔岩勤《赵宝沟文化生产工具初析》（2008），李艳红《试析兴隆洼文化的原始农业遗存——从其出土的石铲与石锄谈起》（2008），吕昕娱《红山文化经济形态述论》（2009），韩英《兴隆洼文化的生产工具与经济形态》（2013）等。有些学者还把对生产工具组合的认识与动植物考古材料相结合，互相印证。值得一提的是，张星德的《辽西地区新石器文化工具的量化研究与农业水平评估——兼论辽西地区文明起源的特点》一文中，将量化分析引入考古学研究中，比单纯运用类型学的定性研究更加科学和规范[2]。

随着科技考古的发展，植物考古学、动物考古学和稳定同位素分析、石器微痕分析等新方法、新技术开始应用到兴隆洼文化的经济形态研究中。

植物考古学方面，在兴隆沟遗址和查海遗址的考古发掘及研究实践中，先后多次进行过比较完整、系统、科学的植物考古研究，建立了更为科学、系统和持续性的田野考古植物取样、标本采集、植物浮选与实验体系，发现了极为珍贵的炭化植物遗存。兴隆沟遗址第一地点采集的炭化黍粒中还保留了粒形相对狭长、尺寸普遍较小的原始野生黍。赵志军根据浮选结果，并结合其他出土遗物进行研究，认为兴隆洼文化处在"似农非农"的社会经济发展阶段[3]。对查海遗址出土的炭化植物种子、果实以及石器上残存的植物淀粉粒进行的研究表明，查海先民的主要食物来源为可食用的野生植物，在查海先民遗留的植物性食物遗存中，禾本科植物占据了显著的地位[4]。

动物考古学方面，索秀芬、李少兵两次通过取样对河北兴隆洼文化遗存出土的古动物种类结构和分布数量进行调查分析，发现野生动物种群占多数，而家养动物较少。

[1] 杨虎：《试论兴隆洼文化及相关问题》，《中国考古学研究》编委会编《中国考古学研究——夏鼐先生考古五十年纪念论文集》，文物出版社，1986年。
[2] 张星德：《辽西地区新石器文化工具的量化研究与农业水平评估——兼论辽西地区文明起源的特点》，《东北史地》2008年第6期。
[3] 赵志军：《从兴隆沟遗址浮选结果谈中国北方旱作农业起源问题》，南京师范大学文博系编《东亚古物（A卷）》，文物出版社，2004年，第187页。
[4] 王育茜等：《辽宁阜新查海遗址炭化植物遗存研究》，《北方文物》2012年第4期；吴文婉等：《辽宁阜新查海遗址早期生业经济研究——来自石器表层残留物淀粉粒的证据》，《考古与文物》2014年第2期；辽宁省文物考古研究所：《查海——新石器时代聚落遗址发掘报告》，文物出版社，2012年，第630页。

由此推测，狩猎经济可能在此时占有十分重要的地位[1]。通过系统地整理查海遗址发现的动物骨骼，可以看出猪是查海居民的主要肉食来源。

同位素对比分析研究方面，张雪莲等学者对兴隆洼三处遗址保存的部分人骨样本和一些动物骨骼样本的同位素分析结果显示，这三处遗址居民的总体食物结构中显示了一定的食肉量，说明狩猎行为在先民的生业活动中仍然占有相当比例。动物骨骼则体现了不同程度的人工饲养痕迹，显示出旱作农业的特征，并说明先民们此时已开始小规模圈养动物[2]。

石器微痕观察研究方面，王小庆等通过对出土的大量细石叶石器微痕进行观察，并结合其他早期生产工具特点及古遗址环境学、地质学的研究成果，认为当时中国富饶的自然资源环境与相对优越的人文环境均为人类生活技术水平的发展提供了极为有利的条件，依靠当地自然资源的矿石采集和狩猎是维持当时当地人类长期生存的两种主要经济活动[3]。

[1] 索秀芬：《辽西地区新石器时代动物遗存》，《草原文物》2013年第1期。
[2] 张雪莲等：《兴隆沟遗址出土人骨的碳氮稳定同位素分析》，《南方文物》2017年第4期。
[3] 王小庆：《兴隆洼与赵宝沟遗址出土细石叶的微痕研究——兼论兴隆洼文化和赵宝沟文化的生业形态》，《西部考古》(第一辑)，三秦出版社，2006年。

第三节　研究对象、研究方法和研究思路

一、研究对象

查海遗址出土的石器以大型石器为主，其中铲形石器最具特点，数量也最多，对其进行深入研究对认识查海石器及聚落经济形态有着极为重要的作用。现代的铲有多种样式，如厨房料理的锅铲、农业生产的锄铲、花卉种植的园艺铲、儿童游戏的玩具铲以及考古发掘及勘探用的手铲和洛阳铲等。它们的用途不尽相同，造型也有差别，之所以能够冠以"铲"名，是因为都具备挖掘或抛掷物料的基本功能。

"铲形石器"，因其器形类似现代的铲而得名，《报告》采用了这一名称。然而，"铲形石器"并非专有名词，也不是学术术语，更不代表具有独特使用方式和功能的一类器物。换句话说，我们不能用生活中"铲"的概念直接解读铲形石器，也不能简单地用现代铲的用途诠释它的功能。铲形石器，是古代先民在生产劳动中使用的工具，一些考古材料称之为"石铲""石锄"或"铲形器""锄形器"。但在没有经过系统观察和研究之前，"铲"或"锄"之类带有功能固化性质的名称容易误导人们的思维，而区分"铲形"和"锄形"亦无实际意义。这里将外形似铲或锄类的石质工具统称为"铲形石器"，主要目的在于确定研究范围。

查海遗址出土各类石器（包括细石器）共计2411件，其中铲形石器349件（包括残器和残片），约占出土石器总数的14.48%，数量仅次于敲砸器，成为查海遗址出土的重要石器种类之一。铲形石器主要出土于房址居住面，在已揭露的55座房址中，有46座出土有铲形石器，总计224件，占出土铲形石器总数的64.18%（图1–1）。其中，可分辨具体形制的有110件，无法分辨形制的残片114件。每座房址出土铲形石器的数量为1～15件不等，46座房址出土铲形石器的平均数量约为4.87件。

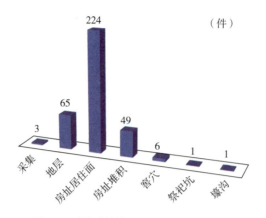

图1-1 查海遗址铲形石器数量分布统计图

　　未出土铲形石器的房址有9座（F8、F12、F22、F28、F37、F38、F41、F42、F44），这些房址中出土遗物均很少。若不计玉器和细石器数量，55座房址出土大型石器共1470件，平均每座房址出土26.73件；出土铲形石器的46座房址中共出土大型石器1382件，平均每座房址出土30.04件；而其余9座房址中出土大型石器共88件，平均每座房址出土9.78件。从箱线图中也可发现，未出土铲形石器的9座房址与其他房址中出土石器的数量相差悬殊，说明这9座房址的废弃程度相对较高，其遗物现存状态很难反映房屋使用时期的原貌（图1-2）。

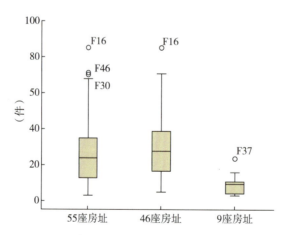

图1-2 查海遗址房址出土大型石器数量分布箱线图

　　查海遗址出土铲形石器不仅数量众多、涵盖面广，而且特征明显、形制多样。《报告》中依据其整体及各部位的形态差异划分出A～F共6型、11个亚型（图1-3）。然而，单纯的形态分类不能完全适用于功能分析。因此，本书将在考古类型学基础上，结合微痕分析和实验考古等方法，按照铲形石器的综合形态和功能对其进行分类。

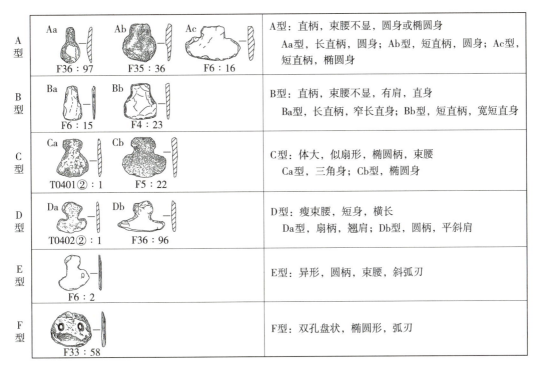

图1-3 《报告》中铲形石器的分类

二、研究方法

一是考古类型学。考古类型学是研究遗存外部形态特征并探索其变化规律的方法体系。本书主要通过器物形态分类和宏观特征观察，对器物数量与类型的宏观统计，结合聚落布局和结构，进行使用功能推断。

二是微痕分析。在考古学发展的特定时期，科技手段的运用能够解决以往无法探讨的问题[1]。20世纪90年代，中国出现了微痕研究的热潮，并由此带动了实验考古的发展[2]。具有某种特定功能的器物，除了拥有相对固定的外形外，经过长时间的使用后，还会在器物表面留下相应的使用痕迹。影响使用痕迹的因素主要有两个，分别是使用方式和作用对象。笔者采用了10倍光学珠宝放大镜、视频显微镜（型号为GP-660V，0.7～4.5倍变焦，结合屏幕可放大15～100倍）以及微距摄影设备（佳能100毫米微距镜头）等，对器物表面的各种微痕特征进行了细致地观察和详细地记录，并据此探讨铲

[1] 袁靖：《中国科技考古导论》，复旦大学出版社，2018年，第4页。
[2] 高星、沈辰：《石器微痕分析的考古学实验研究》，科学出版社，2008年。

形石器的基本制作工艺、使用方法以及具体作用对象。

三是实验考古。实验考古是通过可控条件下的模拟实验复原古人的行为及其所产生的物质遗存的一种考古学研究方法。研究者可借此认识并解读古人的生产、生活方式，探寻人类演化和发展的一般规律，"石制品的生产和使用的实验研究运用将今比古的方法，成为了解古人类生产水平、生活资料的利用、生计策略、行为特点和对环境的适应能力的重要手段之一，进而用来诠释旧石器时代乃至稍晚时代人类生产、生活以及社会关系等重大问题"[1]。

三、研究思路

根据研究对象的特点并结合预定的研究目标，本书的研究思路分为三个层次（图1-4）。

其一为行为过程研究。

劳动工具与人类行为息息相关，人类在利用某类工具时势必会产生一定的群体性行为模式。相同的工具大致对应相似的行为，而相同的行为又大体产生相似的结果。因此，对工具种类的区分及功能过程的研究，可以使我们捕捉和窥见古代人类行为模式的差异。

工具与人类行为的关联性主要表现在三个方面，即技术流程、使用过程和产业分工。而这三个方面也恰好对应着层级递进的三种研究方法，分别是操作链、生命轨迹和产业链。操作链是对技术流程的动态分析，生命轨迹是对遗物生命过程的社会学研究，产业链考察的是不同手工业体系之间的关系及手工业部门之间的关系[2]。

本书的研究侧重于铲形石器的生命轨迹层面，对于操作链和产业链两种方法，根据研究的需要，也会有所涉及。任何器物都有其制造、分配、使用、修改和废弃的生命过程，只有将这一过程完整、系统地揭示出来，才能把平面、静止的分类研究转变为立体、动态的分析过程，以达到由"物"及"人"的研究目的。我们无法直接窥视别人的想法，但通过某些行为表现可以知道其思考方式。用动态的视角去观察、描

[1] 张森水：《遗憾与欣慰》，高星、沈辰编《石器微痕分析的考古学实验研究》，科学出版社，2008年。

[2] 秦小丽：《新石器时代的手工业》，袁靖编《中国新石器时代考古讲义》，复旦大学出版社，2020年。

述、分析遗存形成过程时，可以了解一些与之密切相关的古代人类行为活动，由此建立起"今人"与"古物"，"古物"与"古人"沟通的桥梁，实现"今人"与"古人"的隔空对话，这就是考古学研究的思维。

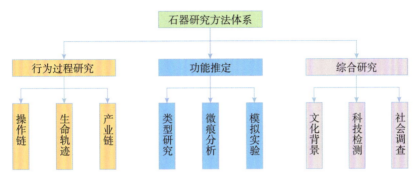

图1-4 石器研究方法体系

其二为功能推定。

一切研究都以分类为基础，类型学无疑是功能推定的重要研究方法之一。它是以肉眼可见的宏观特征为依据进行形态划分的，形态上有区别的器物被认为在功能上也存在差别。在没有微痕分析之前，功能研究主要靠对器物形态的宏观观察来实现。

微痕分析需要借助显微镜，对细微的使用痕迹进行观察，并对痕迹特征进行归纳，以此来推断工具的使用方式和加工对象。而微痕的大小、分布、排列和组合方式，条痕的方向、长短、疏密、深浅，以及整体的光泽度、磨圆度等因素都影响着对器物功能的判断。引入微痕研究之后，不仅改变了"形与能"的常识性对应思维，增加了"痕与能"的研究环节，而且拓展了研究的深度，使石器研究更加精细化。

石器类型功能 ⟶ 宏观形态功能
石器微痕功能 ⟶ 微观痕迹功能

目前的研究中，传统类型学与微痕分析结合得并不紧密。一些研究者偏重使用痕迹的微观观察，而另一些则仍坚持宏观形态的分类研究，两者泾渭分明，相持不下。方法适用与否应看要解决什么样的问题，而不能机械地模仿和盲目地滥用。其实，宏观形态与微观痕迹，本质上还是统一的，都需要结合研究目的、功能特点，对分类标准和分类方案进行适当调整，并在实际操作中灵活运用。

模拟实验在功能推定研究中一向被置于辅助验证的位置上，但就其本身而论，它是一种"将今论古"的重要方法，在实现"人—物—人"的多重沟通中发挥着至关重要的作用。科学、系统地开展模拟实验，可将"今人""今物""古物""古人"有机地联系起来，从而为"透物见人"的研究提供巨大帮助。

其三为综合研究。

本书在关注石器本身的同时，会兼顾其他相关领域的研究成果，并综合分析材料，力求全面掌握信息，从而得出翔实可靠的结论。

第四节　研究目的和研究意义

　　本书中，笔者运用考古类型学、实验考古和微痕分析的理论与方法，从选择标本、石器微痕、实验考古等方面，对查海遗址出土铲形石器进行系统的、有目的的研究。并在大量第一手考古资料的基础上，对查海遗址经济形态演变进行对比分析。本书的研究对查海遗址的农业经济形态研究工作具有直接推动作用，也为深入研究中国北方山区旱作农业文明的起源历史和文化发展轨迹提供了新的资料。同时，对查海遗址农业经济形态进行研究，也有助于深入全面地了解查海遗址古代居民们是如何适应自然生态环境、怎样利用自然界和改造自然环境，了解自然环境本身的巨大变化又是怎样直接影响、改变了人类的物质生活方式，并推动了人类文明进步的自然演进发展过程，以便为现代社会经济发展与自然资源环境保护发展的动态关系提供借鉴和参考，也能为中国现代市场经济背景下的全面、可持续、和谐发展提供历史镜鉴。

第二章
查海遗址的石器分类和组合

史前考古遗存中，由于石器具有坚固、耐腐蚀等特点，往往能够较长久、完整地保存下来，进而成为了解古代人类生活形态的重要材料。在古代人类社会复杂化生产演变过程中，生产工具是社会劳动生产力的重要组成部分，同时也是生产力水平发展的重要标志。因此，对查海石器进行系统研究，是查海聚落经济形态研究的重要手段之一。

查海聚落的居住区面积约10000平方米，外围建筑大都设有小围沟，房址排列得十分整齐，基本为东西向连成一排、南北向成行。早期大型房址集中分布于整个聚落居住区的西北部，中期房址集中在聚落居住区的南部；晚期小型房址在东南部集中发现，并向中部蔓延，出现打破中期房址的现象。查海聚落是从西北向东南随着漫坡台地抬高而逐渐扩大、延伸并最终完善起来的，大体经历了三个历史发展阶段。遗址范围内残存的半露天房址群均属人工挖凿，位于第四纪原生沉积黄土层与花岗岩基岩层内，文化面貌单一，可以视为同一聚落的不同发展阶段。因此，查海遗址出土的石器属于同一人群，器物组合也较为单一，不存在多个时代、多种考古学文化混杂的现象。

第一节　查海遗址石器分类

　　查海遗址出土大小石器共2136件，其中大型石器多为生产工具，包括铲、斧、磨盘、磨棒、敲砸器等。细石器仅出土275件，约占石器总数的11%，其中除镞外多为精细加工工具，包括石核、石叶、刮削器等。从石器工具组合构成来看，敲砸器数量较多，占石器总数的37%，其次为铲形器、斧等（图2-1）。

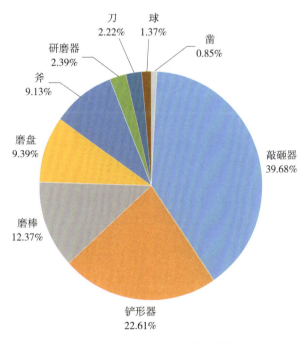

图2-1　查海遗址出土石器分类比例统计图

　　为深入研究查海遗址的经济形态，本书选取房屋、灰坑和墓葬中出土的作为生产工具的大型石器为研究重点，从生产工具的类别及其量化研究入手，探讨查海遗址经济形态尤其是农业发展状况。

　　《报告》虽然已对石器进行了分类、分型，但为了着眼于经济形态研究、探讨石器的功能和作用对象，本书按照器物功能和作用对象对查海遗址出土石器进行了重新分类和分型。

一、砍伐工具：石斧、石凿

1.石斧

石斧具有两面锋利的刃，用于砍、劈、剁，装柄使用，形体比较结实厚重，是人们在砍伐树木等生产活动中使用的主要工具。其对刃部的制作、加工与修整工艺的要求很高。

查海遗址房址、窖穴和墓葬中出土的石斧共计114件，其中1件已粉蚀，无法测量（附表1），完整者40件，约占总数的35%。

石斧的制作原料主要是页岩、玄武岩、花岗岩等，其中102件根据工艺特点可分为两型，其余形制不明。

A型：共60件。磨制细致，经过抛光处理，弧顶、弧状刃，顶小刃宽，中间最厚，其纵剖面中间鼓、两边扁，横剖面为椭圆形。

F7：14，完整，出土于居住面。灰色砾石。整体呈扁平梯形，上端圆弧，刃尖部圆钝。长10.1、宽6.2、厚2.8厘米（图2-2，1）。

F20：19，完整，出土于居住面。墨绿色油质页岩。宽扁圆形，两侧平棱，正锋，顶端及刃部有使用崩疤。长10.3、宽6.6、厚2.3厘米（图2-2，2）。

F46：34，完整，出土于居住面棕红色石灰岩。体扁平，长条形，正锋，有崩痕。长15.52、宽7.72、厚2.8厘米（图2-2，3）。

F47：17，完整，出土于居住面，深灰色页岩。体扁平，棱角不明显，刃部有使用崩疤。长10.33、宽6.56、厚0.7～2.28厘米（图2-2，4）。

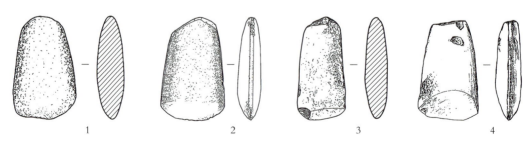

图2-2 A型石斧

1.F7：14 2.F20：19 3.F46：34 4.F47：17

B型：共42件。制作不精细，器身为打制；刃部打制后，简单磨制锋利。整器未经过磨光。

F1：62，完整，出土于居住面。浅灰色页岩。端、刃有崩疤。长12.5、宽7、厚3.75厘米（图2-3，1）。

F6：30，完整，出土于居住面。灰色石灰岩。长扁圆状，周边打薄，弧状刃。长10.1、宽3.1、厚0.8厘米（图2-3，2）。

F46：36，完整，出土于居住面。灰色石灰岩。体扁平，长条形，尖顶，弧状刃，正锋，有崩痕。长20.66、宽6.78、厚3厘米（图2-3，3）。

M8：14，完整，深灰色页岩。体扁平，小弧状刃，一侧打成斜面，使用崩痕明显。长12.4、宽6.2、厚1.6厘米（图2-3，4）。

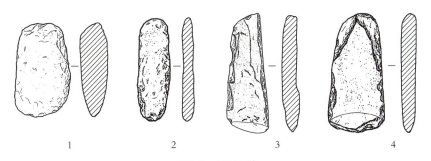

图2-3　B型石斧

1.F1：62　2.F6：30　3.F46：36　4.M8：14

笔者选取了完整石斧40件，测量数据包括长、宽、厚，并用图表的形式进行统计分析（表2-1、图2-4、图2-5）。从石斧宽厚比的分型统计箱线图中（图2-4）可以看出，A型石斧的宽厚比值相对于B型石斧更小，这说明前者的规整度要优于后者。A型石斧形态差异较小，长度的最大值为15.58厘米、最小值为6.3厘米、平均值为10.39厘米，宽度的最大值为7.72厘米、最小值为3厘米、平均值为6.02厘米，厚度的最大值为3厘米、最小值为1.2厘米、平均值为2.33厘米。B型石斧形态差异较大，长度的最大值为28.74厘米、最小值为4.4厘米、平均值为12.6厘米，宽度的最大值为11.31厘米、最小值为2.86厘米、平均值为5.87厘米，厚度的最大值为7.6厘米、最小值为0.6厘米、平均值为2.3厘米。通过统计分析发现，查海石斧的长度数据分布范围最广，宽度次之，厚度则仅在小范围内波动。并且厚度数据的标准偏差也是最小的，仅为1.04厘米，即石斧类工具在厚度上具有一定的稳定性。这说明石斧类工具在制作时需要充分考虑的是厚度，无论其在形制上有何变化，保证合适的厚度才是实现其功能的主要因素。此外，B型石斧F47：27的长、宽、高三个数据均属离群值（长28.74、宽11.31、厚7.6厘米），这说明该石斧或与其他石斧用途不同。

表2-1　查海遗址出土石器尺寸变量统计表　　　　　　单位：厘米

器物分类	变量	长	宽	厚
斧	最大值	28.74	11.31	7.6
	最小值	4.4	2.86	0.6
	平均数	11.51	6.07	2.33
	标准偏差	4.81	2.03	1.19
凿	最大值	6	3	1.7
	最小值	2.9	0.9	0.34
	平均数	4.42	1.96	0.73
	标准偏差	1.02	0.72	0.46
敲砸器	最大值	28.3	17.54	10.4
	最小值	4	2.8	0.4
	平均数	7.87	6.11	4.28
	标准偏差	2.48	1.8	1.61
磨盘	最大值	48.18	25.46	6.9
	最小值	8.7	5	2
	平均数	28.37	15.85	4.45
	标准偏差	16.87	8.27	1.41
刀	最大值	24	19.09	5.6
	最小值	7	3.7	0.3
	平均数	12.46	9.24	1.79
	标准偏差	4.51	4.22	1.09
球	最大值	23.25	16.49	9.2
	最小值	3.7	2.7	2.1
	平均数	9.42	7.22	4.49
	标准偏差	7.49	5.19	2.31

续表

器物分类	变量	长	宽	厚
铲形器	最大值	26.3	34.31	9.7
	最小值	9.7	6.5	0.5
	平均数	16.51	15.84	2.28
	标准偏差	3.63	5.97	1.16

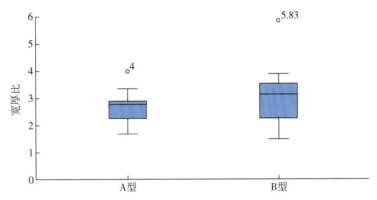

图2-4 查海遗址出土石斧宽厚比分型统计箱线图

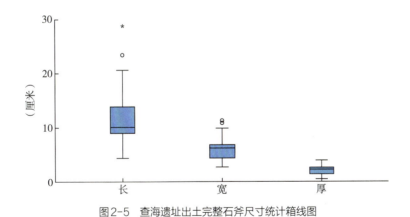

图2-5 查海遗址出土完整石斧尺寸统计箱线图

2.石凿

查海遗址出土石凿共13件，完整器6件（附表2）。质地较好，有的呈玉质。多呈长方体，器体的两侧各有两条棱和一个小平面，顶部也有一个小平面，但崩裂严重。有的残断，正锋。（表2-2）。

F16：7，完整，出土于居住面。灰色页岩，打制，扁长条形，弧顶，偏锋，弧状刃，刃部有崩疤。长5.3、宽3、厚0.75厘米（图2-6，1）。

M8：10，完整，青色细碧角斑质页岩。扁平状梯形，两侧平磨，近平刃，刃侧有破碴。长3.6、宽2.4、厚0.4厘米（图2-6，2）。

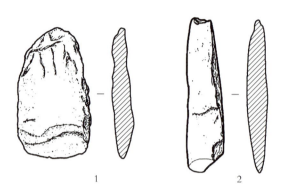

图2-6　石凿

1.F16：7　2.M8：10

表2-2　查海遗址出土石凿尺寸表 单位：厘米

器物号	岩性	长	宽	厚	保存情况
F12：3	灰色页岩	5.58	1.6	0.77	残
F16：7	灰色页岩	5.3	3	0.75	完整
F16：43	乳白色页岩	4.4	1.5	0.7	完整
F17：32	灰色页岩	11.1	3.4	1.4	残
F33①：29	深灰色页岩	4.33	0.9	0.34	完整
F33①：33	浅灰色石英岩	3.6	3.6	0.3	残
F40①：8	灰色页岩	6	2	0.5	完整
F44：20	灰色页岩	6.5	5	0.5	残
F46①：82	灰色页岩	6.7	4.7	0.9	残
F50：57	灰色页岩	8.53	3.69	1.9	残
M8：10	青色细碧角斑质页岩	3.6	2.4	0.4	完整
M8：20	深灰色页岩	11	2.6	1.5	残
M8：22	浅灰色页岩	2.9	—	1.7	完整

二、敲砸工具：敲砸器

查海遗址出土敲砸器共562件，我们对其中465件进行了观察和测量（附表3）。

呈薄饼状，多系选用有圆形、椭圆形脉和石英纹的自然风化石块简单加工而成。砸击点集中出现在棱角处。敲砸器的尺寸变化范围较大，表面较为坚硬粗糙，说明其加工对象表面有一定的硬度。使用方式通常为直接利用边缘敲砸，可能用来砸裂果壳。大量敲砸器的存在似乎表明采集果实也是当时人类的食物来源之一。

其中462件根据主要敲砸部位的不同，可分为两型。

A型：尖端敲击，共315件。

F1：40，完整，出土于居住面。浅灰色石英岩。多棱面体，一端棱角处有敲砸痕迹。长7.5、宽6.6、厚4.1厘米（图2-7，1）。

F3：23，完整，出土于居住面。白色石英岩。多棱面体，敲砸痕迹集中在两端棱角处，敲击点密集。长6.8、宽5.3、厚3.07厘米（图2-7，2）。

F15：28，完整，出土于居住面。灰色石英岩。近三角形扁平多棱面体，有多处敲击点。长6.1、宽5.8、厚3.6厘米（图2-7，3）。

F47①：3，完整，出土于堆积层。浅灰色石英岩。扁圆形，敲砸痕迹在棱角一侧较为集中。长10.5、宽7.5、厚3厘米（图2-7，4）。

图2-7　A型敲砸器

1.F1：40　2.F3：23　3.F15：28　4.F47①：3

B型：两端敲击。共147件。

F3：23，完整，出土于居住面。白色石英岩。多棱面体。敲砸痕迹集中在两端棱角处，敲击点密集。长6.8、宽5.3、厚3.07厘米（图2-8，1）。

F6：28，完整，出土于居住面。浅灰色石英岩。多棱面近球体，有三处棱角敲击点密集。长9.5、宽8.9、厚6.3厘米（图2-8，2）。

F30：65，完整，出土于居住面。浅灰色石灰岩。圆角扁长方体，两端有敲击点。长8.8、宽6.63、厚2.66厘米（图2-8，3）。

F45：40，完整，出土于居住面。浅灰色石英岩。为自然石块直接使用，多棱角，有多个敲击点。长9.7、宽9.7、厚7.6厘米（图2-8，4）。

　　笔者选取了完整敲砸器408件进行测量，测量数据包括长、宽、厚，用图表的形式进行统计分析。从敲砸器宽厚比的分型统计箱线图可以看出，两型敲砸器的宽厚比相当，长度的最大值为28.3厘米、最小值为4厘米、平均值为7.87厘米，宽度的最大值为17.54厘米、最小值为2.8厘米、平均值为6.11厘米，厚度的最大值为10.4厘米、最小值为0.4厘米、平均值为4.28厘米。

　　通过A、B两型敲砸器的宽长比分型统计箱线图（图2-9）可以判断，两类敲砸器的分布状况基本一致，但其中B型敲砸器的中位数、四分位数数值较A型均偏低。从整体分布形态上看，B型敲砸器宽长比值较A型略小，即B型略显细长。

　　敲砸器大多用难以加工的石英岩制成，尺寸具有随机性。从A、B两型敲砸器宽度的直方图统计结果看（图2-10、图2-11），其分布情况和拟合的正态分布曲线较为一致，可认为其近似正态分布。这也说明敲砸器大都利用石材本身形状，如多棱面圆形的河卵石、椭圆形脉石英质料的自然石块等，简单加工使用。其尺寸受客观自然因素和主观人为选择的影响，具备客观条件和主观因素的双重随机性。

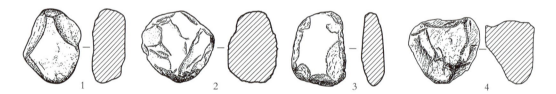

图2-8　B型敲砸器

1.F3∶23　2.F6∶28　3.F30∶65　4.F45∶40

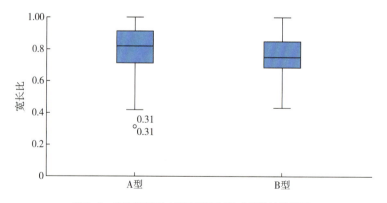

图2-9　查海遗址出土敲砸器宽长比分型统计箱线图

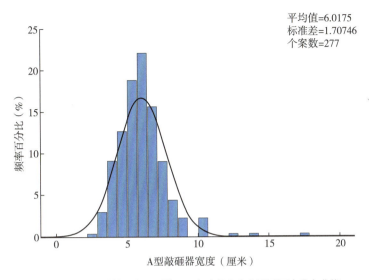

平均值=6.0175
标准差=1.70746
个案数=277

图2-10 查海遗址出土A型敲砸器宽度频率直方图及正态分布曲线

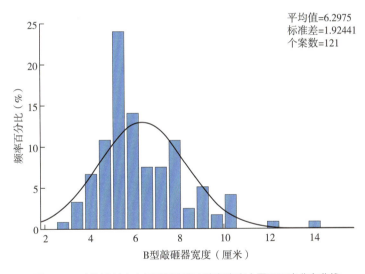

平均值=6.2975
标准差=1.92441
个案数=121

图2-11 查海遗址出土B型敲砸器宽度频率直方图及正态分布曲线

三、碾磨工具：石磨棒、石磨盘、研磨器

碾磨工具的主要功用与谷类食物的原料加工及原料制备有关，石磨盘主要配合石磨棒，用于加工谷类植物胚和黍、玉米、糜、花生、粟等的籽粒，如给这些谷物脱壳等。

1.石磨棒

共出土170件，多为残器，我们对其中146件进行了观察和测量（附表4）。大体呈圆柱体，使用后形成1～6个平面，直径不超过10厘米。根据尺寸可分为两型。

A型：长度大于15厘米，直径多在3.5～7厘米之间，共39件（图2-12）。

F20：8，完整，出土于居住面。黄灰色花岗岩。琢制，棱柱体，五个磨面。长29.8、直径3.5～3.8厘米（图2-12，1）。

F46：50，残，出土于居住面。黄色花岗岩。琢制，棱柱体，两端细、中间粗。长24.08、直径5厘米（图2-12，2）。

F48：39，完整，黄白色花岗岩。琢制，圆柱体，器表熏黑，一侧磨平。长32.55、直径4.5厘米（图2-12，3）。

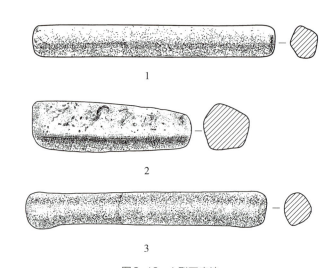

图2-12　A型石磨棒

1.F20：8　2.F46：50　3.F48：39

B型：长度多小于15厘米，直径多在3～8厘米之间，共107件（图2-13）。

F9：15，完整，出土于居住面。棕红色花岗岩。琢制，短粗圆柱体。长13、直径6.6～6.8厘米（图2-13，1）。

F26：39，完整，出土于居住面。黄色花岗岩。磨制，圆柱体，两端较圆。长13.6、直径7.3厘米（图2-13，2）。

F48：63，完整，黄色花岗岩。琢制，圆柱体，器表熏黑，一侧磨平、一端粗、一端细。长17.63、直径7.06厘米（图2-13，3）。

笔者选取磨棒123件，由于磨棒完整器很少，因此测量长度不能代表原器尺寸，故测量磨棒直径作为主要分析数据。从分型统计箱线图可以看出，磨棒直径的最大值为10.3厘米、最小值为3.8厘米、平均值为5.53厘米（图2-14）。

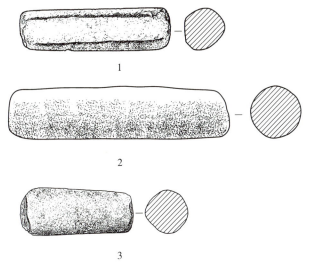

图2-13 B型石磨棒

1.F9：15 2.F26：39 3.F48：63

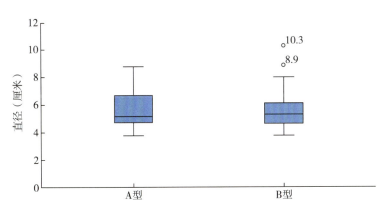

图2-14 查海遗址出土石磨棒直径分型统计箱线图

石磨棒的A、B两型是按照残长的区间值进行划分的，但是从两型石磨棒直径的箱线图统计结果看，两型石磨棒直径与长度并不存在明显的关联。A型石磨棒的直径分布仅比B型磨棒稍广一些。由于磨棒残长并不能代表其完整长度，因此，对于两型磨棒长度和直径关系也无法进行进一步的分析。

由分布频率直方图（图2-15）可以看出，查海遗址出土石磨棒直径的分布与拟合的正态分布曲线有较大偏差，这说明磨棒直径并非受随机因素影响，而是被人为限制在某些特定的数值区间内。磨棒直径集中分布在4～6厘米区间内，其中5厘米左右的值最为密集；6～8厘米区间也有一定分布，但较前者少很多；4厘米以下和8厘米以上的值则出现极少。出现阶段变化区间的原因或许与研磨物的不同有关，但这需要结合微痕和残留物颗粒分析的结果才能进行进一步研究。

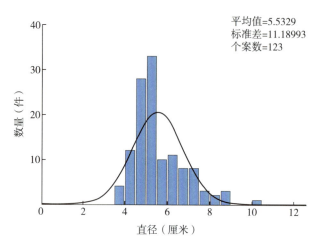

图2-15　查海遗址出土石磨棒直径分布频率直方图

2.石磨盘

共139件，我们对其中105件进行了观察和测量（附表5），残断较多。质多为花岗岩，周身多经琢制。形制多为圆角扁长方体，底面及周缘圆弧，表面因使用向内凹陷，底面平或外凸。磨盘完整器很少，目前完整的8件磨盘可以明显分为两型——A型长度大于20厘米、B型长度小于10厘米。通过这一规律可将残件大致归入这两型之中（表2-3）。

表2-3　查海遗址出土完整石磨盘统计表　　　　　　　　　　　　单位：厘米

器物号	岩性	长	宽	厚	器物描述	出土位置
F25：43	浅黄色花岗岩	9	8.3	3.7	琢制，圆角扁平状，磨面较平略凹	居住面
F26：28	棕红色花岗岩	48.18	25.46	3.2～6	琢制，圆角扁长方体，磨面微下凹	居住面
F42①：15	浅黄色花岗岩	8.7	5	—	琢制	堆积层
F43：26	褐色花岗岩	40.5	20	4.5	琢磨并用，扁平长方体，底部平整，磨面微下凹	居住面
F46：53	灰色砂岩	21.54	—	6.9	琢制，圆角扁长方体，磨面微下凹	居住面
F47：32	黄色花岗岩	45	25	4.5	琢制，长方形，底面平整，磨面较凹	居住面

器物号	岩性	长	宽	厚	器物描述	出土位置
F47：21	黄色花岗岩	45	25	4.5	琢制，长方形，底面平整，磨面较凹	居住面
F53①：9	黄色或红褐色花岗岩	9	8	2	琢制，扁体，双磨面	堆积层

A型：形体较大，长度大于20厘米，多集中在40～55厘米，宽20～35厘米，厚12～17厘米，因使用后磨损严重，实际厚度为2～9厘米。

F20：9，腰部略残，出土于居住面。黄灰色花岗岩。琢制，平面呈椭圆形，磨面内凹。两端翘起，一端较厚且内凹弧度较小，一端略薄且内凹弧度较大。两端侧面弧形盘底内收明显，底面平整。长51.4、宽26、厚2.7～6.3厘米（图2-16，1）。

F26：28，完整，出土于居住面。棕红色花岗岩。琢制，扁平圆角长方体，磨面略凹，长48.18、宽25.46、厚3.2～6厘米（图2-16，2）。

F43：26，完整，出土于居住面。褐色花岗岩。琢磨兼制，扁平长方体，底部平整，磨面微凹。长40.5、宽20、厚4.5厘米（图2-16，3）。

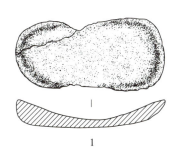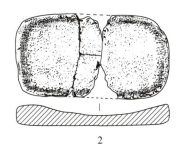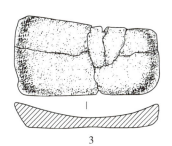

图2-16　A型石磨盘
1.F20：9　2.F26：28　3.F43：26

B型：长度小于10厘米。

F25：43，完整，出土于居住面。浅黄色花岗岩。琢制，扁平状近圆形，磨面略凹。长9、宽8.3、厚3.7厘米（图2-17，1）。

F53①：9，完整，出土于堆积层。黄色或红褐色花岗岩。琢制，不规则扁平状，双磨面。长9、宽8、厚2厘米（图2-17，2）。

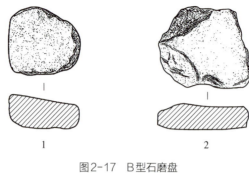

图2-17　B型石磨盘

1.F25：43　2.F53①：9

笔者选取8件石磨盘用图表的形式进行统计分析（图2-18、图2-19）。从箱线图可以看出，石磨盘长约40、宽约25厘米。相比于A型石磨盘，B型石磨盘要小得多。长度，特别是磨面的曲率可增加摩擦力的做功时间，宽度则可增加一次性研磨对象的数量。若想做同样的功，或者增加摩擦频率，或者加大力度。总之，A型石磨盘的研磨效

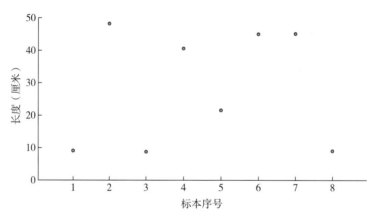

图2-18　查海遗址出土石磨盘长度分布散点图

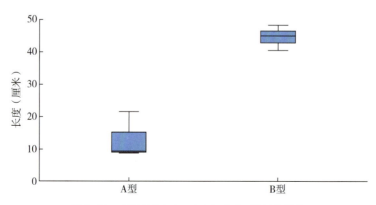

图2-19　查海遗址出土石磨盘长度分型统计箱线图

率应该略高于B型。因此，A、B两型尺寸上的差异可能有三个原因：一是加工对象不同；二是生活的需要，更易于搬挪；三是加工规模大小不同。

3.研磨器

共28件（附表6），多为花岗岩质地。根据形状可分为两型。

A型：圆形，共21件。

F9：9，完整，出土于居住面。灰褐色花岗岩。琢制，扁圆形，使用面有凹窝。长7.1～7.3、厚4厘米（图2-20，1）。

F16：24，残，出土于居住面。浅绿色云母变质岩。琢制，器形较短粗，呈椭圆形。长9.8、宽6.1、厚4厘米（图2-20，2）。

M8：9，完整，青灰色河卵石。形状不规则，有一个光平研磨面，尖角处有敲击点。长3.6、宽4.2、厚3.7厘米（图2-20，3）。

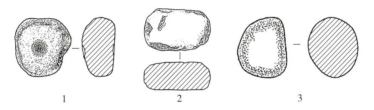

图2-20 A型研磨器

1.F9：9 2.F16：24 3.M8：9

B型：方形，共7件。

F27：64，完整，出土于居住面。黄色花岗岩。通体磨制，圆角方形。长8.2、宽8、厚4.2厘米（图2-21，1）。

F45：53，完整，灰色石灰岩。扁平圆角方形，有三个磨面。长9.93、宽9.31、厚5.6厘米（图2-21，2）。

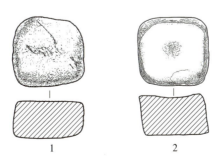

图2-21 B型研磨器

1.F27：64 2.F45：53

笔者选取了18件研磨器用图表的形式进行统计分析（图2-22、图2-23）。

从箱线图可以看出，研磨器长度多集中在10厘米以下。相比于A型，B型研磨器显得略小，这说明研磨器在选材时的尺寸基本一样（数据的中值几乎一样），而B型研磨器在后期磨制过程中减小了尺寸。相对于A型，B型研磨器的形状也显得更规整。

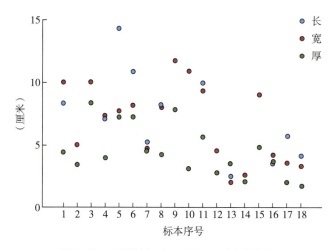

图2-22　查海遗址出土研磨器尺寸分布散点图

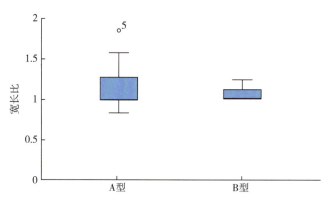

图2-23　查海遗址出土研磨器宽长比分型统计箱线图

四、收割工具：石刀

查海遗址出土石刀共36件，我们对其中29件进行了观察和测量（附表7）。多是由天然石片简单修整而成，或以残坏的石铲、石斧改造而成，形状不规整。

F2：1，完整，出土于居住面。灰色页岩。打制，剖面呈三角形，直背，弧刃，刃部崩疤明显。长20、宽6.5、厚2.2厘米（图2-24，1）。

F3：32，完整，出土于居住面。灰色页岩。打制，弧背，直刃。长11.2、宽12.6、厚1.6厘米（图2-24，2）。

F26：57，完整，出土于居住面。浅灰色石灰岩。薄片状，以弧状利边为刃，有崩痕。长11.71、宽17、厚1.1厘米（图2-24，3）。

图2-24 石刀

1.F2：1 2.F3：32 3.F26：57

石刀长、宽、厚的几何参数范围以及在出土器物形态结构上的数值差异较大。长度的最大值约为24厘米、最小值约为6厘米、平均值约为12.46厘米，宽度的最大值约为19.09厘米、最小值约为3.7厘米、平均值约为9.24厘米，长、宽、厚差值的最大值约为5.6厘米、最小值约为0.3厘米、平均值约为1.79厘米。从样本数据的分布差异情况来看，石刀标本的几何形制差异也较大，但是整体厚度相对稳定，标准偏差一般小于1.08，其余工艺参数如刃长、宽厚和刃部角度差别都相对较大，说明石刀这类小型器物的成型制作工艺技术水平不稳定，器物制作中的技术规范程度相对较低（图2-25、图2-26）。

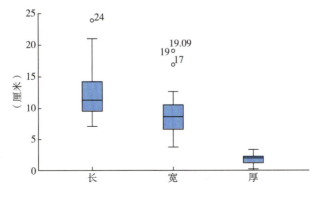

图2-25 查海遗址出土石刀尺寸统计箱线图

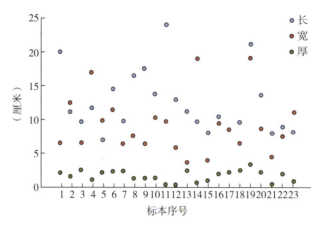

图2-26 查海遗址出土石刀尺寸分布散点图

五、投射工具：石球

查海遗址房屋和墓葬中出土石球共24件，我们选取了房屋遗址内出土的13件进行了观察（附表8）。一般周身有麻面打击点，《报告》推测其可能为取火工具。查海遗址及周围考古遗址出土植物遗存分析结果显示，距今7000年前后，在查海遗址乃至冀北辽西地区的广大范围内的聚落周围普遍生长着包括麻栎属、桦木属、杨属、榆树属、朴树属在内的阔叶树种，而目前该地区的低山丘陵和平原地带主要植被类型是草本植物，木本植物很少，其原因一方面可能是人类活动导致的原生植被减少，另一方面可能是距今7000年前后的气候比现在更加温暖湿润，对于中国全新世气候变迁的研究也显示了相似的结果。当时地面植被情况良好，野生动物种类繁多，特别是食草类的野鹿、野猪、野兔等，成为人们肉食的主要来源。石球应是当时人们重要的狩猎工具之一。

F1：39，完整，出土于居住面。黄褐色玄武岩。打制，周边敲击痕迹明显。直径9.3厘米（图2-27，1）。

M8：15，完整。红褐色河卵石。有一个光平研磨面，尖角处有敲击点。直径4.2～4.6厘米（图2-27，2）。

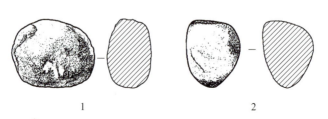

1   2

图2-27 石球

1.F1：39 2.M8：15

笔者选取了8件完整石球标本进行统计分析（表2-4，图2-28）。石球长、宽、厚（表2-4中统一按直径统计）的参数范围以及器物形态上的差异均较大。其直径的最大值为9.3厘米、最小值为2厘米、平均值为8.5厘米。

表2-4　查海遗址出土完整石球统计表

器物号	岩性	直径（厘米）	形制、工艺、器物描述	出土位置
F1：39	玄武岩	9.3	打制，周边有敲击痕迹	居住面
F5：29	砾石	2.6～4.2	打制，周边有敲击痕迹	居住面
F5：30	砾石	2.53～3.8	打制，周边有敲击痕迹	居住面
F9：20	玄武岩	5.1～7.1	打制，周边有敲击痕迹	居住面
F39：63	花岗岩	9.2～23.25	有多处敲砸迹象	居住面
F39：66	花岗岩	6.8～20	有多处敲砸迹象	居住面
F46①：69	玄武岩	5.2～11.5	扁球体	堆积层
M8：3	河卵石	3.3～4.3	近球形	M8

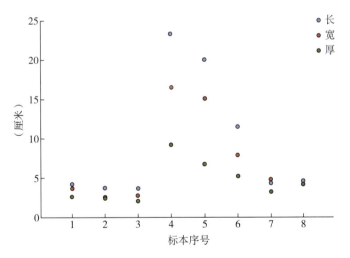

图2-28　查海遗址出土石球尺寸分布散点图

六、多用途工具：铲形石器

铲形石器有石锄、石铲等多种名称，几乎在查海聚落的每座房址中都会发现一件或数件。学术界对铲形石器功能的研究成果较多，有取土、破土和切割等多种观点。

查海遗址出土铲形石器共349件（包括残器和残片），数量仅次于敲砸器，约占出土石器总数的14.48%，是查海遗址最重要的石器种类之一。其中出土于房址和窖穴中的有267件（附表9）。《报告》中依据其整体形制及各部位形态差异划分出A～F共6型、11个亚型。由于下文将重点研究铲形石器，此处仅从形态初步将其分为两型[1]。

A型：无孔。打制，有较长的柄，柄下方器身较宽，使其整体呈上窄下宽的"凸"字形。刃有凸刃、凹刃和直刃之分，其中以凸刃居多。长、宽、厚的平均值分别为15.7厘米、14.6厘米和2厘米，这个平均值基本能够反映该型物理测量的集中情况。

F1：57，完整，出土于居住面。浅灰色页岩。整体呈扁平扇形，束腰，弧状单面刃，刃部单面有使用磨痕，一侧刃角有明显的崩疤。长16.6、宽15.8、厚1.6厘米（图2-29，1）。

F6：16，完整，出土于居住面。淡红色花岗岩。打制，束腰，短柄，椭圆身，长弧状刃，刃部有明显使用痕迹。长13.7、宽22.4、厚2.5厘米（图2-29，2）。

F16：17，完整，出土于居住面。浅灰色页岩。弧顶，窄柄，略溜肩，弧状刃，正锋。长16.6、宽8.1、厚2.4厘米（图2-29，3）。

F53：39，完整，出土于居住面。浅灰色石灰岩。打制，扁椭圆形，近直柄，束腰，弧状刃，正锋，刃部有崩疤。长16.73、宽19.1、厚2.85厘米（图2-29，4）。

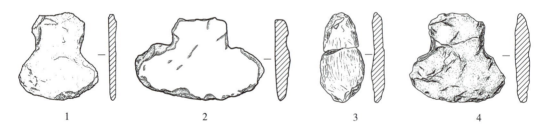

图2-29　A型铲形石器

1.F1：57　2.F6：16　3.F16：17　4.F53：39

B型：带孔。简单打制。多为弧状凸刃，平面大体呈椭圆形。由刃部开始，器身后部明显较底部宽大，周边有明显打制痕迹。器身后部有两个大圆孔，孔径为1.5～3厘米。器身顶部略窄于刃部。刃部长、宽、厚的平均值分别为17.15厘米、17.1厘米和1.8厘米。

F6：3，完整，出土于居住面。深灰色页岩。打制，扁平圆盘状，对凿椭圆形双

[1] 此处以原报告为基础对已发表的铲形石器进行初步分型，便于下文的石器组合分析研究。第三章对铲形石器进行的微痕和实验考古研究中的分型则是在所选取标本的范围内，根据铲形石器的残损状态和使用情况，将其分为A～G共7类、23组，以便进行后续功能分析。

孔，弧状刃，刃部宽厚，一面磨痕明显。长19.5、宽19.3、厚1.6厘米（图2-30，1）。

F30：51，完整，出土于居住面。深灰色页岩。打磨兼制，扁平圆盘状，对钻双孔，弧状刃，侧锋，使用磨痕明显。长16.4、宽22.2、厚2.25厘米（图2-30，2）。

F54：43，残，出土于居住面。黑色泥质岩。打制，短柄，柄端圆弧，一侧束腰，一侧刃角残断。器身对凿双孔，弧状刃，刃部一侧磨痕明显。长20.1、宽13.2、厚2.3厘米（图2-30，3）。

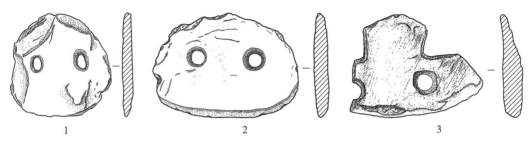

图2-30　B型铲形石器
1.F6：3　2.F30：51　3.F54：43

我们对其中保存完整或相对完整的65件进行了数据统计，并用图表的形式进行统计分析。从铲形石器长、宽、厚的分布范围来看，其形态差异较大。长度的最大值为26.3厘米、最小值为9.7厘米、平均值为16.51厘米，宽度的最大值为34.31厘米、最小值为6.5厘米、平均值为15.84厘米，厚度的最大值为9.7厘米、最小值为0.5厘米、平均值为2.28厘米。

铲形石器尺寸的统计箱线图说明了铲形石器长、宽、厚的变化范围（图2-31）。从图中可以看出其宽度变化范围最大、长度变化范围次之，而厚度则在一个很小的数值范围内波动。宽度变化范围较大与铲形石器的切割、砍伐、平整等用途相关。而厚度

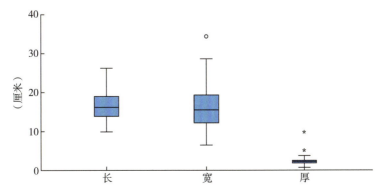

图2-31　查海遗址出土完整铲形石器尺寸统计箱线图

变化小，则说明其多种用途间也存在着共性。

铲形石器的宽长比分型统计箱线图说明 A 型铲形石器的形状随意性更大，而 B 型石铲形状的随意性要小一些，即带孔的铲形石器的总体规整度要优于不带孔的铲形石器（图 2-32）。从散点图可以看出，铲形石器的长度和宽度成正比，并且当铲形石器长度增加时，宽度也增加（图 2-33）。

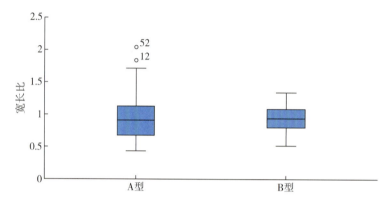

图 2-32　查海遗址出土铲形石器宽长比分型统计箱线图

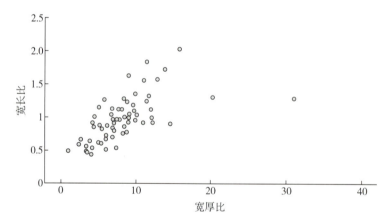

图 2-33　查海遗址出土铲形石器宽长比与宽厚比分布散点图

第二节　查海遗址石器工具组合

一、查海遗址经济活动类型与石器组合

查海遗址出土石器所对应的经济活动比较明确的有七类（表2-5），分别是食品加工、破土、取土、挖掘、木材砍伐加工、采摘收割以及狩猎。

表2-5　查海遗址经济活动类型与石器组合对应表

活动类型	石器组合	作用对象	功能	经济形态
食品加工	磨盘、磨棒、敲砸器、研磨器	谷物、坚果	谷物、坚果脱壳，谷物、种子等的研磨等	采集、农业
破土	铲形器	土	耕种	农业
取土	铲形器	土	建筑取土和农业耕种	农业
挖掘	铲形器	土	根茎类植物采集和穴居动物捕捉	采集、狩猎
木材砍伐加工	斧、凿	木材	建筑、采集	采集、农业
采摘收割	刀	植物	采摘或收割作物	采集、农业
狩猎	镞、球	动物	捕捉动物	狩猎

查海遗址出土的石质工具中用于加工食物的工具占比很大。尤以加工植物类食物的工具占比最大，其中数量最多者是敲砸器，磨盘、磨棒和研磨器也占一定比例（图2-34）。大量敲砸器的存在表明果实采集是查海先民的重要食物来源之一。磨盘、磨棒组合被认为是谷物加工工具，用于谷物脱壳。但食品加工工具占比最大并不一定代表农业的发展。从中原地区的考古学文化看，农业十分发达的半坡文化中，磨盘这类谷物加工工具较裴李岗文化呈现出减少的趋势[1]。人类学材料也指出，从事渔猎、采集的

[1] 张星德：《辽西地区新石器文化工具的量化研究与农业水平评估——兼论辽西地区文明起源的特点》，《东北史地》2008年第6期。

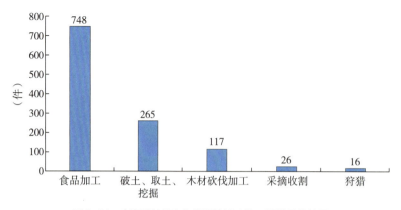

图2-34 查海遗址从事各类经济活动的石器数量统计图

居民也使用碾磨工具作为食品加工工具。如澳大利亚土著居民的经济生活以打猎和采集为主，农业尚未发展，他们就使用碾磨工具将草木果实等物碾磨成粉，制成糕饼食用。因此，碾磨工具的比重不能作为查海遗址具有较发达农业经济的证据。相反，这可能从另一个侧面说明这一地区居民对野生果实的依赖度是很高的[1]。

查海遗址出土破土、取土和挖掘类石质工具，即铲形石器较多，但采摘或收割类工具很少，这一现象具有一定的不合理性。对查海遗址淀粉粒来源的分析及研究均显示了禾本科种子和块根植物及部分块茎类、块根类植物淀粉颗粒的存在。其中，《报告》发表的植物淀粉粒总数以禾本科作物种子为主，占所发现植物淀粉粒总数的94.12%；块根植物与块茎类禾本科植物淀粉颗粒仅5粒，占所发现植物淀粉粒总数的2.26%。禾本科植物在查海遗址植物性食物来源中占有很重要的地位，但禾本科植物采摘工具在查海遗址中发现很少。因此大量出土的铲形石器可能有多种用途，如作为采摘收割工具使用。

因此，有必要对铲形石器进行进一步研究。总之，对铲形石器用途的研究是分析查海遗址经济形态的关键。

二、各类型遗迹中出土的石器组合

查海遗址出土石器的遗迹主要包括房址、灰坑和墓葬三类。

查海遗址共清理出房址55座，皆为半地穴式，平面呈圆角方形或圆角长方形。房

---

[1] 张星德：《辽西地区新石器文化工具的量化研究与农业水平评估——兼论辽西地区文明起源的特点》，《东北史地》2008年第6期。

址中出土了大量石器，如敲砸器、磨棒、磨盘、铲形器和斧等。其中，以敲砸器、铲形器为主，分别占36%和24%；磨棒、磨盘和斧次之，分别占13%、9%和10%（图2-35）。灰坑中出土石器种类与房址相似，也以敲砸器和铲形器为主，分别占41%和27%；磨棒、磨盘和斧次之，分别占9%、9%和5%（图2-36）。

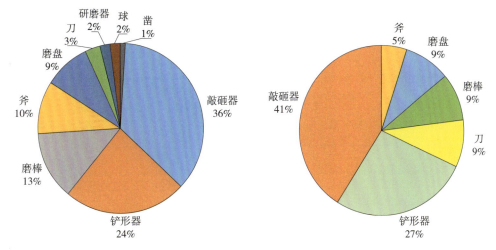

图2-35　查海遗址房址出土各类石器占比统计图　　　图2-36　查海遗址灰坑出土各类石器占比统计图

　　查海遗址墓葬出土石器与房址出土石器组合比例差距很大。出土石器中斧占47%，而研磨器、球和凿各占16%，刀占5%（图2-37）。

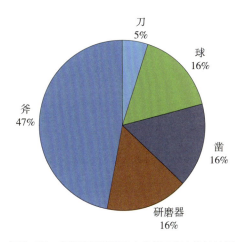

图2-37　查海遗址墓葬出土各类石器占比统计图

　　从石器制作成本（制作成本指制作一件器物所花费的时间和人工）和使用成本的角度分析。简单打制后直接使用的石器，如敲砸器和石球，均较多地利用河卵石等硬度较大的岩石的原始性状，花费时间和人工较少。铲形石器和石刀在打制成型后，还需要对刃部进行精细打制修整，花费的时间和人工略多于简单打制的石器。而石磨盘、石磨棒、研磨器则需在打制成型后，再进行细致地修琢。消耗时间和人工最多的是磨制石器，主要是石斧和少量石凿。而墓葬中随葬石斧最多，可见在查海遗址中这类价值较高的器物已成为一种身份、等级、财富的象征（表2-6）。

表2-6 查海遗址石器价值、制作成本和器形对照表

价值较低		价值较高	
直接使用	打制	琢制	磨制
敲砸器、石球	铲形石器、石刀	石磨盘、石磨棒、研磨器	石斧、石凿

第三节　查海遗址石器原料与制作工艺

石器的制作技术可以反映史前社会生产力水平，对于我们认识查海聚落经济发展水平有很大帮助。

一、原料

选料是制作石器的首要环节，对石器原料的研究也是石器研究的基础性工作。

查海遗址位于绕阳河一支流的发源地，地处丘陵地带，表层地质结构由红砂黏土及裸露的花岗岩与片麻岩风化壳基岩组成，四周山峦绵亘、沟壑纵横。遗址坐落在一漫丘南坡的台地上，海拔297米，地势较平坦开阔，自然坡度约5°～7°。

查海遗址石器材料广泛选用周围密集分布的岩石，裸露在地表的岩石有砂质页岩、花岗岩、石灰岩、玄武岩，河滩里分布的砾石、河卵石也可用于加工石器（表2-7）。

表2-7　查海遗址石器选料情况表

原料＼器类	磨棒	磨盘	研磨器	斧	凿	铲形器	敲砸器	刀	球
花岗岩	95.2%	93.4%	53.6%	1.8%	—	2.9%	9.9%	6.1%	16.7%
石英岩	—	—	—	—	—	0.7%	78%	6.1%	—
变质岩	—	—	7.1%	6.1%	—	—	0.4%	—	—
页岩	0.7%	—	—	57.9%	100%	59.6%	0.6%	48.5%	—
泥质岩	—	—	—	1.8%	—	0.7%	—	—	—
石灰岩	2.1%	4.7%	10.7%	15.8%	—	32.1%	3.2%	24.2%	—
砂岩	—	0.9%	—	0.9%	—	0.4%	0.4%	—	—
砾石	—	—	7.1%	0.9%	—	—	0.4%	—	12.5%
玄武岩	0.7%	0.9%	3.6%	8.8%	—	0.4%	5.5%	—	33.3%

续表

原料＼器类	磨棒	磨盘	研磨器	斧	凿	铲形器	敲砸器	刀	球
片麻岩	—	—	3.6%	0.9%	—	—	—	—	—
大理石	—	—	—	3.5%	—	—	—	—	—
板岩	—	—	—	1.8%	—	—	—	—	—
沉积岩	—	—	—	—	—	0.4%	—	—	—
河卵石	—	—	7.1%	—	—	—	0.4%	—	25%
燧石	—	—	—	—	—	—	—	—	4.2%
其他	1.4%	—	7.1%	—	—	2.9%	1.1%	15.2%	8.3%
总量（件）	146	106	28	114	13	280	473	33	24

研磨器、磨盘、磨棒等石质碾磨工具，需用较粗糙的石料，故大多以花岗岩为原料。花岗岩为火成岩，主要组成矿物为长石、石英、黑白云母等，其中石英含量为10%～50%。其质地坚硬、耐酸碱、耐腐蚀、耐高温、耐光照、耐冻、耐磨且耐久性好[1]，莫氏硬度为5.5～7.2[2]，不会轻易因风化而粉碎或者断裂。花岗岩强度较高且加工便利，被碾磨时胶结物比较容易结晶脱落，同时还会形成较为粗糙的表面，特别适合用于各种岩石的精细加工和脱粒破碎、研磨等。

敲砸器主要以石英岩为原料。石英岩抗压性强、耐酸碱、耐磨且耐久性好，莫氏硬度一般为6.5～7。因其含硅氧量比较高，适合用来制作打制石器。但其不易反复打磨，不适于制作磨制石器。由于石英岩硬度大，加工难度也大，能经受长时间、高强度的机械敲击、摩擦和物理碰撞。

铲形石器主要以灰色页岩为原料，具有类似薄页状沉积的构造或类似于薄片层状堆积结构的构造节理，主要岩石类型应该是由黏土连续沉积，并在一定压力条件下经合适的温度冷却形成的块状岩石，但往往又混杂了由大量石英、长石构成的碎屑矿物以及其他化学物质。其适于制作器体较薄的工具，所以铲形石器、石刀多以页岩为原料。具有页状或板状结构特征的岩石也可用来制作成石铲、石镰、石刀等。页岩抵抗

---

[1] 赵民、李真军、齐凤莲：《天然石材性能与生产系统性研究》，《石材》2006年第11期。
[2] 程肖琼：《建筑石材的开发应用与绿色化》，《广东建材》2009年第7期。

较强烈的风化与冲击产生的机械变形破坏的能力较弱，页岩制品被较硬物体击打时极易发生炸裂并破碎成大量小碎块。页岩的普氏指数一般为1.5~3，也可达到4~5甚至更高，结构大多比较均匀而致密。

铲形石器主要用于田地翻土、挖坑、除草等，故要求所用原料应具有片理结构且表面积比较大，以增大岩石与土壤层的机械接触面积，提高工作效率。石料表面本身也应具有一定机械耐磨性，可以满足长时间的使用需求，以降低后期制作和日常使用时的材料成本。

石球原料则一般为河卵石。因为河卵石经过河流长年的缓慢搬运及冲刷，表面已经圆润光滑。查海居民选择形态轮廓与自己目标产品接近的天然石材，以减少工作量，提高效率。

石斧用于树木砍伐，需要较好的耐久性。其原料有页岩、玄武岩、石灰岩等多种。实验表明，磨制石器尽管加工时间长，但其使用寿命长度和功效要远远超过打制石器。磨制石器制作具有技术难度低的特点，石料的选择也具有多样性，人们可以更广泛地利用周围的石料大量生产石器，从而满足社会生产在工具数量上的需求。磨制的石器一般偏向使用硬度较低且内部硅质含量较低的岩石，其韧性大、不易断裂。如磨制的A型石斧原料以变质岩和石灰岩为多，磨光后器表光滑。磨制石斧光滑的表面和规整的刃缘使其在砍伐时受到的阻力更小，使用寿命远长于打制石斧[1]。英国的实验显示，一件磨制石斧经过了3小时49分钟砍倒了34棵树后才变钝[2]。打制的B型石斧原料则以页岩为多，页岩的片状层理结构便于形成扁平的形状，但无法进一步磨制，因此只是简单打制加工。

由此可见，查海居民在长时间与自然共存的过程中，对其居住区域环境特征以及一些天然石料矿物的化学物理性质等自然要素有着很深的了解，根据石器功能的不同，其所选择的制作原料以及用料方法也不尽相同。这可以说是查海居民根据当地的资源状况，在长期实践和不断摸索中慢慢总结并提炼出来的经验。

[1] 陈淳：《旧石器研究——原料、技术及其他》，《人类学学报》1996年第3期。
[2] Boydson R.A., *A Cost-Benefit Study of Functionally Similar Tools, Time, Energy and Stone Tools*, Cambridge: Cambridge University Press, 1989, 67-77.

二、制作工艺

石磨盘、石磨棒多用花岗岩、砂岩，经打制和琢制而成，即先打制出石器基本形状后再进行精细琢制。在石磨盘、石磨棒的整体制作过程中，琢制处理技术发挥着主要作用。

铲形石器的制作工艺相对比较原始、粗糙，主要的制作工艺仍为打制。铲形石器是一种安装于木柄中的小型复合工具，从查海遗址铲形石器上宽、下略窄的弧形柄，亚平腰，多为单刃等技术特点上来分析，其传统装柄方法是石器背面与柄相贴，先用倒钩状木叉固定，再用细绳捆缚成鹤嘴形。还有其他一些形制变化较大的铲形石器，其基本制作方法应是先手工打制出雏形，然后抛光，再进行磨光，使刃口保持平直。

石斧可分为两型。A型石斧经过进一步加工与磨制，器形相对规整、统一。小弧顶、弧状刃，刃面较宽，中间较厚。纵剖面一般为长方形，中间鼓凸，两边渐扁，横剖面均呈椭圆形，平面轮廓基本呈倒梯形。此型石斧刃部表面有许多细微痕迹，表面大多经过加工。石斧质地非常坚硬，一些顶部留有使用疤痕的石斧应是作为石楔使用的。石斧在使用时主要运用了杠杆原理，器身上一定要有足够大的绑柄空间，才能保证实现有效率的能量转换。此外，石斧本身质量与操作者移动时的准确速度等问题也需要特别加以注意。

B型石斧制作不太精细，器身为打制或是简单的手工磨制，只有刃部磨制得相对较好，因此此类石斧显得窄长。

石球主要采用先打琢、后磨制的方法制成。多直接采用砸击剥片法制作，剥片之后形成的石片疤形状不规则，石器表面一般呈多棱状。石球剥片通常只是为了去除石器毛坯上的某些多余部分，而不能直接形成石器的毛坯。此类石器通常使用石英质材料或石英岩制作。

第四节　小　结

查海遗址出土石器种类丰富，本章按照器物功能和作用对象对其进行了重新分类和分型。主要有作为砍伐工具的斧、凿，作为敲砸工具的敲砸器，作为碾磨工具的磨盘、磨棒、研磨器，作为收割工具的刀，作为多用途工具的铲形器。

通过对斧、凿、敲砸器、磨盘、磨棒、研磨器、刀和铲形器等石器尺寸的统计分析，我们发现，石斧、石凿对于厚度的要求较高。石斧长度分布范围更广、宽度次之，但刃部的厚度都在一定范围内，这是古人充分考虑石器的功能需求，并结合石料特征作出的技术选择。敲砸器大都利用石材本身形状，如多棱面近球形的河卵石、椭圆形脉石英质料的自然石块，不经加工，直接使用，其尺寸受自然因素和人为选择的影响，具备客观自然条件和主观因素的双重随机性。石磨盘长度多集中在40厘米以上，宽25厘米左右，相比于A型磨盘，B型磨盘则小得多，A、B两型尺寸不同的原因可能有三个：一是加工对象不同，二是生活的需要，三是加工规模的不同。石磨棒直径的值并非受随机因素的影响，而是被人为限制在4～6厘米的数值区间内，其中5厘米左右的值最为密集。研磨器长度多集中在40厘米以上、宽25厘米左右。铲形石器的宽长比分型统计箱线图显示，A型铲形石器形状的随意性更大，而B型石铲形状的随意性要小一些，即带孔铲形器的总体规整度要优于不带孔铲形石器。

工具组合方面，查海遗址的工具中用于加工食物的工具数量占很大比重，尤其以加工植物性食物的工具占比最大，铲形石器这类与采集和农业经济活动相关的生产工具次之。石斧、石凿等与木作经济活动相关的生产工具数量较多，采摘、收割和狩猎工具相对较少。碾磨类工具的大比重则不能作为查海遗址具有较发达农业经济的证据。相反，这可能从另一个侧面说明这一地区居民对野生果实的依赖性较强。

其中铲形石器是除敲砸器外出土数量最多的一类石器，应具有多种用途，因此有必要对铲形石器进一步研究。总之，从生产工具方面来看，铲形石器的用途研究是分析查海遗址经济形态的关键。因此，下文将以铲形石器为例进一步细化研究，以传统考古学研究方法结合石器微痕研究和实验考古等新技术，从新视角探讨查海聚落的经济形态。

第三章

标本选取及铲形石器定位

样本范畴的有效性对研究结论的准确性至关重要。研究中，所有铲形石器样本均来自查海聚落遗址，分布在居住面、房址堆积、地层、窖穴及壕沟等遗迹单位中。通过对考古发掘报告公布的铲形石器在各类遗迹中出土的数量和比例进行研究，发现居住面出土的铲形石器数量和比例远超其他单位。这表明查海聚落在废弃后未经过严重后期扰动，遗物未大规模脱离居住面，保留了古代人们生活的原始状态和信息。同时，铲形石器基本不出自祭祀坑、灰坑等遗迹，说明其主要功能是日常使用的实用工具。在铲形石器定位方面，则应强调建立统一的定位及名称规范的重要性，以便更加科学地描述器物的使用方式与痕迹特征，并理解残器和残片的残损部位与残损状态。

第一节　标本选取

查海遗址的发掘工作早已结束，出土器物被分散保存在辽宁省博物馆、阜新市博物馆、阜新蒙古族自治县民族博物馆、阜新查海遗址博物馆以及辽宁省文物考古研究院（即原辽宁省文物考古研究所）等文博单位。2018、2019年度，笔者对辽宁省文物考古研究院收藏的铲形石器进行了提取和观察，这些器物主要存放在该院的牛河梁工作站，还有一部分存放于辽宁省文物考古研究院标本陈列室。

一、样本范畴与样本总体

样本选取是考古研究的前提和基础。即便将发掘出土的全部遗物拿来考察，其所代表的也只是古代先民日常活动的一部分内容，更何况经常用来进行细致观察的还仅是这一部分中的一部分。考古研究就是通过有限的实物样本来推断总体的过程。遗址中出土的全部铲形石器，可以看作能够获得并可进行观察的样本总体，而实际观察的文物标本则是经过人为选取的样本范畴（图3-1）。

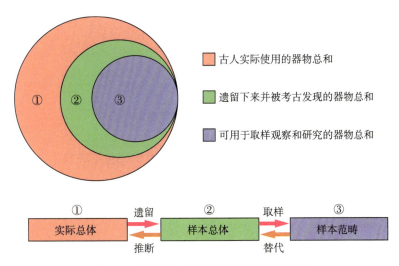

图3-1　样本范畴、样本总体与实际总体的关系

实际总体一般仅存在于理论层面，很难获得。通常来讲，样本总体是考古研究中能够利用的最大样本数量。但在实际操作中，样本总体往往不一定能成为考古研究的最佳对象。原因如下：

其一，主观上，基础资料与追加研究存在矛盾。按照现行考古报告的编写体例和一般绘图方法，器物图以黑白线图为主，虽然着重刻画了遗物的器形特征，但在质、色、纹、痕及工艺等方面表现不足。因此，作为基础材料的考古报告无法支持后期对某类文物超出器形以外的进一步研究。若想深入研究，只能提取实物和原始记录。而考古发掘与资料整理工作并不同步，有些遗址自发掘到整理，再到编写报告，需要较长的周期。报告出版前后，文物分散保存各处，有些处于展览当中，有些保存状况不佳，还有些记录材料不慎遗失等。这些都给后期追加研究中对文物的重新提取观察造成困难。

其二，客观上，文物自身的特征存在差异。根据完残程度，可将文物分为完整器、残器及残片等。而处于不同状态的文物，在经历制作、使用、废弃、埋藏及扰动等阶段或过程后，遗留在表面的痕迹特征也有所不同。这些最终都会对文物专门研究产生影响，因而也成为影响文物观察与研究的重要因素。

一言以蔽之，尽管样本总体在数量上优于样本范畴，但在质量上却有所不及。这便是本书进行标本选取及观察研究的基本思路和理论依据，使用随机划定的样本范畴替代样本总体，进而推断实际总体的各项特征。

二、样本范畴的有效性

科学合理的取样是考古研究的关键，样本范畴的有效性直接影响研究结论的准确性。其主要体现在两个方面：一是涵盖范围，二是样本结构。前者主要表现为数量和随机性特征，后者主要表现为质量及代表性特征。

1.涵盖范围

据《报告》统计，查海遗址共出土铲形石器349件，包括完整器、残器和残片等。此次研究共涉及考古样本187件，占《报告》统计铲形石器总数的53.58%，数量上超过半数。通过仔细观察，并参考《报告》，我们发现绝大部分遗物性质与《报告》所认定的结果相符，但仍有少数需要进行适当调整。为使样本涵盖范围更加全面、数据采集更加规范，本书样本选取情况如下（表3-1）：

其一，《报告》中认定为铲形石器的样本，不区分形制、大小及完残情况，全部提取，以保证随机性。

其二，《报告》中认定为非铲形石器的样本，经认真辨识后确认属于铲形石器范畴的予以增补。这种情况见于一些残器、残片以及半成品的归类上。

其三，实物与《报告》图文不符，此类情况极少。可能有两个原因，一是报告编校过程中存在纰漏；二是遗物整理时有改号的现象。这里以器物上的标记号为准进行登记提取。

其四，《报告》中器物图方向有误。这种问题常发生在残片和部分使用后经修改的器物上，主要原因是没有建立起一套明确的定位以及描述标准。对此，本书中结合实际情况进行了纠正。

表3-1　经核定与《报告》记录不符的铲形石器标本一览表

序号	器物号	标本情况	序号	器物号	标本情况
1	F18：27	铲形石器（图物不符）	13	F32①：6	铲形石器（方向错误）
2	F31：37	铲形石器（图物不符）	14	F18：12	铲形石器（方向错误）
3	F19：5	铲形石器（方向错误）	15	F31：36	铲形石器（方向错误）
4	F30：44	铲形石器（方向错误）	16	F30：48	铲形石器（方向错误）
5	F36：42	铲形石器（方向错误）	17	F27：44	铲形石器（方向错误）
6	F45：68	铲形石器（方向错误）	18	F32：79	石刀（非铲形石器）
7	F32：86	铲形石器（方向错误）	19	F3：21	铲形石器（非铲形石器）
8	F19①：22	铲形石器（方向错误）	20	F16：19	石斧残块（非铲形石器）
9	F52：23	铲形石器（方向错误）	21	F54：42	饼形石器（非铲形石器）
10	F30：52	铲形石器（方向错误）	22	F26：36	石料（非铲形石器）
11	F10：16	铲形石器（方向错误）	23	F51①：5	石磨盘（非铲形石器）
12	F16：27	铲形石器（方向错误）			

2.样本结构

本书研究所用铲形石器样本均来自查海聚落遗址范围内，分布于居住面、房址堆积、地层、窖穴及壕沟等各类遗迹单位之中。笔者将选取的样本与《报告》所公布的铲形石器数量和比例进行了比对（表3-2、表3-3）。

表3-2所显示的数据结构可分为A、B、C三个阶次。A阶次表明，居住面出土铲

形石器的数量和比例远超其他单位；在 B 阶次中，房址堆积和地层出土铲形石器的数量显著下降，但仍占有一定比例；其余各类遗迹中（包括采集）所见的铲形石器极少，同归为 C 阶次。值得一提的是，这种数据结构能够粗略地反映出两个问题：其一，查海聚落在废弃后并未经历严重的后期扰动，遗物未曾大规模脱离居住面进入地层及遗迹堆积之中，因此能够在很大程度上保留古代人类生活的原始状态和信息；其二，铲形石器基本不出自祭祀坑、灰坑等遗迹之中，说明其主要功能应是供人们日常使用的实用工具而非祭祀用器。

表 3-3 的数据与表 3-2 呈现相同的梯度变化。A 阶次数据说明，所选取的样本主要来自居住面；在 B 阶次中，出自地层的样本数量偏少，但仍与 A、C 两个阶次有明显差别。此次选取的样本未涉及采集品和祭祀坑中的遗物，两者在表 3-2 中所占比例基本可以忽略不计，而其余遗迹单位的阶次特征均与表 3-2 相同。从整个聚落层面上看，虽然表 3-2、表 3-3 两组数据在具体数量和比例上有所差别，但阶次变化具有同步、同向的特点。由此，可以认为本书所选取的样本的结构及据以作出的频率分析与样本总体特征相一致，具有代表性。

表3-2 《报告》中铲形石器在各类遗迹单位中的分布数量表

遗迹单位	房址居住面	房址堆积层	地层	窖穴	采集	祭祀坑	壕沟	总计
数量（件）	224	49	65	6	3	1	1	349
比例	64.18%	14.04%	18.62%	1.72%	0.86%	0.29%	0.29%	100%
阶次	A	B			C			

表3-3 选取的铲形石器样本在各类遗迹单位中的分布数量表

遗迹单位	房址居住面	房址堆积层	地层	窖穴	采集	祭祀坑	壕沟	总计
数量（件）	152	26	7	1	0	0	1	187
比例	81.28%	13.9%	3.74%	0.53%	—	—	0.53%	100%
阶次	A	B			C			

第二节 铲形石器定位

考古发掘出土的石器中，完整器往往是少数，大量存在的是残器和残片。若从了解石器工业技术结构及石器生命轨迹的层面来说，显然后者的意义更为重要。因此，石器研究不仅要对完整器进行细致观察，更要注重对残器和残片的分析和解读。而建立一套统一的定位及名称规范，对于描述完整器的使用方式与痕迹特征、理解残器和残片的残损部位与残损状态都是十分必要的。

通过观察完整器，我们发现铲形石器在形制上有一定差别，说明它们应具有类型学研究的意义，同时也暗示着其可能存在功能上的不同。下面仅以一件亚腰形石器为例，来说明其各部位名称，其他则参照而行（图3–2）。

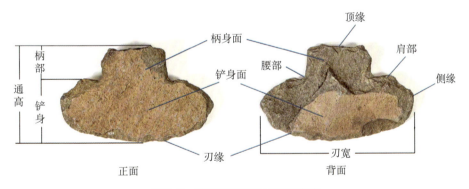

图3-2 铲形石器定位及各部位名称

就造型来看，铲形石器基本是一种扁平片状器物，带有两个比较平坦的"面"以及由两面相交形成的"缘"。一件铲形石器通常有四个缘，有使用痕迹的称为"刃缘"，与之相对的称为"顶缘"，而另外两缘则称为"侧缘"。铲形石器上半部用来装柄的部分，称为"柄部"；柄部以下至刃缘，称为"铲身"；铲身和柄部连接的侧缘位置，称为"腰部"；腰部以下至铲身刃缘两端最宽处的侧缘，称为"肩部"。

铲形石器经使用后，两个面往往会呈现出不一致的状态，本书中把刃缘有明显使用磨痕的一面作为"背面",而使用磨痕较轻、疤痕较多的一面作为"正面"。过顶缘和刃缘中心点的连线称为"轴线",一般来说,铲形石器都是接近左右对称的。测量时将轴线垂直摆放,顶缘在上、刃缘在下,背面朝向观察者。那么,轴线左侧称为"左侧缘"或"左缘",右侧则称为"右侧缘"或"右缘"。

第四章
铲形石器的生命轨迹分析

功能固然是石器研究的一个重要方面，但在进行功能研究之前应充分了解石器的生命历程，详细阐明其中的人类行为意图。同时，关注的焦点不能只限于完整器，对伴出的大量残器和残片也当给予重视。本章以查海遗址铲形石器为例，通过对其生命轨迹进行分析，揭示出该类石器从"生"到"死"的整个生命过程及发展阶段，希望能为中国新石器时代石器研究提供一个可供参考的范例。

第一节 铲形石器生命环节辨识

在187件样本中，既包括完整器或近于完整者，也包括大量的残器和残片。若它们之间不能拼合，则均被视为独立的样本个体[1]。通过反复观察比对，我们发现无论是制作中还是使用后产生的破裂片，其存在方式都不是随机的，而是具有本末相顺、合乎逻辑的内在规律。根据石器的残损状态和使用情况，可区分为A～G共7类、23组（附表10）。

一、A类铲形石器

34件。均为破裂片，未经使用，应是打制过程中因失误而产生的未成型坯料残片。可区分为A1～A9共9组，每组各有不同的残断方式（图4-1）。

打制破裂片占取样总数的18.18%，在一定程度上说明石器制作过程中有较高的残损率，这一点我们在做铲形石器仿制实验时有所体会。而与此同时，断裂方式的多样化，也显示了打制时作用力方向和部位的复杂性。一般来说，坯料被打残后会产生两块或多块能够拼合起来的破裂片，但实际上除A3和A4组外，其余几组在断裂方式上均不具备互补性。而A3和A4组虽然具有互补特征，但并未发现可供拼合的样本残片。这一现象充分说明，我们所见到的绝非打制过程中产生的全部破裂片。究其原因，可能有二：一是人为选择性地保留或丢弃；二是聚落毁弃后，经后期扰动造成遗失。我们认为，第二种可能性绝非主要原因。理由有二：其一，前文已经明确该聚落保存状况良好，并未经过严重扰动，绝大多数遗物能够反映当时人生活的原始状态；其二，后期扰动造成的遗失应是无规律的，而既然制作石器的行为发生在聚落里，何至于连一两片能拼合的样本个体都难以发现。

---

[1] 这里所说的"样本个体"，代表的是统计学意义上的数量个体，并不等同于实际存在的石器个体。

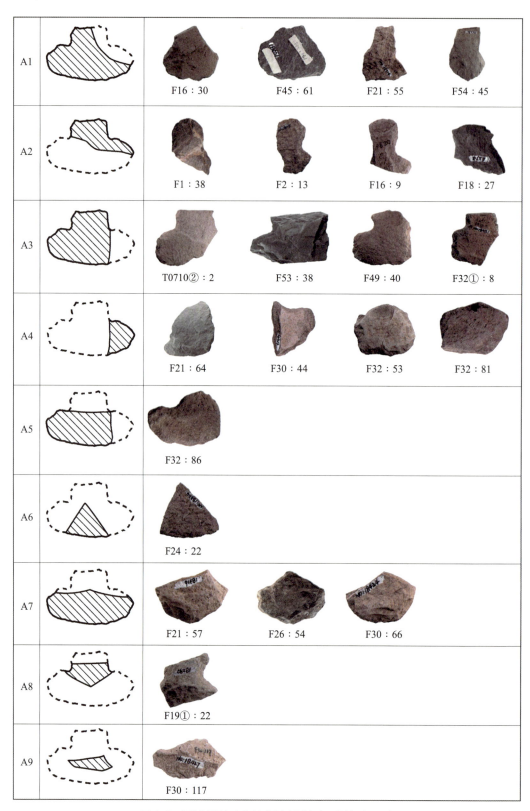

图4-1　打制过程中产生的典型破裂片（A类铲形石器）

由此可以肯定，这些样本所呈现出的状态一定是经过人为选择的结果。从残片断裂线的数量判断，样本的破裂次数多寡不一。A1～A4组均只有一条断裂线，为一次性打击断裂的残余，共25件；而A5～A9组均有两条或两条以上的断裂线，应为多次打击断裂的残余，共9件。在34件样本残片中，有29件出自居住面，5件出于房址堆积和地层中。而出自居住面的29件样本中，残存面积超过概念型板[1]1/2的，包括A1、A3、A5、A7共4组、16件；残存面积小于概念型板1/2的，包括A2、A4、A6、A8、A9共5组、13件（图4-2）。以上数据表明，人们更倾向于选择单次破裂或多次破裂中残存面积较大的破裂片予以保留，其余则可能作为废片被清理出房屋或聚落之外丢弃掉。

需要指出的是，图4-2中的概念型板只能帮助理解坯料的残损部位，但我们不能以预设的成品状态来估测打制过程中去除的石片的形态，因为制作中所使用的是未定型的坯料。换句话说，打掉的石片并不一定是概念型板中虚线部位所显示的样子，而可能是其他不规则的形态。

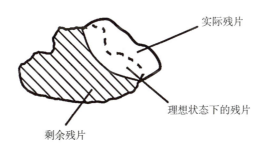

图4-2　概念型板与坯料残片

总而言之，上述只是对残片的静态观察和描述。这里仍有一个疑问：既然坯料未定型，打下来的应是大量不规则的残片，可为何我们见到的破裂片在残损状态上更接近于概念型板的某一部分呢？要解答这个问题，就需要复原破裂片产生的动态过程。其实，石器制作是坯料多次破裂的结果，也是一系列重复行为的组合。假设一块坯料经第一次打击后断裂，产生两块或多块破裂片，那么接下来会出现两种行为：一是小块的碎片作为废片，立即被丢弃或与以后产生的废片一同被丢弃；二是形状合适的大块破裂片，因

---

[1]　"概念型板"（Mental Template）是由美国考古学家詹姆斯·迪兹（Deetz. J.）提出来的概念，本意是指存在于工匠头脑中的一类器物式样的恰当观念，通过一定的技术和程序可在器物形制上反映出来（Deetz, J., *Invitation to Archaeology*, New York: Natural History Press, 1967）。这里用来表现坯料打制或工具使用过程中残损部位及残损状态的参考原型。

具有再加工的余地，遂予以保留或继续加工。第二次打击后大块的破裂片再次断裂，接下来会产生与第一次相同的两种行为，如此循环往复直至制造出成品或废弃为止。一块坯料从最初的形态，经历了"破裂—丢弃—破裂—丢弃……"的过程后，那些形状不规则的碎片绝大部分已被清理掉了，而保留下来的破裂片则在外形上无限接近于概念型板。正因如此，我们现在见到的样本残片实际上是从无数个重复过程中的不同阶段残存下来的坯料的叠加状态。换言之，只要两个破裂片不是处在同一破裂阶段上，那么最初、中间以及最终的破裂片就很难从外观上进行拼合。

二、B类铲形石器

11件。为经过一定打制但尚未定型的半成品坯料，形态介于原始坯料和成品石器之间（图4-3）。其中样本F54：42外形接近原始坯料，仅在一侧边缘分布有成排的剥片疤，均向一面打击，显然是只进行了初步加工。而样本F26：52整体上已具铲形石器雏形，只不过还未精细修整。两者显示了在半成品坯料之间也存在着加工时间或进度上的区别。

F10：17   F33：44   F17：21

F26：52   F54：42   F30：41

图4-3　经打制的半成品坯料（B类铲形石器）

三、C类铲形石器

5件。为新制作的成品石器，已定型或基本定型，但尚未使用（图4-4）。新器物是为了替换因残损而无法使用的旧器物，或者在旧器物出现破损、但使用功能尚可暂时维持期间作为备用品制作出来的。也许就整个聚落来说，工具的更新交替是一种常态，但对于某个具体单位来讲，则是一个相对短暂的事件。因为，在某个瞬间新器物只出现在那些有更换工具需要的房屋之中。而恰逢此时，这些房屋因为某些原因遭到毁弃，才使得处于此状态的样本得以保留。该类样本数量及在取样总数中所占比例（2.67%）也支持这个说法。

图4-4　新制作的成品石器（C类铲形石器）

四、D类铲形石器

49件。为保持完整或近乎完整的石器经过不同程度的使用，并在表面留有明确的使用痕迹（图4-5）。完整的石器承载着尚未终结的使用功能，这意味着直至聚落或房址毁弃之时它们始终处于使用状态。根据工具的使用程度，大体可分为两组。

D1组共5件，均经过初步使用，工具表面已出现轻微使用痕迹，但痕迹特征尚未分化或明显分化，不足以准确判断、区分器物功能和用途。

D2组共44件，均经过长期或较长时间使用，工具表面的使用痕迹清晰可辨。同时，使用方式或加工对象的不同，导致工具刃缘或其他部位上的痕迹特征产生显著差异。

一般来说，石器质地坚硬，若非与硬物发生强力碰撞，是不会轻易破损或毁坏的。因此，石器通常拥有较长的使用寿命。根据D1组和D2组的数量对比，可知大多数工具都经历了长时间的使用。而随着使用时间的增加，势必会产生不同程度的材质损耗（包括破损和磨损两类）。当这种损耗尚未影响石器的整体外观和主要功能时，便可视之为"使用痕迹"；而一旦超出上述范畴，对石器外形造成较大的损伤，并对其使用功能产生不可逆的影响时，则称之为"永久残损"。

另外，人们一般会在室外或村外从事生产劳动，待劳作结束后将工具带回并存放起来。从49件D类铲形石器样本的分布情况看，除7件出自其他单位，余下42件皆出自居住面，由此说明房屋是收藏、保存这些石器的主要场所。

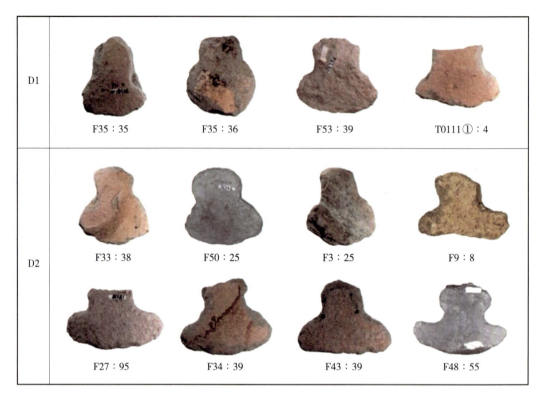

图4-5 经使用的完整器典型样本（D类铲形石器）

五、E类铲形石器

52件。为石器工具使用后的残器或残片，由于发生永久残损，原器功能已经丧失。正如坯料打制过程一样，残损的工具也存在着使用时间和残损程度上的差异。有些器物刚使用不久即发生崩裂，而多数器物都是在经过较长时间的使用后才损坏的，这与D类样本数据分析结果相一致。根据残损部位的不同，可将此类铲形石器分为E1～E8共8组（图4-6）。

E1～E4组共46件，均只有一条断裂线，应为一次性断裂的残余。残损部位多在柄部和铲身连接处或铲身一角。这些部位都是铲形石器最脆弱的地方，因过于窄小或过于突出，受力后比较容易折断。其中，E1和E2组、E3和E4组两两成对，断裂方式具有互补性，但具体到样本个体却未见能拼合者，说明我们见到的使用残片在数量和部位上存在着缺失。重新检查之前的样本选取，确认样本选取随机性很强且在框定范围

内全部提取，因此由样本范畴导致缺失的可能性被排除。那么，究竟是什么原因造成
了这样的结果呢？

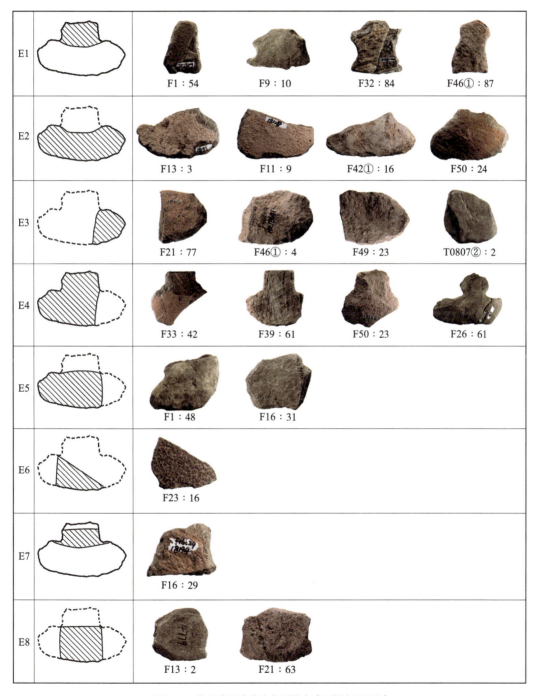

图4-6　使用残器或残片典型样本（E类铲形石器）

E5～E8组共6件，都有两条或两条以上的断裂线，应为多次断裂的残余。从E1～E4组和E5～E8组样本的数量对比来看，大多数使用残片都是经过单次断裂后遗留下来的，仅有少数发生过多次断裂。多次断裂残片的存在似乎让人感到有些疑惑，因为一般情况下，石器工具在使用时经一次断裂造成永久残损后，便不能再继续使用了。那么，多次断裂的使用残片是怎么产生的呢？弄清上述问题的关键在于两点：其一，理解这些使用残片存在的意义；其二，摆脱静态的思维惯性，采用动态的视角去审视材料。

在E类52件样本中，除10件来自其他单位，其余42件均出自居住面。正常情况下，工具很少会因为室内存放而发生残损，那么显然房屋内并不是石器断裂的第一现场，它们应是在劳动过程中损坏的。而从劳动场所到房屋之内，其间一定存在着某些人类的行为，导致我们现在所见与实际情况发生了出入。具体分析如下。

①残损过程

其一，器物功能的丧失可能存在着短暂持续的过程。石器在经历一次断裂后，其功能固然遭受严重影响，但不一定完全丧失。这时人们未必会立即选择用新器物来替代它，而残器仍可继续使用一小段时间，直至再次或第三次断裂并无法正常工作为止。这种情况虽不代表全部可能，但至少是部分事实。因此，在我们见到的使用残片中，应有一部分是从不同的残损阶段中分离出来的。而在此过程中，多次断裂的使用残片就随之产生了。

其二，一件石器在使用时，可能恰好同时破裂为多块。虽然这种情况发生的概率较低，但并不能排除。而由此产生的使用残片既有仅产生一条断裂线的，也有产生多条断裂线的，表现为单次破裂和多次破裂一起出现。

其三，发生多次断裂的样本多是铲身或柄部中段残片，这类样本只有当铲形石器其他部位全部断掉之后才会形成。因此，拥有多条断裂线的残片一定比只有一条断裂线的残片少很多。

②择优拣选

E类样本数量占取样总数的27.81%，在一定程度上反映了石器工具的使用残损率是相对较高的。而打制的半成品和成品（B类和C类）数量总计16件，占取样总数的8.56%，与使用残损率相差悬殊。考虑到多次破裂会对样本个体数量产生影响，我们改用坯料打制过程中的残片数量（A类，34件）与工具使用后的残片数量（E类，52件）

相比较，发现同样出现"入不敷出"的情况。这说明现实中一定存在着某种机制来解决这一问题，否则石器生产和消费间的平衡将被打破，人们的正常生产、生活也将无法维持。

结果正如我们推想的一样，当石器发生残损后，部分使用残片会从劳动场所转移到房屋之内，其目的就是实现残器、残片的再利用，而这正是使用残片在房址内存在的意义。人们将可能有用的残片带回到房屋内，而并非全部收集，这是一个有意为之、择优拣选的过程。再结合数据，在46件单次破裂的样本中，残存面积超过概念型板1/2的有29件，而残存面积小于概念型板1/2的有17件。两相对比可知，人们还是倾向于选择面积较大的残片予以保留，其余则在野外随便丢弃掉了。

③修改处理

残器或残片的修改是实现其再利用的方法和途径。拣选回来的使用残片，经过修改之后会变成新的石器工具，从而具备了新的器形和功能。

最后一以贯之，在"残损—拣选—修改"的不断运动变化过程中，可以拼合的石器残片恐怕是很难见到的。

六、F类铲形石器

18件。系处于修改过程中的残器或残片，尚未投入新的使用阶段。形态上不同于打制破裂或使用断裂的残片，尤其是器（料）身两侧或一侧陡直的边缘，明显是经过人为修整的（图4-7）。

此类铲形石器的修改行为，根据修改对象的不同可分为两类。第一类为对打制残片的修改。打制失误导致的坯料残损，使原定器形无法继续完成，于是人们根据剩余破裂片的形状和大小调整方案、重新设计，以达到高效和节约利用原料的目的。这一过程可称为"量料制型"，其实质是石器制作过程中加工思路的重新调整。因为自始至终都没有成品石器出现，故而也就无所谓"再利用"。第二类为对使用残片的修改。前文已经述及，石器在使用过程中发生破损，产生的使用残片不会被轻易丢弃，而是经过人为拣选后带回室内重新加工，从而实现"以残补缺"的"废物"再利用。

根据修改的进度，又可将修改后的石器分为两类：初步修形者和近乎成器者。前者如F7：18等，是对残片形状进行适当调整，修改行为刚开始实施或正在实施过程中；后者如F30：53等，修改行为已接近尾声，新器物近乎成型。

七、G类铲形石器

16件。为修改后重新使用的石器工具（图4-7）。对于"量料制形"的打制残片，成器后便很难再做分辨了；而对于"以残补缺"进行再利用的使用残片，则可进一步区分出前后相继的双重使用痕迹。故此，本书主要针对后者进行进一步探讨。

按照修改后新器与原器在器形和功能上的差异，可将石器的再利用行为分为两类。第一类为修理。当石器残损较轻微时，便可对残器外形、大小作出一定调整，刃缘进行翻新，这一过程无须改变原器的基本形状和功能。第二类为改制。当石器残损较严重时，因断片面积过小只能改作他用，这就要求对原器在形状和功能上作出改变。修理和改制，是针对石器破裂再利用所作出的不同行为，合称"修改"。

此外，还有2件样本，打制迹象和使用痕迹均不明显，且因体量较小而无法分辨，这里暂视之为"废料"。

图4-7 经修改的典型样本（F类、G类铲形石器）

第二节　铲形石器生命阶段阐述

任何器物都有其产生、发展、鼎盛、衰落直至消亡的过程，就如同生命一般。器物的生命过程是由若干具体环节或阶段所组成的，它们前后相继，串联起来形成了一条变化发展的运行轨迹，即"生命轨迹"。生命轨迹分析就是要研究某类器物"一生"的历时性变化过程，以此来探究这些过程所反映的人类行为及蕴含的社会信息。

从打制的坯料残片，到经过修改的石器工具，共有7类23组样本。通过仔细辨识，我们发现了铲形石器生命轨迹当中的八个环节（见图4-8中环节③～⑨）。根据各环节的属性特点，可归并为三大阶段，即制作阶段、使用阶段和修改阶段（见图4-8中阶段Ⅱ～Ⅳ）。

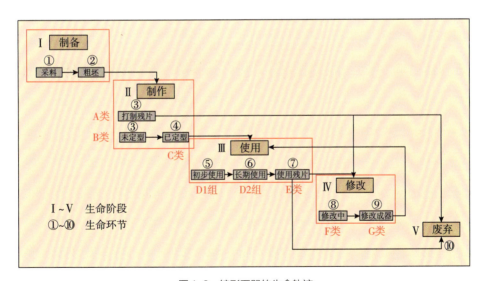

图4-8　铲形石器的生命轨迹

除去2件废料，有效样本共185件。制作、使用和修改三大阶段的样本数量比例为27∶55∶18，而制作及修改阶段的样本数量之和与使用阶段相差不大，可以认为前后基本持平，这说明查海先民在生产劳动过程中，器物的制造、使用和再利用恰好能够维持一个动态的平衡（图4-9）。

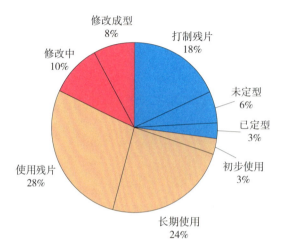

图4-9 三大阶段各环节石器样本比例统计表

已知的三大阶段中，工具制作、储存和修改等人类行为都发生在聚落中，且主要在房屋内进行。选取的185件样本中有150件出土于居住面，共涉及42座房址（图4-10）。根据各阶段样本在房址中的共存关系，统计如表4-1。

表4-1 三大阶段样本共存房址数量统计表　　　　　　　　　　单位：座

三阶段共存	两阶段共存			单阶段存在		
	制作—使用	制作—修改	使用—修改	制作	使用	修改
7	10	2	5	4	13	1
	17			18		
总计：42						

三阶段样本共存的房址共有7座。毫无疑问，这些房屋在聚落中都是能够独立进行工具加工和使用的社会单元。其中，F18为中小型房址，面积为33.39平方米；F16和F30属于大型房址，面积分别为63.08平方米和71.8平方米；其余均为中型房址。可见，房屋规模与社会分工及经济独立性无关。

两阶段共存或单阶段存在的房址，似乎缺少石器生命轨迹中的某个或某些阶段。可进一步分为两组：第一组中制作与修改阶段共存以及制作或修改单阶段存在的房址共7座，只存在使用阶段的共13座。这是否意味着有些房屋是专门作为石器生产或消费单位存在的呢？先不必急于下结论。再看第二组，该组为制作与使用阶段共存以及使用与修改阶段共存的房址，共15座。试想，一座房子里的人们若是掌握了石器制作

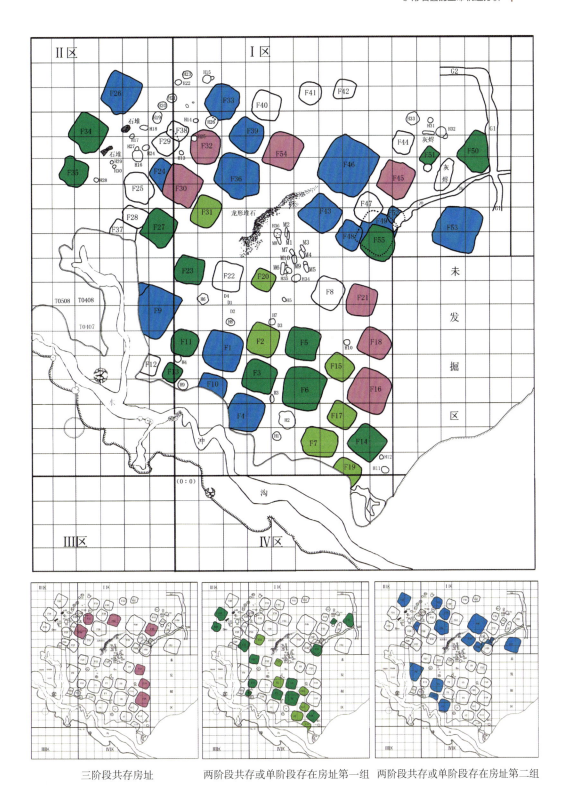

三阶段共存房址　　两阶段共存或单阶段存在房址第一组　两阶段共存或单阶段存在房址第二组

图4-10　三大阶段样本共存房址分布图

技术，岂能不懂得对使用残片进行修改？在工具、资源不足的情况下，又岂能不进行修改？反之，若能修改残器，又怎么能不去制作石器？这种不合逻辑的行为显然有悖于客观事实。当我们把目光聚焦到具体的遗迹单位时，就很容易发现问题的症结所在。F46是聚落中面积最大的房址，达157.32平方米，《报告》中发表F46出土的铲形石器10件，但我们选取的样本中只涵盖了4件；F33出土的为中型房址，面积45.44平方米，《报告》中发表F33出土的铲形石器15件，样本中只涵盖6件。因此，表4-1中所示石器生命阶段的缺失，主要是由于选取的样本分散到某个具体遗迹后涵盖范围不够造成的假象，因此不能作为判断专门工具生产房屋是否存在的依据。第一组也存在一样的问题。结合查海聚落中房址均成排分布的事实，我们更倾向于认为这些房屋在当时应该都是工具上自给自足、经济上相对独立、地位上互相平等的社会单元。

185件样本所显示的最初状态，是对坯料精打细琢所产生的破裂片及半成品。其中，F54：42和F30：41都是刚刚着手加工的半成品坯料，外观近似椭圆形，外形接近原始坯料。这使我们意识到，在此之前尚存在一个石器生命阶段，即石料制备阶段。它不在我们的视野范围之内，也不为我们选取的样本所涵盖。结合实际情况，推断其至少应包括采料及制坯两个环节（见图4-8中环节①～②）。

根据《报告》统计，查海遗址的居住面共出土各类石料332件，除38件未知外，其余294件按照岩性可归为七类（图4-11）。其中，绝大部分为花岗岩，其次为石英岩，而适合制作铲形石器的页岩和石灰岩合计22件，占全部石料的6.63%，这与房址中铲形石器的数量比重（13.45%）有很大差距[1]。并且，由于我们没有见到石料样本，《报告》中又极少有相关线图和照片发表，这些石料中究竟有多少是用来制作铲形石器的，还未可知。大块原料和粗坯的缺乏，说明制坯不在房屋中进行。而从房屋内部储存较多大块坯料的事实，也可推知石料的开采地应在距村落不远的野外。因为制坯不需要花费太多时间和精力，为减少路上搬运负担，就近取材、原地打坯的可能性很大。另外，还需注意到，由于石料开采不易及优质的石料资源有限，人们十分珍惜已获得的石材，以至于对打制和使用阶段产生的残片还要进行修改，以便再次利用。

---

[1] 根据《报告》，查海遗址房址内共出土各类石器1532件（含细石器62件），其中铲形石器224件。除3件未知外，其余221件按照岩性可分为8类，其中页岩和石灰岩制成者分别为136件、70件，两者数量合计206件，占全部铲形石器的91.96%，占全部石器的13.45%。

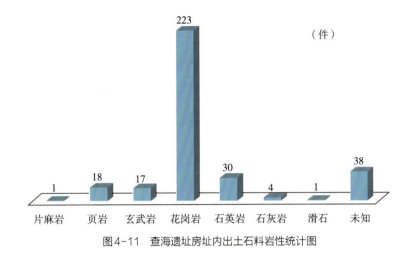

（件）

图4-11 查海遗址房址内出土石料岩性统计图

铲形石器生命轨迹的最后环节是废弃（见图4-8中环节⑩）。其实从遗存形成的角度来讲，在发掘中见到的所有遗迹和遗物都处于一种静止的废弃状态。而考古研究就是要从这些静止的遗存中复原出人类行为的动态过程。根据笔者的分析，石器生命过程中产生的废弃物有四种：一是制坯过程中产生的废弃物，不在聚落或房屋内出现；二是制作及使用过程中产生的废片，是被人为清理掉的废弃物；三是制作及使用过程中产生的残器和残片，相对于这两个阶段是废弃物，但却是修改阶段的原材料；四是生命走到尽头的石器，是无法再利用的最终废弃物。其中，除第三种可供观察外，其余均在人们日常生活的"新陈代谢"中被清除殆尽。

第三节　小　结

　　生命轨迹分析在本质上与旧石器的"操作链"（Chaîne Opératoire）是一致的[1]。这种研究思路最早诞生于法国，在20世纪80年代以后被欧美学者广泛接受和使用，并掀起了一场旧石器研究范式的革命。"操作链"强调关注石料所经历的各种文化改造过程，包括原料采办、工具制作、使用、维修和废弃等阶段或环节，重建石器的生命史，并从中探索古代人类在技术动作和思维运作上的互动关系。不过，"操作"一词在内涵和外延上不够清楚，以至于有相当一部分学者将其与操作程序（Operational Sequence）或剥片程序（Reduction Sequence）相混淆。在世纪之交，"操作链"的概念被介绍到中国[2]，但似乎没有引起多大反响，可能是因为大部分国内研究者缺少相关知识背景，对于西方的舶来品无法准确地理解和把握，而根深蒂固的静态类型学思维又与之相抵牾，导致研究中对这一概念使用甚少。其实，生命轨迹分析和操作链理念的宗旨都是揭示器物从"生"到"死"的生命过程，进而将平面的、静态的特征分析转变为立体的、动态的过程研究，以实现"透物见人"的目的。但鉴于"操作链"在实际运用中出现的歧义和弊端，我们认为用"生命轨迹分析"一词更加直观和贴切。

　　通过对查海遗址出土铲形石器的生命轨迹分析，可以得出如下启示。

　　其一，生命轨迹分析是石器类型学研究的基本前提。

　　与制陶不同，制石是一个不断去掉石片或石屑的不可逆的缩减过程。期间，会产

---

[1] 与之相似的还有"行为链"（Behavior Chain）和"技术结构"（Technological Organization）等概念与方法，但两者都没有"操作链"影响广泛。

[2] 陈淳：《"操作链"与旧石器研究范例的变革》，邓清、王原主编《第八届中国古脊椎动物学学术年会论文集》，海洋出版社，2001年；陈虹、沈辰：《石器研究中"操作链"的概念、内涵及应用》，《人类学学报》2009年第2期；彭菲：《再议操作链》，《人类学学报》2015年第1期。

生大量形状不规则的碎片，它们是不具有任何类型学意义的废片。由于失误而非刻意地造成坯料破裂，制作者必须调整思路重新设计，在这一过程中我们见到的仅是具有过渡性质的打制"废弃物"。工具残损后，修改器与原器在外形和功能上会有所变化，这是同一器物生命过程中的动态形变。若将不同阶段或环节的产物罗列在一起划分形制，并据以确定工具组合，就会成为基于特征鉴定的单纯器物分类，而非类型学研究[1]。因此，只有阐明各类石制品在其生命轨迹中的位置和相互关系，才能恰当地划分工具类型及组合。

其二，生命轨迹分析中，定性分类是基础，量化比较是关键。

根据以往经验，残器、残片不一定能代表实际存在的石器个体。因此，笼统地统计件数无法准确地衡量石器工业的真实水平。只有将石器生命中各个阶段和环节加以详细区分，并运用动态的视角审视、计量和比对，才能洞悉其中的本质与异同，进而给出正确的诠释和解读。

其三，生命轨迹分析促使器物功能研究理念发生变化。

只有经过使用才能谈及使用功能，打制残片、半成品及未经使用的成品工具是没有使用功能可言的。完整器比之残器、残片，在功能用途上的可辨识度更高。而长期使用的工具比短时间使用的工具使用痕迹更加清晰、功能的确定性更高。偏重完整器或典型器的取样方式，容易造成认识上的绝对化、片面化和静态化。为使所得结论更为全面、客观，对全体石制品进行分析是必要的，而对功能的认定也应具有层次性。另外，在石器的"一生"中，其使用功能可能会发生改变。拥有双重使用痕迹的修改器，极好地保留了其"前世"和"今生"经历不同使用过程的信息。因此，功能研究不应该也不可能是孤立、静止的，因为具备某种形制、功能的工具，可能只是另一种形制、功能工具的后续或孑遗。

---

[1] 陈淳：《岭南史前研究的思考》，《考古学的理论与研究》，上海人民出版社，2014年，第74页。

第五章

铲形石器功能推定

器物研究必然涉及功能，或者说功能是器物研究的一个重要组成部分。功能与器物是表里相依、体用不二的关系。功能是对器物进行利用时产生的某些行为，功能的发挥依靠一定物质形态来承载。器物是功能的物质载体，功能行为最终体现为物质形态之间的相互作用。

所谓功能推定，就是根据器物的物质形态（器形）和使用行为产生的某些结果（使用痕迹）来反推其未知功能的思维过程。

第一节　铲形石器标本的功能体现

分类可以使无序的遗存变得有序，但一般的分类研究只限于时间平面上的分组归类。生命轨迹分析可以构建出遗存立体、动态的分类过程，从而为功能推定提供更加积极的帮助。

通过生命轨迹分析，我们了解到，铲形石器生命过程中的不同阶段和环节对于功能推定的意义是不同的。主要表现为以下几个方面：

其一，未使用器和使用器。使用功能必须是针对使用过且出现使用痕迹的器物而言，未经使用的器物或打制残片无法言及使用功能。即便某些器物已经打制成型，具备了某种特定形态，也只能说它承载着该形态下的某种"潜在功能"，而不能说其具有使用功能。

其二，初步使用器和长期使用器。器物经过使用就一定会出现相应的使用痕迹，只是在痕迹的清晰度和可辨识度上存在差别。初步使用的石器工具，使用痕迹正在形成中，痕迹特征不稳定，清晰度、可辨识度低，对功能判断的支持力度较弱。相比之下，长期使用的器物，使用痕迹清晰明显，痕迹特征可辨识度高，因此对功能判断的支持力度就强。

其三，完整器和残器、残片。完整器代表用过但未用坏，且还在用；残器代表用过且用坏了，但还未完全丧失使用功能；残片代表用过、用坏了，已经破碎且完全丧失了原使用功能。相对来说，完整器可以反映出器物形态与功能的对应关系，提供可观察的各角度、各部位的使用痕迹，在功能推定上具有残器和残片无法比拟的优势。

其四，原器和修改器。原器是器物成型后第一个功能阶段，承载着石器"一生"中最重要的使用功能。修改器是对破损原器的再利用。少数修改器能成为原器功能的延续，但大多数会在器形和功能上有所改变。修改器经使用后，其表面会遗留双重或多重使用痕迹。这影响着我们对器物功能的推断，若不仔细研究，很容易产生错误认识，进而得出错误结论。

以上情况，若不加区分地、笼统地探讨，显然不太恰当。

第二节 铲形石器标本的观研方案

通过分析可知，只有第Ⅲ、Ⅳ阶段的铲形石器标本可参与功能推定。换言之，在187件器物中，有135件可判断使用功能。但实际上对于残器和残片来说，还要看它们的残损程度、残损部位等各项特征对功能判断的支持情况。根据石器标本功能体现的差异性，我们拟订了甲、乙、丙、丁4个观研等级（表5-1）。

表5-1 铲形石器观研等级表

观研等级	阶段-组类	完整程度	修改情况	使用痕迹	数量（件）	可靠程度
甲	Ⅲ-D2	完整	原器	明显	44	优
乙	Ⅲ-D1	完整	原器	不明显	5	良
	Ⅲ-E类	残	原器	明显或不明显	52	良或中
丙	Ⅳ-G类	完整	修改	明显	16	良
丁	Ⅳ-F类	残	原器—修改	明显—无	18	差

首先，功能推定需从长期使用的完整原器入手，从器物形态和使用痕迹两方面进行研究，找到它们与功能用途的对应关系并相互印证，这样得出的结论可靠程度较高。

其次，初步使用的石器和使用残片，因使用痕迹不明显或器形残缺不全，对功能只能从单一层面进行研判，而无法将器形与痕迹参照比对，这样所得结论的可靠性降低，有些甚至无法做出准确判断。

再次，修改后的石器相当于新生的完整工具，但在使用痕迹上呈现出双重特征，需要仔细观察研究，区分不同使用阶段的原器痕迹和修改器痕迹，因而给功能判定增加了难度。

最后，修改过程中的石器不具有新的使用功能，但保留有原器的部分使用痕迹。由于器形已经过人为修改，使用痕迹也支离破碎，这类标本对于功能判断的可靠性最低。

综上，我们主要针对甲级（Ⅲ-D2）铲形石器进行功能推定，至于乙、丙、丁三个等级均可参照以下方法作出研判。

第三节　铲形石器观研前的准备

一、标本的清洁处理

查海遗址铲形石器在出土后经过略微刷洗，大部分泥土已经去除。但由于在库房长期存放，其表面不免覆盖些许灰尘。更重要的是，石器上的一些细小部位，如破裂的沟槽、打琢的凹坑以及刃缘崩疤和摩擦条痕等，并未得到彻底清洁，其中仍有些许污垢和微生物残留（图5-1）。这些部位往往是使用痕迹观察的关键之处，若不加处理势必影响观察的清晰度和准确性，因此在观察之前需要对石器标本进行适当的清洗处理。

表面的灰尘　　　　　缝隙里的泥土污垢　　　　　表面钙质附着物

微小的活体昆虫　　　蜘蛛网及死亡的蜘蛛　　　　较小的活体蜘蛛

图5-1　石器表面的残留物

①大面积刷洗

②细致清理

③消毒杀虫

④影像采集

⑤器物测量

⑥器物分类

图5-2 观研前的准备工作

1.清水处理

首先，将石器放入清水中浸润一段时间，待其表面的泥土附着物稍软化后，使用略大的清洁刷进行大面积刷洗，刷洗时力度要均匀适中，避免对石器造成二次划伤。然后使用软毛牙刷对石器细小部位的污垢进行细致清洁（见图5-2中步骤①、②）。清洁完毕后，将石器取出放置于阴凉通风处阴干。经过清洗，石器表面大部分的尘土、泥垢及虫体可以去除。对于一些比较顽固的钙质附着物，在不影响后期观察的情况下不必强行去除，以免损伤器物。

2.酒精处理

将用清水处理过的石器置于实验台，利用长镊子夹取少量脱脂棉，蘸取75%的酒精，对细小的凹坑、裂隙进行擦拭消毒，消除条痕及崩疤中残余的少量浮尘和菌斑、虫卵等（见图5-2中步骤③）。

二、标本的形态数据采集

在正式观察标本之前，我们对提取的187件铲形石器的外部形态——不论是完整器、残器，还是残片——均进行了基础的数据采集。采集方式主要分为影像拍摄和尺寸测量两种。

1.影像拍摄

影像拍摄是为了获取研究对象的图像信息，包括整体形状及局部细节的清晰照片。

　　拍摄设备包括佳能EOS 5D Mark Ⅳ专业单反相机、佳能红圈100毫米微距镜头和24～70毫米变焦镜头、5500KLED白光摄影灯。此外，还有一些辅助器材，如稳定三脚架，快门遥控器，黑、白、灰三色背景布，文物支架，比色卡，标尺等。

　　拍摄采用正投和斜投两种方法，对每件石器的正、背、侧、顶、底五个角度，以及各部位如刃缘、腰部、柄部等，都进行了详细记录（见图5-2中步骤④）。

　　2.尺寸测量

　　尺寸测量是为了获得研究对象的尺寸信息，包括整体及各部位的具体数值。

　　测量工具为50分度游标卡尺，为了便于研究，精度统一控制在0.1厘米。测量前，需要对石器有准确的定位和各部位定名，然后统一测量标准，如刃厚是指刃缘进深0.5厘米处的厚度，柄厚、铲身厚即为相应部位的最大厚度等。测量项目根据标本外形不同而有所差异，每项测量结果都要录入Excel表格，建立标本信息基础数据库（见图5-2中步骤⑤、⑥；附表11）。

第四节　铲形石器标本类型学研究

类型学是研究遗存外部形态特征、探索其变化规律的方法体系。对器物进行类型学研究的基本前提是其保留有完整的外部形态。若承载器物功能的外部形态不完整或不能复原，则无法进行类型学研究。

甲级（Ⅲ-D2）铲形石器标本共计44件，外形完整或近乎完整。完整器废弃时仍具有原使用功能，用其进行研究可以避免残器二次利用对研究造成影响，同时也便于测量器物的尺寸和探索器形与功能的对应关系。通过细致的肉眼观察和精确测量，我们区分出甲级铲形石器之间的形态差异。我们并没有局限于直观形态上的差别，而是更多考虑器物实用性方面，运用大量尺寸数据进行比对，最终拟分为D2-a、D2-b、D2-c、D2-d、D2-e五组（图5-3）。

D2-a组，14件。整体呈圆角方形或亚腰形。它们的外部形态有些许差别，可大体分为两型，我们姑且称之为D2-a1型和D2-a2型。D2-a1型，平面呈圆角方形，中间对称分布着两个长圆孔。D2-a2型，平面呈亚腰形，两侧内凹，下连斜弧肩。仔细观察，两者的差别主要体现在腰部上。但无论是穿孔还是亚腰，主要作用都是便于捆绑固定木柄，在这一点上二者是没有区别的。若将D2-a1型的圆孔外侧部分遮挡，会发现剩余部分明显与D2-a2型一致（图5-4）。这种并不反映功能异同的形态差异，我们称为"非功能性差别"。D2-a1型和D2-a2型相互对比，只能说前者比后者制作得更精致、更美观，但在实用功能上并无本质区别。

D2-b组，14件。整体呈椭圆形或亚腰形。该组器物也可分为D2-b1和D2-b2两型，两型情况与D2-a组类似，不再赘述。

D2-c组，7件。通高最大值17.9厘米、最小值13.3厘米、平均值约15.2厘米、极差4.6厘米、方差2.9平方厘米，刃宽最大值11.1厘米、最小值7.3厘米、平均值约1.4厘米、极差3.8厘米、方差2平方厘米。该类器物通高大于刃宽，整体呈瘦长形，通高、刃宽平均

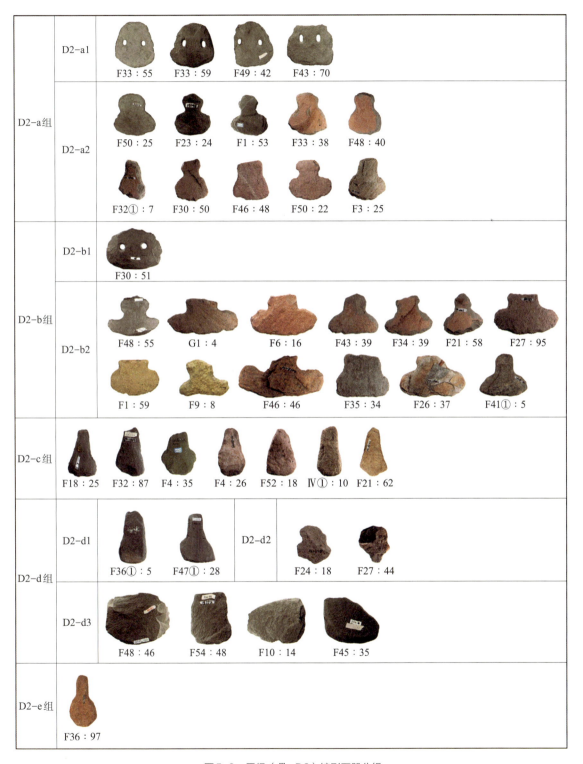

图5-3 甲级（Ⅲ-D2）铲形石器分组

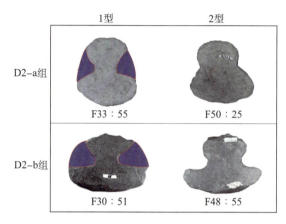

图5-4　石器形态的非功能性差别

值相差13.8厘米。柄部与铲身的分界不明显，从刃缘向顶缘逐渐变窄。弧状凸刃，刃缘比D2-a组和D2-b组窄，刃较钝，正锋（图5-3）。现代的铁质斧头也是一种窄长形、扇形刃、正锋的工具。铁斧是农村最常见的一种工具，几乎每家每户都有，规格大致相仿。D2-c组铲形石器与此类工具相似。

D2-d组，8件。根据外形差异可分为三型：D2-d1型近斧形，器身窄长；D2-d2型为不规则形；D2-d3型呈长方形（图5-3）。通高最大值16.5厘米、最小值10.2厘米、平均值约14.3厘米、极差6.3厘米、方差5平方厘米，最宽处最大值20.8厘米、最小值8.6厘米、平均值约12.7厘米、极差12.2厘米、方差17.6平方厘米。由此可见，这类器物的形态不固定，器形相差较大。但它们有一些共同的特点，即具有磨制锋利的刃缘，正锋，且刃缘较薄。刃缘厚度最大值0.7厘米、最小值0.25厘米、平均值约0.4厘米。D2-d组铲形石器没有对应的现代铁质工具，但从刃缘特征判断，此类器物应作为削刀使用。

D2-e组，仅发现1件。F36：97，长直柄，圆身，一面略凹、一面凸起，凸起的一面中间有使用痕迹（图5-3）。通高21.2、刃宽11.4、柄宽5.1厘米。此件器物较为特殊，与前几类均不相同，使用功能应存在差别。

其中D2-a组和D2-b组铲形石器都具有柄部、铲身、腰部及外凸的弧状刃等部位，外形特征看起来十分相似，该如何区分二者呢？我们对D2-a组和D2-b组铲形石器的相关数据进行了对比。

首先，是由通高和刃宽所反映的器物形状及大小（图5-5）。从图5-5可知，D2-a组数据整体靠左、靠上分布，而D2-b组靠右、靠下分布。这说明D2-a组铲形石

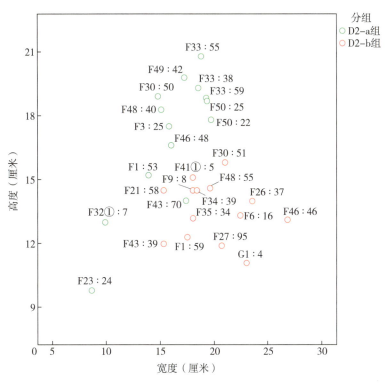

图5-5　D2-a组和D2-b组铲形石器高、宽对比

器的器形普遍较瘦长，而D2-b组铲形石器则普遍较矮宽。另外，D2-a组的数据分布比较分散，组内通高最大值20.8厘米、最小值9.8厘米、平均值约17厘米、全距范围11厘米、方差9.2平方厘米，宽度最大值19.7厘米、最小值8.7厘米、平均值约16厘米、全距范围11厘米、方差11.5平方厘米。数据显示，D2-a组的通高和刃宽极差和方差都很大，表明组内石器大小不一。其中，F32①：7和F23：24形体明显较小，其余12件相对较大，高度平均值约18厘米、宽度平均值约17.1厘米。因此，该组铲形石器似可分为大小两种，大者高、宽均在14厘米或以上，小者高、宽均在14厘米以下。相比之下，D2-b组铲形石器分布相对较集中。组内通高最大值15.8厘米、最小值11.1厘米、平均值约13.5厘米、全距范围4.7厘米、方差1.9平方厘米，宽度最大值26.8厘米、最小值15.3厘米、平均值约19.8厘米、全距范围11.5厘米、方差10.7平方厘米。虽然该组铲形石器刃宽极差和方差较大，但通高极差非常小，反映出其尺寸变化没有D2-a组大。

其次，是通高、铲身高与刃宽比所体现的器形差别。除了个别值外，D2-a组通高与刃宽比的数据集中分布在1.0以上，中位数约1.1；而D2-b组通高与刃宽比则集中在

1.0以下，中位数约0.7。这说明D2-a组铲形石器的通高普遍大于刃宽，而D2-b组铲形石器的通高普遍小于刃宽。表现在器形上，前者略微瘦长，后者显扁宽（图5-6）。同样，除个别值外，D2-a组在铲身高和刃宽比上与D2-b组也有明显区别。D2-a组数据集中在0.5以上，中位数约为0.6；而D2-b组集中在0.5以下，中位数约0.4。由此体现出，前者有着宽阔的铲身面，而后者铲身面较狭窄（图5-7）。图5-8完整地展示了两组数据在通高与刃宽比、铲身高与刃宽比在分布位置上的差异。图中，越接近左下角则器形越扁宽，越靠近右上角则器形越瘦长（图5-8）。绿色的D2-a组普遍靠右上，而红色的D2-b组普遍靠左下。其中，D2-a组的F32①：7、F30：50和D2-b组的G1：4、F46：46形成极为鲜明的对比。此外，干扰视线的个别值也在图中显示了出来。主要有两个，分别是F43：70和F21：58。F43：70平面呈圆角方形，带双穿孔。数据显示，其高宽比在图中位置略低，器形似乎接近D2-b组器物。但仔细观察，F43：70顶缘是平的，而同类样式的D2-a1型器物顶部均是弧形的，就连D2-b1型器物的顶部也是弧的。由此可以推断，F43：70原来也应是弧顶，可能在使用过程中发生些许残损，从而造成高宽比减小。F21：58虽然高宽比与同组器物相比略大，但依然未超出0.5~1.0的范围，也就是说没有脱离D2-b组器物扁宽特征的数值范畴。

测量数据所体现的D2-a和D2-b两组铲形石器在形态上的差别是很明显的。概括而言，D2-a组铲形石器通高略大于刃宽或与刃宽相当，而铲身高与刃宽的比大于

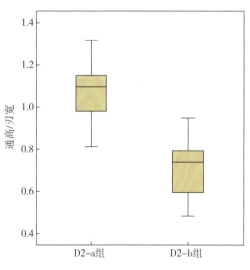

图5-6　D2-a组和D2-b组铲形石器
通高与刃宽比差异

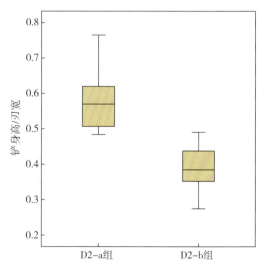

图5-7　D2-a组和D2-b组铲形石器铲
身高与刃宽比差异

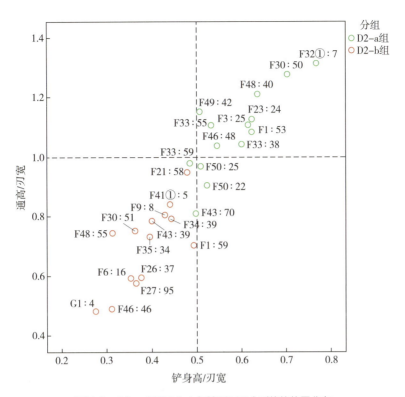

图5-8　D2-a组和D2-b组铲形石器个别值的位置分布

1：2，此类器物拥有较宽阔的铲身面。D2-b组铲形石器通高小于刃宽，铲身高与刃宽比小于1：2，此类器物的铲身面相对短窄。

最后，是同现代工具的器形数据比对。我们随机选择了一些长期生活在辽西地区的农民，由他们带过来家里正在使用的铁质工具共计40件，包括锄21件（分属12户）、镐2件（分属2户）、锹11件（分属7户）、煎饼铲2件（分属2户）、锅铲2件（属于1户）、腻铲1件（属于1户）以及考古队常用的手铲1件（图5-9、图5-10）。我们对这些工具的外形做了仔细观察，并进行了数据采集（附表12-1、12-2）。因为是现代工具，其功能用途已经明确。将它们的身高和刃宽数据匹配比对，并用不同颜色标识（图5-11），可以发现锄、锹、镐三类工具的区别明显。镐类工具器形窄长，高宽差较大，高、宽平均值相差21.7厘米。锹类工具虽然有尖锹、平锹、泥锹之分，但共同特征是高略大于宽，通高平均值28.2厘米、刃宽平均值21.9厘米，两者相差6.3厘米。而锄类虽有大锄和手锄之分，但高均明显小于宽，通高平均值5.6厘米、刃宽平均值15.3厘米，两者相差−9.7厘米。三者在图中分布的区域各自集中且稳定。其中13号锄形制较为特殊，器形窄长，两头使用，有些类似镐，这是农民利用残破工具自己改制创新的。此

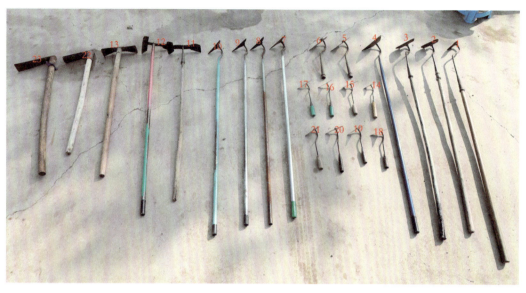

图5-9　锄镐类铁质工具

图5-10　锹铲类铁质工具

外，诸如手铲、锅铲、腻铲、煎饼铲等用途较特殊的器物一般形体较小。其中，手铲、煎饼铲高宽比较大；而锅铲和腻铲高宽大体相当，器形略方。锹、锄的设计是与功能密切相关的，宽阔的铲身面适宜铲土，而扁窄的铲身面适宜锄土。铲形石器中D2-a组中器形较大者特征与铁质的锹类似，器形较小者可能类似铁质工具中有特殊用途的铲类工具，而D2-b组与铁质的锄类似。

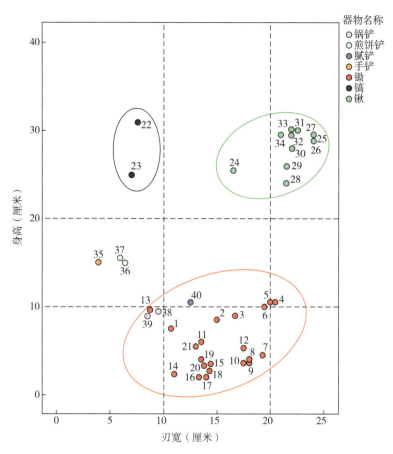

图5-11 现代铁质工具外形数据对比

第五节　铲形石器标本微痕分析

具有某种特定功能的器物，由于长时间的使用，会在器物表面留下相对应的使用痕迹。影响使用痕迹的因素主要有两个，分别是使用方式和作用对象。人类群体的模式化行为和共同认识使其对同类器物的使用方式趋向一致，同时习惯性地用来加工或作用在某些特定类别的对象之上。于是，所形成的使用痕迹在种类、组合、分布状态及出现部位等方面呈现出共性特征，这便是微痕分析的立论依据。通过对器物使用痕迹的有效鉴别，一样可以达到功能推定的目的。

我们采用10倍珠宝放大镜、视频显微镜（型号为GP-660V，0.7～4.5倍变焦，结合屏幕可放大15～100倍）和微距摄影（佳能100毫米微距镜头）等设备，分别对各组器物的微痕特征进行了观察与记录。以下是对44件石器观察和比较的结果。

标本F33：55，深灰色页岩，整体呈薄片状，在边缘进行打制成型。

顶端保存有剥片痕迹，一角有原石断面。铲身正、背两面及两孔之间均有磨平现象。两个长圆孔为琢制，内缘及孔沿明显磨圆，外缘则不明显。铲身侧缘磨圆的位置可以上升到接近顶缘，孔部基线以上仅轻微磨圆，孔部基线以下磨圆度较高。侧缘上的条痕清晰可见，方向平行于侧缘且与刃缘垂直。

刃缘正面疤痕明显，既有打制疤痕也有使用崩疤，已被不同程度地磨圆，在左、右两端各有一处较大的破裂疤痕。刃缘背面形成明显磨面，磨面进深短、与铲身夹角小，刃偏不明显。摩擦条痕基本垂直于刃缘，粗细、长短、深浅不一，头粗尾细，尾部条痕有交叉。铲身正、背两面均有明显磨痕，摩擦条痕亦布满整个铲身，越接近刃缘越密集、清晰。柄身磨面与铲身磨面不同，前者多表现为磨平，后者往往带有指向性明确的磨痕（图5-12）。

标本F33：59，深灰色页岩，在边缘打制成型。

顶缘局部保留有小块原石面。柄身及两孔之间部分正、背两面均有磨平现象。两

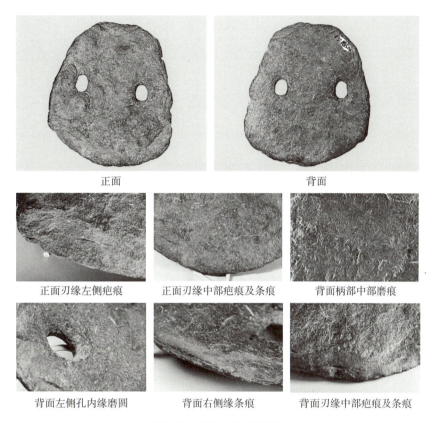

| 正面 | 背面 |

| 正面刃缘左侧疤痕 | 正面刃缘中部疤痕及条痕 | 背面柄部中部磨痕 |

| 背面左侧孔内缘磨圆 | 背面右侧缘条痕 | 背面刃缘中部疤痕及条痕 |

图5-12　F33：55使用痕迹

孔为琢制而成，孔缘遍布琢痕，内缘磨圆度较高、光滑圆润，外缘轻微磨圆。背面右侧缘及刃缘右端有破裂疤痕，尺寸较大，破坏了器物的完整性，而且疤痕较锋利，手感滞涩，应为使用时与硬物磕碰所致。背面左侧缘较完好，使用磨痕上升到几乎接近顶缘，但在孔部以下磨圆度较高。

刃缘正面满布疤痕，连续分布且大小均匀，应为制作时的打制疤痕，在使用时均被一定程度地磨圆。刃缘背面磨痕明显，尤其刃缘中段，疤痕几乎已被磨痕覆盖，仅两端尚保留崩疤残痕。磨面与铲身夹角小，刃偏不明显。摩擦条痕清晰可见，基本垂直于刃缘，粗细、长短、深浅不一，头粗尾细，尾部有交叉。两面均有磨痕，布满铲身，越往下接近刃缘处磨痕越重，条痕越清晰、密集（图5-13）。

标本F49：42，深灰色页岩，利用片状石材在周边进行打制成型。

弧顶正面偏左有一个凹槽伸向柄身，凹槽及柄身正、背两面均有磨平现象，对向打琢两个长孔，上下为长轴。孔壁内外布满琢痕，内缘磨圆度高，外缘磨圆较轻微。两孔之间也有明显磨平，其中背面可见数道平行分布的长条形纵向凹槽，似乎是装柄

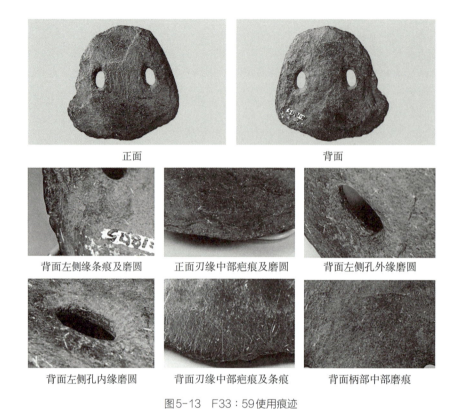

正面	背面

背面左侧缘条痕及磨圆	正面刃缘中部疤痕及磨圆	背面左侧孔外缘磨圆
背面左侧孔内缘磨圆	背面刃缘中部疤痕及条痕	背面柄部中部磨痕

图5-13　F33：59使用痕迹

后刮擦戳划所致。铲身分布有大面积琢痕，为去除铲身面凸出的部分及棱脊时造成的。铲身正、背两面都有磨痕，条痕也很清晰，分布于整个铲身，从保存较好的侧缘观察，磨痕可以上升到接近顶部的位置，而在孔底基线以下最为明显。

刃缘正面为使用崩疤，大小不一，多数较细碎，右端有一块较大疤痕，左端已残。疤痕都被不同程度地磨圆，条痕清晰可见。刃缘背面形成明显磨面，与铲身背面夹角小，刃偏不明显。左侧有几个大块崩疤，上下两层分布，已被一定程度地磨圆，但与其他部位磨面对比，在磨圆程度上存在差异。摩擦条痕基本垂直于刃缘，粗细、长短、深浅不一，一般头粗尾细，尾部存在交叉（图5-14）。

标本F43：70，深灰色页岩，在边缘打制成型。

顶端横向从背面向正面断裂，破裂面斜向正面。柄身正、背两面都有磨平现象。两个长圆孔为对向琢制，孔缘满布琢痕。内缘磨圆度较高、光滑圆润，外缘轻微磨圆。柄身正面右上有一孔，有片状破裂，应为制作时产生的，背面右侧边缘处也有一处疤痕，疤痕面磨痕与其他部位存在差别，应为使用过程中造成的。正、背两面都有大面积磨痕，主要分布在孔底基线以下，相对凸起的部分和棱线处格外明显，肉眼可见不

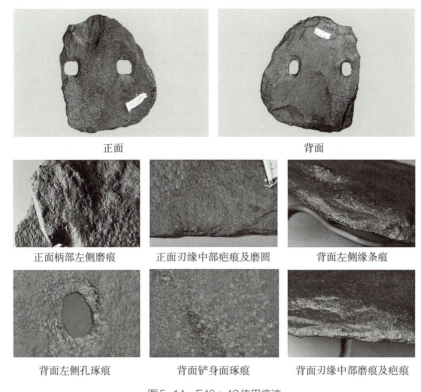

正面	背面
正面柄部左侧磨痕	正面刃缘中部疤痕及磨圆	背面左侧缘条痕
背面左侧孔琢痕	背面铲身面琢痕	背面刃缘中部磨痕及疤痕

图5-14　F49：42使用痕迹

规则摩擦条痕。

刃缘正面疤痕残留较多，其中打制崩疤被磨圆，使用时产生的崩疤大小不一，不连续分布，又被不同程度地磨圆。从磨损程度判断，工具应该使用了较长一段时间。摩擦条痕基本垂直于刃缘，粗细、长短、深浅不一，头粗尾细，尾部有交叉。仔细观察，侧缘也有明显摩擦条痕，分布区域可以上升至孔顶基线处，越往下接近刃缘磨痕也越清晰（图5-15）。

标本F50：25，深灰色页岩，正、背两面保留有页岩劈裂面，在周边打制成型。

顶缘保留剥片崩疤，为避免顶缘过于锋利而略加琢制。柄身正、背两面均有较轻微的磨平现象。腰部经打琢内凹，被一定程度地磨圆。肩部没有使用痕迹，保留有打制崩疤。

刃缘正面有大块疤痕，连续分布，似为打制疤痕。为避免刃部过于锋利而影响耐用程度，在打制后略加琢制，刃缘棱线处有三五成群的小凹坑，值得注意的是有些凹坑与条痕处于一线上，可能是条痕的起始点。背面有较明显磨面，其左侧还保留有一些打击崩疤，大小基本一致且连续分布。左、右两端磨痕相对于中段略轻，分布位置

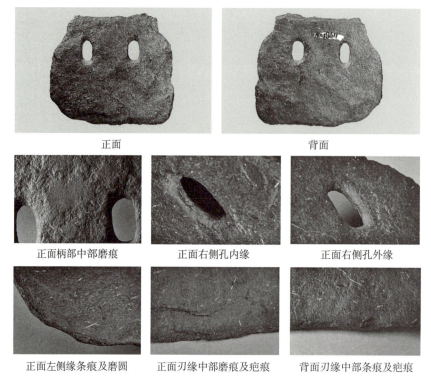

正面

背面

正面柄部中部磨痕

正面右侧孔内缘

正面右侧孔外缘

正面左侧缘条痕及磨圆

正面刃缘中部磨痕及疤痕

背面刃缘中部条痕及疤痕

图5-15　F43：70使用痕迹

上升到刃缘左、右两侧最宽处。摩擦痕迹清晰可见，粗细、长短、深浅不一，基本垂直于刃缘，刃缘中段最为明显。铲身正、背两面都有磨痕，布满整个铲身，在略微凸起的棱线上格外明显（图5-16）。

标本F23：24，深灰色页岩，利用片状页岩沿周边打制成型，造型整体轻薄，经过使用。

柄部正、背两面都有磨平。腰部内凹，经打琢而较圆钝，有磨圆。

刃缘正面中部偏右保留一小块磨面，与铲身面过渡平缓，正面疤痕明显，中部偏左和右端有两个较大的使用崩疤，被一定程度地磨圆。铲身正面布满磨痕，使用条痕清晰可见，越靠近铲身前端越明显，方向基本垂直于刃缘，粗细、长短、深浅不一。刃缘背面形成轻微磨面，磨痕不明显，但疤痕明显少于正面，刃缘右侧和右端有大块破裂痕迹，应是使用所致。铲身背面磨痕在凸出处或棱脊处较明显，磨痕分布细碎、零散、不成片（图5-17）。

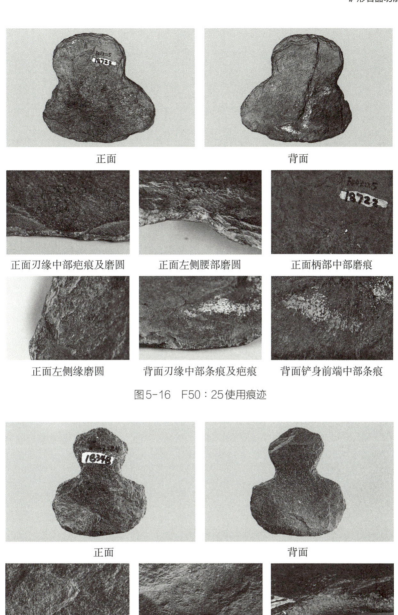

正面　　　　　　　　　　背面

正面刃缘中部疤痕及磨圆　　正面左侧腰部磨圆　　正面柄部中部磨痕

正面左侧缘磨圆　　背面刃缘中部条痕及疤痕　　背面铲身前端中部条痕

图5-16　F50∶25使用痕迹

正面　　　　　　　　　　背面

正面铲身中部条痕　　正面铲身左侧磨痕　　正面左侧腰部磨圆

背面柄部磨圆　　背面刃缘中部条痕及磨圆　　背面左侧缘磨圆

图5-17　F23∶24使用痕迹

标本F1：53，深灰色页岩，沿周边打制成型。

顶缘保留剥片崩疤。柄身正、背两面均有磨平现象，正面较明显并保留有琢坑。腰部经打琢内凹，被一定程度地磨圆。肩部没有使用痕迹，保留有打制崩疤。柄部和铲身有断裂，已修复。

刃缘正面打制疤痕连续分布，经使用均有一定磨圆度。铲身正面磨痕明显，显微镜下可见细密的条痕，方向垂直刃缘。背面左侧还保留有明显的磨痕，摩擦痕迹清晰可见，方向基本垂直于刃缘，长短、深浅不一，刃缘中段最为明显。此件器物条痕较为细小，需要借助显微镜观察（图5-18）。

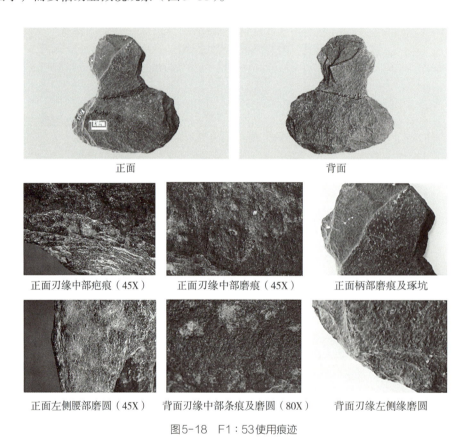

正面　　　　　　　　　　　　　　　背面

正面刃缘中部疤痕（45X）　　　正面刃缘中部磨痕（45X）　　　正面柄部磨痕及琢坑

正面左侧腰部磨圆（45X）　　　背面刃缘中部条痕及磨圆（80X）　　　背面刃缘左侧缘磨圆

图5-18　F1：53使用痕迹

标本F33：38，灰褐色页岩，沿周边打制成型。

顶缘两面均保留有打击痕迹，有小块残损。柄身正、背两面均有磨平现象，背面较明显、正面略轻微，背面左侧缘有小块劈裂，似是打击所致。腰部经打琢内凹，被一定程度地磨圆。肩部没有使用痕迹且较锋利，保留有打制崩疤。

刃缘正面疤痕明显，多为制作时产生的崩疤，分布于整个刃缘，都有一定程度的磨圆。背面形成明显磨面，中部疤痕细碎，左、右两侧崩疤较大，因使用而被严重磨圆，有轻微偏刃现象，摩擦条痕在刃缘中部较明显，基本垂直于刃缘，粗细、长短、深浅不一，刃缘两端磨面变浅，条痕均与中段刃缘垂直。铲身正面中央有一条略微凸起的斜向棱脊，背面左侧在铲身面有一凹坑，右侧有一斜向棱脊，右下侧渐薄。铲身两面都有磨痕，尤其是略微凸起的部位较为明显，布满整个铲身，主要集中在铲身前端（图5-19）。

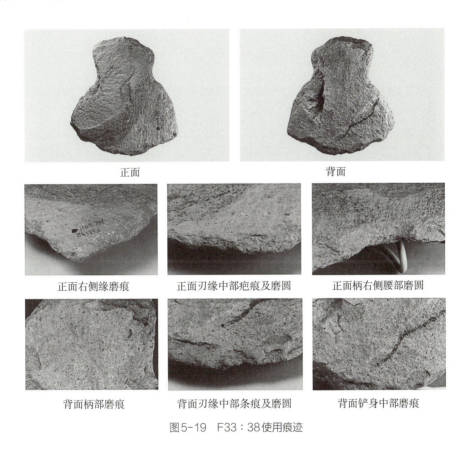

正面　　　　　　　　　　　　　　背面

正面右侧缘磨痕　　　　正面刃缘中部疤痕及磨圆　　　正面柄右侧腰部磨圆

背面柄部磨痕　　　　背面刃缘中部条痕及磨圆　　　背面铲身中部磨痕

图5-19　F33：38使用痕迹

标本F48：40，灰褐色页岩，沿周边打制成型。

顶缘保留剥片崩疤。柄身正、背两面都有磨平现象，腰部基线与铲身磨痕有较明显分界。腰部经打琢内凹，因使用而圆钝光滑。肩部没有使用痕迹，保留有打制崩疤。铲身两面布满磨痕，尤其是略微凸起的部位较为明显。

刃缘正面疤痕明显，似为制作时产生的崩疤，疤痕都被不同程度地磨圆。刃缘背面磨面清晰、疤痕被覆盖，只残留少许横向裂隙沟槽（崩疤残痕），磨面在两侧缘可上升至半个铲身高度，再往上不明显。磨面与铲身面夹角相对较小，基本保持正锋。背面磨痕可分为三个层次：刃缘磨面磨痕最重，摩擦痕迹清晰可见，基本垂直于刃缘，粗细、长短、深浅不一；铲身前半段磨痕较为清晰，分布由前到后逐渐稀疏，条痕凌乱，痕迹轻于刃缘；铲身后半段磨痕和条痕仅隐约可见，分布更为稀疏（图5-20）。

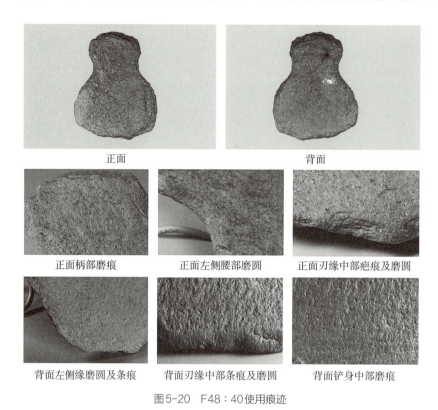

| 正面 | 背面 |

| 正面柄部磨痕 | 正面左侧腰部磨圆 | 正面刃缘中部疤痕及磨圆 |

| 背面左侧缘磨圆及条痕 | 背面刃缘中部条痕及磨圆 | 背面铲身中部磨痕 |

图5-20　F48：40使用痕迹

标本F32①：7，灰褐色页岩，利用片状页岩在周边打击而成。

顶部平坦，保留原石面。柄身略厚于铲身，背面表面凸起一块，两面都有明显磨平现象，正面磨平程度略轻于背面。腰部略内凹，有一定磨圆度。柄部残留有红褐色痕迹，绕柄一周，宽度4.1厘米，大致与铲身平行，似为装柄捆绑时所遗留的锈痕。铲身正、背两面都有磨痕，布满铲身。正面右侧有一块较大劈裂面，凸起部分有一定磨圆度。

刃缘两面形成明显磨面，加工时似着重往一侧打击，正面有大块崩疤，被中度磨圆，似乎形成斜面，还发现些许横向缝隙，似是打击疤痕被覆盖的痕迹。背面磨面清楚，刃偏不明显，右侧有小部分崩裂，似是使用时撞击所致且已被磨圆。刃缘摩擦条痕清晰可见，方向基本垂直于刃缘，大小不一，尾端有交叉。磨痕上升到左、右两侧缘的腰部以下。

该工具器形较小，且不甚规整，但磨损痕迹较重，似乎使用时间较长（图5-21）。

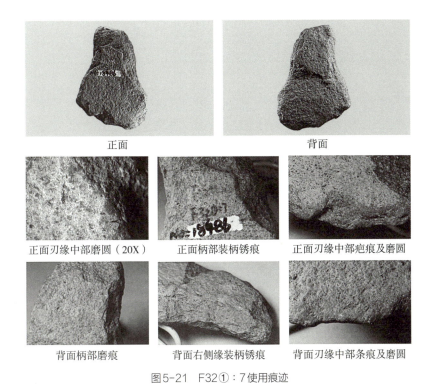

正面	背面

正面刃缘中部磨圆（20X）	正面柄部装柄锈痕	正面刃缘中部疤痕及磨圆
背面柄部磨痕	背面右侧缘装柄锈痕	背面刃缘中部条痕及磨圆

图5-21　F32①：7使用痕迹

标本F30：50，紫褐色石灰岩，沿周边打制而成。一面为原石劈裂面，较平整；另一面大部分已破裂，仅右侧有部分残留。

顶缘和两侧尚有原石断面。铲身背面磨痕明显，正面右侧保留原铲身面，仔细观察有磨平迹象，触感光滑圆润。两侧腰内凹，背面左腰保存完好，有一定磨圆度，右腰因铲身破裂略显锋利。铲身背面满布磨痕，条痕隐约可见，正面右侧残留的原面上可见较清楚的磨痕。正面右侧缘有原石断面，左侧人为打出一个断面，使铲身左右对称。

刃缘正面疤痕明显，靠右侧局部保留有原面，手摸有轻微磨圆。背面磨面较明显，崩疤被一定程度地磨圆，与铲身面夹角小，过渡平缓。可能由于石质原因，条痕仅隐约可见，并不清晰（图5-22）。

标本F46：48，紫褐色石灰岩。

顶缘未经使用，保留有平整的天然断面。柄身正、背面都有磨平现象，手感光滑圆润。背面凹槽内及“U”形棱脊上也有磨平现象，应与装柄有关。腰部经打琢内凹，有轻微磨圆迹象。

刃缘正面分布有崩疤，左段有轻微崩损，既有连续分布、大小相近的打制崩疤，

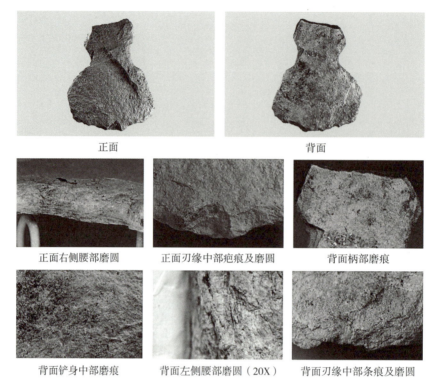

正面

背面

正面右侧腰部磨圆

正面刃缘中部疤痕及磨圆

背面柄部磨痕

背面铲身中部磨痕

背面左侧腰部磨圆（20X）

背面刃缘中部条痕及磨圆

图5-22 F30：50使用痕迹

也有尺寸不一的使用疤痕，都被不同程度地磨圆。刃缘背面有磨面，磨面角度小，略微带偏刃。似乎由于石质原因，摩擦条痕隐约可见，方向基本垂直于刃缘、大体平行，粗细、长短、深浅不一。铲身正面磨痕不明显、背面磨痕较清晰，磨痕分布于整个铲身，尤其是凸起部位及棱脊处。铲身一侧缘较锋利、磨痕较少，似在使用过程中有过破裂；另一侧缘较为圆钝，磨痕可以上升到腰部基线以下（图5-23）。

标本F50：22，紫褐色石灰岩，沿周边打制成型。

顶缘保留有石材原面。柄身正、背两面有打制疤痕的棱脊，棱脊轻微磨平。腰部呈半圆形内凹，可见轻微磨圆现象。

刃缘正面分布有疤痕，大小均匀、连续分布，应为制作时的打制疤痕，存在一定程度的磨圆现象。刃缘背面有明显磨面，打制崩疤基本被磨掉，仅剩数条横向裂隙。摩擦条痕主要见于刃缘磨面，粗细、长短、深浅不一，基本垂直于刃缘。磨面在两侧缘上升到刃缘最宽处，也即铲身前半段。铲身正面磨痕不明显、背面满布磨痕，越接近刃缘越清晰（图5-24）。

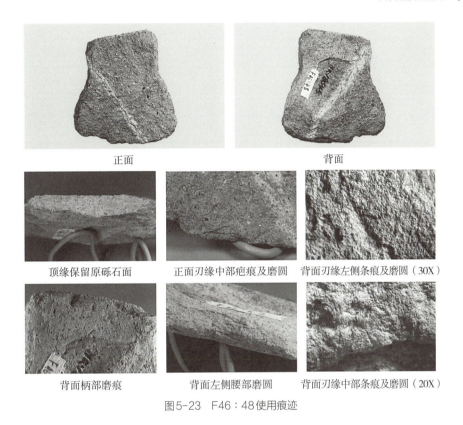

正面 背面

顶缘保留原砾石面　　　正面刃缘中部疤痕及磨圆　背面刃缘左侧条痕及磨圆（30X）

背面柄部磨痕　　　　　背面左侧腰部磨圆　　　背面刃缘中部条痕及磨圆（20X）

图5-23　F46∶48使用痕迹

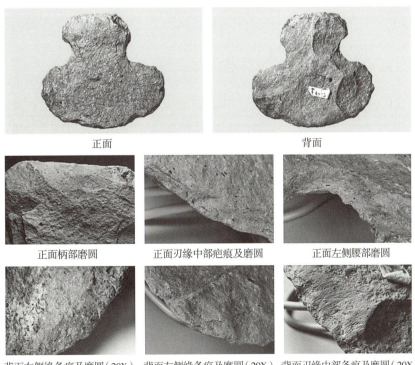

正面 背面

正面柄部磨圆　　　　　正面刃缘中部疤痕及磨圆　　正面左侧腰部磨圆

背面右侧缘条痕及磨圆（20X）　背面左侧缘条痕及磨圆（20X）　背面刃缘中部条痕及磨圆（20X）

图5-24　F50∶22使用痕迹

标本F3：25，浅灰色页岩，整体可见斜向石纹。由于页岩呈层状断裂且已较为酥脆，痕迹特征不易观察。

正面顶缘左侧角、柄部右侧缘及铲身左侧缘中部最宽处保留原石面，其余部分打制，两面打击。柄身正、背两面都有磨平现象，腰部较圆钝。铲身面有大面积磨痕，尤其是凸起的棱线，手感光滑。

刃缘较钝，崩疤明显，刃缘与磨面均已被不同程度地磨圆，正面疤痕较深、背面略显磨面，条痕不明显，基本为正锋（图5-25）。

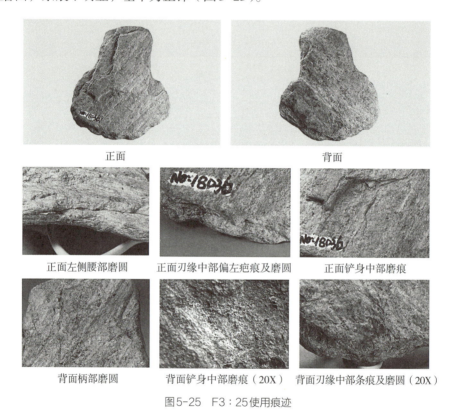

正面	背面

正面左侧腰部磨圆	正面刃缘中部偏左疤痕及磨圆	正面铲身中部磨痕

背面柄部磨圆	背面铲身中部磨痕（20X）	背面刃缘中部条痕及磨圆（20X）

图5-25　F3：25使用痕迹

标本F30：51，深灰色页岩。

顶缘保留剥片崩疤，主要向背面打制。柄身背面及两孔之间有明显磨平现象，手感光滑圆润。从孔间距向柄部开始加宽，呈"凸"字形。两孔为对琢，并非正圆，琢痕被旋痕覆盖，说明琢后为了修理圆滑，进行了一定的钻磨，且之后进行了磨圆，圆孔内侧壁、内侧斜上及外缘磨圆明显，而外壁及下壁仅略有磨圆。柄部背面磨痕集中在孔间，可能是单面装柄，柄板安装在背面，正面磨痕并非成片集中，而是在凸起部位呈散点式分布。两侧缘经过两面打制，剥片疤明显，两侧缘也有明显磨圆和磨痕，分布可上升至孔顶基线，越向下接近刃缘磨痕越清晰。

刃缘背面形成明显的磨面，与铲身夹角大，出现折棱，产生明显的偏刃。中段条痕基本垂直于刃缘，粗细、长短、深浅不一，由粗到细，尾端出现交叉，左、右两端条痕向中央聚拢。刃缘棱脊出现小点坑，有的与条痕相连。刃缘正面形成一个小磨面，比背面小很多且角度很陡，两侧出现的较大崩疤也都被磨圆。刃缘正面条痕状态与背面相同。铲身正、背两面都有磨痕，越接近刃缘磨痕越清晰、密集，条痕较为清楚，主要垂直于刃缘，但略显杂乱（图5-26）。

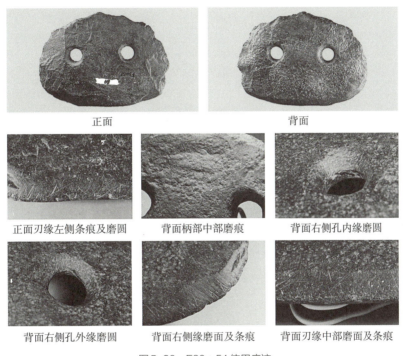

正面　　　　　　　　　　　　　　背面

正面刃缘左侧条痕及磨圆　　　背面柄部中部磨痕　　　背面右侧孔内缘磨圆

背面右侧孔外缘磨圆　　　背面右侧缘磨面及条痕　　　背面刃缘中部磨面及条痕

图5-26　F30：51使用痕迹

标本F48：55，深灰色页岩，周边打制、局部琢制而成。

顶缘保留有交互打击痕迹。柄身背面局部集中分布有琢痕，将凸起的棱脊琢平。腰部呈半圆形内凹，经过一定琢制，使其更加圆钝光滑。因捆绑装柄，腰部及琢痕凹坑磨圆度较高。柄身正、背两面都有大面积磨平现象，尤其是略微凸起的棱部。铲身背面右端出现一块较大的劈裂面，劈裂面有轻微磨圆现象，说明工具崩损后继续使用了一段时间。

刃缘正面可见细碎的疤痕，连续分布，均被不同程度地磨圆，铲身前端隐约可见摩擦条痕，因使用而光滑圆润。背面形成明显磨面，磨面与铲身面形成明显夹角，出现折棱。刃缘中部摩擦条痕清晰可见，方向基本垂直于刃缘，条痕之间大体平行，分布较为密集，粗细、长短、深浅不一，头粗尾细，尾部有部分交叉。左、右两端条痕有向中央聚拢的趋势。背面刃缘磨面有数条横向裂隙，可能是制作时的打制崩疤，尺寸较大，因使用而被严重磨圆（图5-27）。

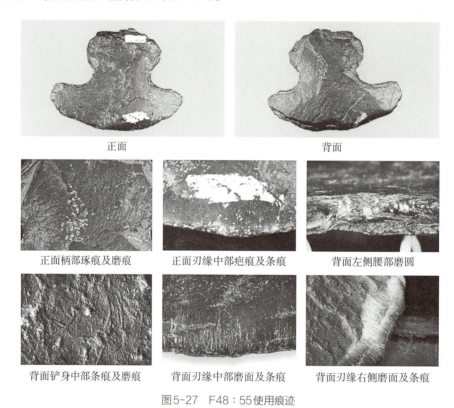

正面　　　　　　　　　　　　　　　　背面

正面柄部琢痕及磨痕　　　正面刃缘中部疤痕及条痕　　　背面左侧腰部磨圆

背面铲身中部条痕及磨痕　　　背面刃缘中部磨面及条痕　　　背面刃缘右侧磨面及条痕

图5-27　F48：55使用痕迹

标本G1：4，灰褐色页岩。

顶部保留斜向背面的原石面。柄身正、背两面都有磨平现象，在凸出部位或棱脊处连成一片。腰部经打琢较圆钝，因使用而产生磨圆。

刃缘正面的细碎疤痕都被不同程度地磨圆，磨痕布满整个铲身面，呈散点状分布，与柄部片状分布的磨痕不同。刃缘背面形成较清楚的磨面，疤痕磨圆程度比正面高。右侧有一大块崩疤，导致刃缘右端变得尖圆，但从磨损程度看是使用早期产生的。靠近左侧亦有一个较大的使用疤痕，被一定程度地磨圆。摩擦条痕方向基本垂直于刃缘，粗细、长短、深浅不一，靠近刃缘左、右两端的摩擦条痕向中央聚拢。由于刃部较薄，刃偏不明显。铲身背面亦满布磨痕，越靠近刃缘越密集、清晰（图5-28）。

正面	背面

正面柄部磨痕	正面刃缘中部疤痕及磨圆	正面铲身中部磨痕

背面左侧腰部磨圆	背面刃缘中部磨面及条痕	背面刃缘右侧磨面及条痕

图5-28　G1：4使用痕迹

标本F6：16，灰褐色页岩。

顶部保留原石断裂面。柄部及铲身背面有大面积劈裂。柄部可见较明显的磨痕。腰部经打琢较圆钝，因使用而磨圆。磨痕布满整个铲身正面，呈散点状分布。铲身背面的棱脊处磨痕明显。

刃缘正面有细碎疤痕，经使用后都被不同程度地磨圆。刃缘背面形成较清楚的磨面，疤痕磨圆度比正面高，右侧有一大块崩疤。刃缘中间摩擦条痕方向基本垂直于刃缘，粗细、长短、深浅不一，左、右两端的摩擦条痕向中央聚拢（图5-29）。

标本F43：39，灰褐色页岩。

顶端保留部分原石断面。柄身正、背两面都有磨平现象，较为清晰，正面右侧有一块崩疤，从磨损程度看形成较早，可能是制作过程中的打击剥片。两腰部经打琢变得圆钝，因使用而被明显磨圆。铲身正、背两面较为平整，截面呈楔形向刃部渐薄，两面均可见清晰磨痕且布满整个铲身，条痕隐约可见。

刃缘正面疤痕较多，靠近左端有几个较大疤痕，使刃部出现一定的崩损，后应在不影响功能的前提下继续使用，因此疤痕均已被不同程度地磨圆。刃缘正面磨面角度小，与铲身面过渡平缓，中部条痕垂直刃缘。刃缘背面磨面进深短，夹角偏大，有一

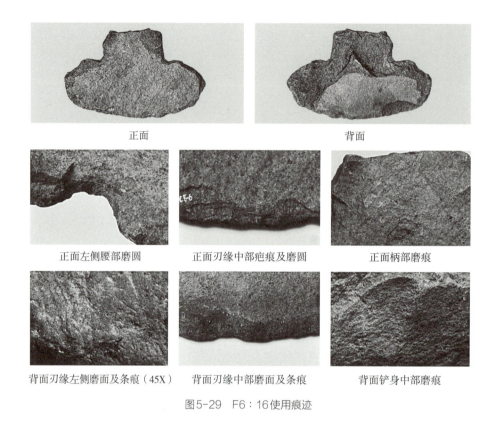

正面	背面

正面左侧腰部磨圆	正面刃缘中部疤痕及磨圆	正面柄部磨痕

背面刃缘左侧磨面及条痕（45X）	背面刃缘中部磨面及条痕	背面铲身中部磨痕

图5-29　F6：16使用痕迹

定折棱（由于刃缘较薄，肉眼看上去刃偏不明显），靠近右端有一较大崩疤，与正面疤痕相对，摩擦条痕基本垂直于刃缘，粗细、长短、深浅不一，保存较好的一端条痕有向中央聚拢的趋势。两侧缘磨痕上升到刃缘最宽处（图5-30）。

标本F34：39，灰褐色页岩。

顶缘有断裂痕迹，一角有石材原断面，两面为天然劈裂面，较平整。两腰经过打制向内凹，有轻微磨圆痕迹。铲身中部靠前有横向凸棱，柄身正、背两面都有磨平现象，磨痕集中在铲身前端，铲身中部凸棱至刃缘磨痕清晰，正面磨痕比背面短。

刃缘正、背两面都有磨痕，背面磨痕比正面明显。正面崩疤大小不一，磨圆程度也有所不同，规整、连续的崩疤（可能是打制疤痕）磨圆度高，而零散、不连续的（可能是使用疤痕）崩疤磨圆度低。刃缘背面崩疤较多，有的可以和正面使用的崩疤对应，尤其是背面右侧，崩疤呈层叠状分布，这些崩疤都被不同程度地磨圆，平均磨圆度普遍高于正面。在背面中部及左端有两处小区域保存磨面较好，可分辨出磨面斜度较大，与铲身面有一定折棱，摩擦条痕清晰可见，且基本垂直于刃缘，两端条痕有向中央聚拢的趋势。仔细观察，略显偏刃（图5-31）。

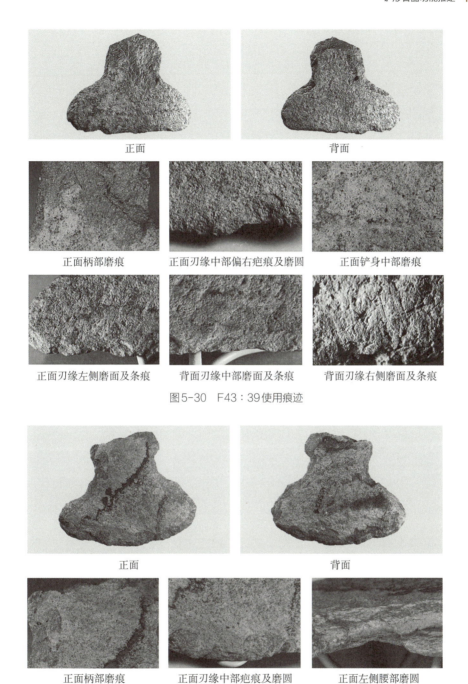

正面　　　　　　　　　　　　　背面

正面柄部磨痕　　　正面刃缘中部偏右疤痕及磨圆　　　正面铲身中部磨痕

正面刃缘左侧磨面及条痕　　背面刃缘中部磨面及条痕　　背面刃缘右侧磨面及条痕

图5-30　F43：39使用痕迹

正面　　　　　　　　　　　　　背面

正面柄部磨痕　　　正面刃缘中部疤痕及磨圆　　　正面左侧腰部磨圆

正面刃缘中部磨面及条痕（30X）　背面刃缘中部磨面及条痕　背面刃缘右侧磨面及条痕（30X）

图5-31　F34：39使用痕迹

标本 F21：58，灰褐色页岩。

顶部凸起，保留剥片崩疤。正面柄部右上角断裂，磨痕明显，棱线基本被磨圆，背面磨痕则较轻微。腰部内凹，经过一定琢制使其更加圆钝光滑，磨圆度较高。

铲身正面疤痕较大，围绕刃缘均匀分布、轴向不一，但主要垂直于刃缘，应是打击崩疤，被轻度磨圆。铲身正面也可见轻微磨痕。背面右侧有大块劈裂，可能是使用疤痕。整个背面形成明显磨面，略微可见棱线，但过渡较平缓。打制疤痕的磨圆痕迹被大面积覆盖，形成横向缝隙。摩擦条痕清晰可见，基本垂直于刃缘，粗细、长短、深浅不一。铲身处摩擦条痕也隐约可见。偏刃明显，与铲身面形成折棱。磨痕布满整个铲身，背面磨痕重于正面（图5-32）。

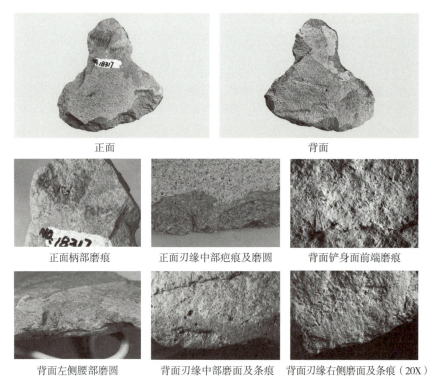

| 正面 | 背面 |

| 正面柄部磨痕 | 正面刃缘中部疤痕及磨圆 | 背面铲身面前端磨痕 |

| 背面左侧腰部磨圆 | 背面刃缘中部磨面及条痕 | 背面刃缘右侧磨面及条痕（20X） |

图5-32　F21：58使用痕迹

标本 F27：95，紫褐色石灰岩。

顶部平，保留剥片崩疤和原石面。柄身正、背两面均有磨平现象，较轻微，手感略光滑。腰部经打琢内凹，磨圆度较低。肩部没有使用痕迹，保留有打制崩疤。铲身正面较平坦，磨痕不明显；背面磨平现象较正面明显，靠近铲身前端处颜色泛白。

刃缘正、背两面都有疤痕，正面疤痕磨圆不明显，条痕隐约可见，背面有一条凸棱，磨面与铲身形成一折棱，但打制疤痕较明显，摩擦条痕隐约可见（图5-33）。

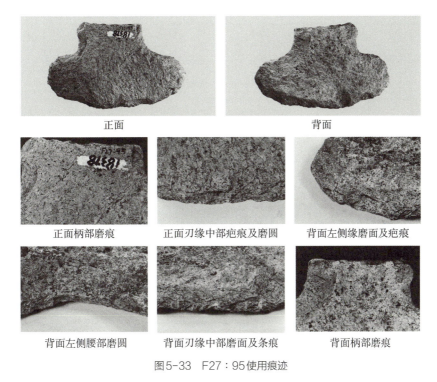

正面	背面
正面柄部磨痕	正面刃缘中部疤痕及磨圆
背面左侧缘磨面及疤痕	

背面左侧腰部磨圆　背面刃缘中部磨面及条痕　背面柄部磨痕

图5-33　F27：95使用痕迹

标本F1：59，紫褐色石灰岩。

顶部保留斜向正面的原石断面。柄身正、背两面均有轻微磨平现象，手感略光滑。腰部经打琢内凹，磨圆度较低。铲身正面磨痕不明显，背面磨痕较正面明显。

刃缘正面疤痕较多，均被一定程度地磨圆。中部偏左隐约可见一较大疤痕，应是使用时造成的，与刃缘垂直。背面磨面较明显，也有细碎的使用疤痕，显微镜下条痕清晰可见，基本垂直刃缘，粗细、长短不一。该件器物较薄，痕迹总体上集中在铲身前端、刃缘最宽处以下（图5-34）。

标本F9：8，紫褐色石灰岩。

顶部保留斜向背面的打击断裂面。柄身正、背两面均有装柄磨痕，正面磨痕更明显，手感略光滑。腰部经打琢内凹，磨圆度较高。从柄部向铲身刃缘厚度渐薄。铲身正、背两面使用磨痕清晰可见。

刃缘因长时间使用而上凹，正面打制疤痕较多，被一定程度地磨圆，从刃缘上凹的情况判断，应存在修理刃缘的现象。背面磨面明显，也有细碎的使用疤痕，条痕隐约可见，基本垂直于刃缘，粗细、长短不一。该件器物刃缘略薄，磨痕布满扁窄的铲身（图5-35）。

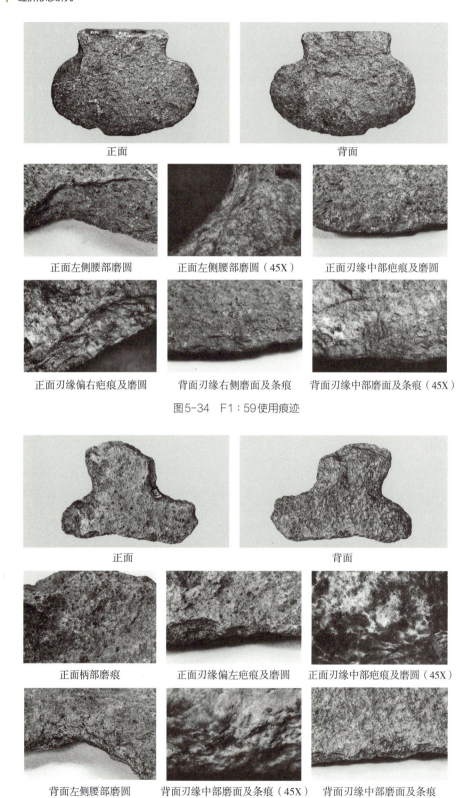

正面　　　　　　　　　　　　　　　　背面

正面左侧腰部磨圆　　　正面左侧腰部磨圆（45X）　　正面刃缘中部疤痕及磨圆

正面刃缘偏右疤痕及磨圆　　背面刃缘右侧磨面及条痕　　背面刃缘中部磨面及条痕（45X）

图5-34　F1：59使用痕迹

正面　　　　　　　　　　　　　　　　背面

正面柄部磨痕　　　正面刃缘偏左疤痕及磨圆　　正面刃缘中部疤痕及磨圆（45X）

背面左侧腰部磨圆　　背面刃缘中部磨面及条痕（45X）　　背面刃缘中部磨面及条痕

图5-35　F9：8使用痕迹

标本 F46：46，浅灰色页岩。

顶缘略有残断，断差偏向正面一侧。柄部正、背两面均有装柄磨痕，背面更为清晰。两侧腰部内凹且有一定磨圆度。铲身纵向有断裂纹，已修复完整。正面左侧有劈裂，两面都有磨痕，手感光滑圆润。

刃缘使用痕迹较明显。正面疤痕较多，有轻微磨圆。背面磨痕较明显，疤痕的磨圆度比正面高。由于此类石料分层现象明显，使用时容易破裂，因此难以形成明显的使用磨面。并且此件器物形体较大，似不能胜任高强度工作（图 5–36）。

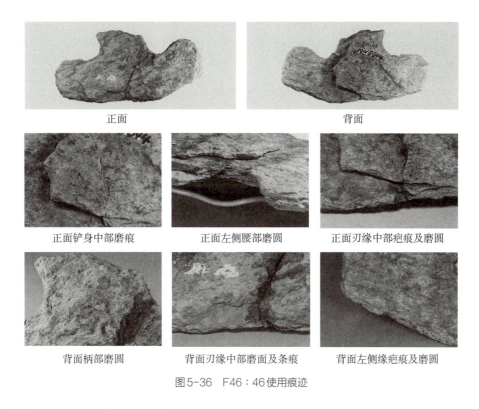

正面　　　　　　　　　　　　　背面

正面铲身中部磨痕　　　正面左侧腰部磨圆　　　正面刃缘中部疤痕及磨圆

背面柄部磨圆　　　背面刃缘中部磨面及条痕　　　背面左侧缘疤痕及磨圆

图 5-36　F46：46 使用痕迹

标本 F35：34，浅灰色页岩。

顶部保留斜向背面的原石断面。整体较扁薄，由于石质原因，器身正、背两面磨平现象及磨面均不明显。两腰微内凹，略显锋利，但有一定磨圆度。铲身正面左侧略残。背面右侧边缘有一较长劈裂。

刃缘正面崩疤多连续分布且大小均匀，应为打制疤痕，有一定磨圆度。刃缘背面也有较多崩疤，有一定磨圆度，中段靠左有一块区域疤痕层叠，似为使用崩疤。偏刃（图 5–37）。

标本 F26：37，浅灰色页岩。

图5-37　F35：34使用痕迹

顶缘未经使用，正面右缘有小块原石面。器体正面满是层理疤痕，背面较平坦。正面因疤痕剥片严重而不见磨痕，背面柄部有轻微磨平现象。铲身磨痕较清晰，尤其是铲身左侧。柄身正面右侧缘局部劈裂。两腰内凹，正面左腰经打琢较圆钝，磨圆程度较高，右腰因破损略显锋利。

刃缘正面疤痕迹象明显、大小不一，呈层叠状分布，既有打制崩疤，也有使用疤痕，主要集中在刃缘中段和左侧，左端有一处纵向劈裂，摩擦痕迹不明显，崩疤有轻微磨圆。背面打制痕迹连续分布，都有一定磨圆度，不见大块层状崩疤，隐约可见条痕。背面左端刃缘有崩缺。

由于此种页岩层理发达，不易形成磨面和条痕（图5-38）。

标本F41①：5，浅灰色页岩。

利用片状石材在周边进行打制成型，顶缘保留剥片崩疤，未经使用。柄身正面左侧有大块劈裂。正、背两面均有磨平现象。两腰微凹、打琢圆钝且向肩部延伸，有明

正面   背面

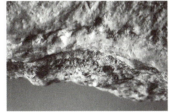

正面刃缘右侧疤痕及磨圆（20X）   正面刃缘中部疤痕及磨圆   正面铲身中部磨痕

背面右侧腰部磨圆（20X）   背面刃缘中部磨面及条痕   背面刃缘中部疤痕及磨圆（20X）

图5-38　F26：37使用痕迹

显磨圆。铲身正面从中部开始骤然倾斜、变薄，造成偏刃假象，右端有大块崩疤和一小块新疤。铲身背面左侧有一纵向劈裂，整个铲身均有磨痕，但由于页岩本身的层理结构，磨痕不太显眼。手感光滑圆润，不似石材层理本身的触感。由于铲身前端有向背面偏的情况，因此打击疤痕集中在背面。背面磨面明显，将疤痕磨圆、覆盖。背面刃缘右端有一大块崩损和一小块新疤。因石质原因，条痕均不明显，仅隐约可见。

　　该类页岩层理发达、性脆，不易保留使用痕迹，观察比较困难（图5-39）。

　　标本F18：25，深灰色页岩。

　　窄顶宽刃，顶缘未经使用，两侧缘经打制形成长细柄。铲身背面右侧有一纵向破裂，铲身面有一定磨圆度。

　　刃缘较钝，崩疤较大，有轻微磨圆，正锋。条痕与刃缘斜交，在铲身前端面上可见（图5-40）。

　　标本F32：87，深灰色页岩。

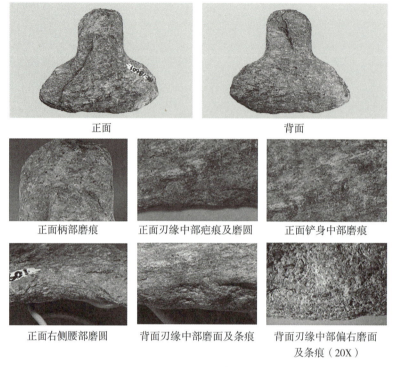

图5-39　F41①：5使用痕迹

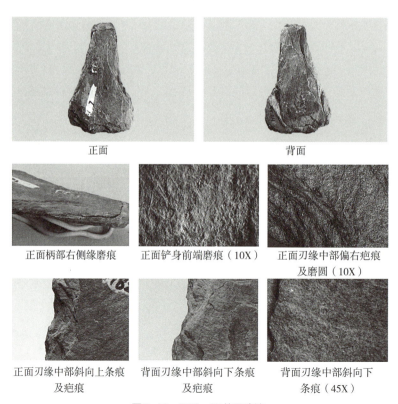

图5-40　F18：25使用痕迹

顶缘正面左角略残、两侧斜直，经过打琢。正面左侧柄缘有一段磨平面，柄身面及侧棱都有磨平现象。器身背面平整，正面经琢制修平，满布小坑。

刃缘曲折，向一侧倾斜，经过两面修理后直接使用。刃缘较钝，正锋，有明显使用磨面。条痕与刃缘斜交，刃缘棱线有使用碎疤及小凹坑（图5-41）。

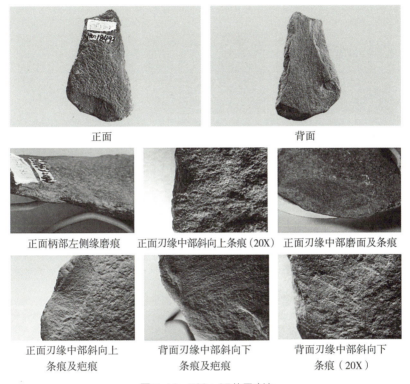

正面　　　　　　　　　　　　　　　背面

正面柄部左侧缘磨痕　　正面刃缘中部斜向上条痕（20X）　正面刃缘中部磨面及条痕

正面刃缘中部斜向上　　　背面刃缘中部斜向下　　　背面刃缘中部斜向下
条痕及疤痕　　　　　　　条痕及疤痕　　　　　　　条痕（20X）

图5-41　F32：87使用痕迹

标本F4：35，深灰色页岩，经打制呈亚腰形。

顶缘似有残损，呈隼状，正、背两面都有琢坑，以背面为多。两面及侧缘都有磨痕，表明装柄时间较长，且应是插入式銎柄。

刃缘为正锋，较钝，但均有明显磨圆。正、背两面都有条痕，与刃缘形成一定交角，条痕正面斜向上、背面斜向下，粗细、长短、深浅不一（图5-42）。

标本F4：26，紫褐色石灰岩。

顶部有原石断面，两侧经打琢修理较圆钝，长柄向顶部渐收，两侧缘有磨痕。背面右侧缘有打琢过程中产生的断面。

刃缘较钝，两面有一定磨圆度，主要向正面加工。正面中部有两处二次疤痕，背面条痕向下倾斜，与刃缘斜交（图5-43）。

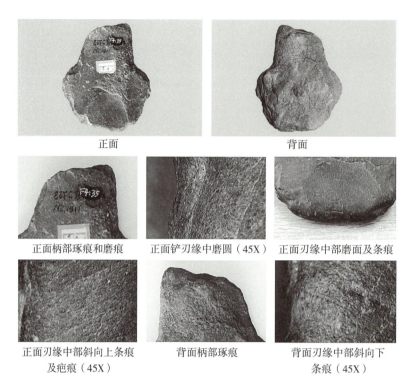

正面 背面

正面柄部琢痕和磨痕 正面铲刃缘中磨圆（45X） 正面刃缘中部磨面及条痕

正面刃缘中部斜向上条痕
及疤痕（45X） 背面柄部琢痕 背面刃缘中部斜向下
条痕（45X）

图5-42 F4：35使用痕迹

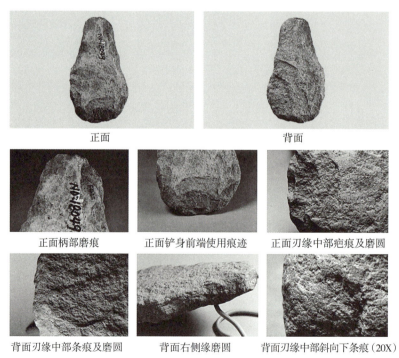

正面 背面

正面柄部磨痕 正面铲身前端使用痕迹 正面刃缘中部疤痕及磨圆

背面刃缘中部条痕及磨圆 背面右侧缘磨圆 背面刃缘中部斜向下条痕（20X）

图5-43 F4：26使用痕迹

标本F52：18，紫褐色石灰岩。

器体一侧保留原石断面，另一侧两面打制修理边缘，正面略凸、背面微凹，器体向背面弯曲。柄身面有明显使用磨痕，铲身面磨痕也非常明显。柄部可见黑色附着物，这种附着物并非埋藏造成的，其位置和形状像是木柄，可能是木柄腐烂后的残留物。

刃缘较厚，刃部因使用磨损而较钝，有轻微的崩损，正面隐约可见条痕斜交于刃缘（图5-44）。

标本Ⅳ①：10，紫褐色石灰岩。

顶部保留有打制崩疤，未经使用。长柄两侧经打磨而圆钝，有一定磨圆度。铲身两面平整，有轻微磨痕。

刃缘厚钝，两面打击而成，但不见刃锋，应是使用后变钝的结果。刃缘有一定磨圆度及一些使用崩疤。该器质地粗糙，使用条痕不明显（图5-45）。

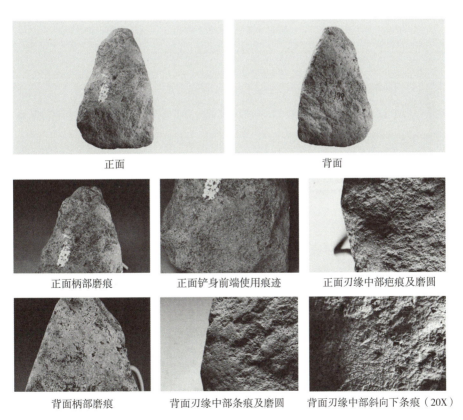

正面　　　　　　　　　　　　　　背面

正面柄部磨痕　　　　正面铲身前端使用痕迹　　　　正面刃缘中部疤痕及磨圆

背面柄部磨痕　　　背面刃缘中部条痕及磨圆　　　背面刃缘中部斜向下条痕（20X）

图5-44　F52：18使用痕迹

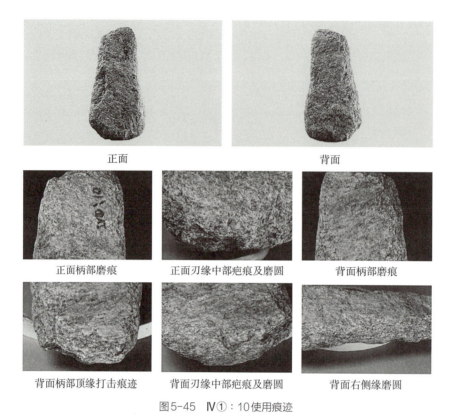

正面	背面
正面柄部磨痕	正面刃缘中部疤痕及磨圆	背面柄部磨痕
背面柄部顶缘打击痕迹	背面刃缘中部疤痕及磨圆	背面右侧缘磨圆

图5-45　Ⅳ①：10使用痕迹

标本F21：62，紫褐色石灰岩。

顶部打制后未经使用，两侧经打琢圆钝光滑，有宽约6厘米的木柄腐烂痕迹，与铲身长轴斜交75°。

刃部较钝，两侧基本对称，有打琢痕迹和使用崩痕，两侧都有不同程度的磨圆。刃部基本为正锋，正面磨面较平，背面略呈坡面，有轻微偏刃。条痕与铲身长轴斜交，两面对称（图5-46）。

标本F36①：5，深灰色页岩。

顶缘弧凸，顶缘及柄部两侧缘有轻微磨圆，柄身面则少有磨平现象。

刃缘正、背两面都有明显磨面，与铲身面形成明显折棱，正面磨面进深大、背面磨面进深小，正锋略偏向正面、较为锋利，应是制作过程中产生的。在背面左端、正面右端保留有磨制条痕，与刃缘斜交，背面左端向左倾斜，正面右端略微向右倾斜。使用条痕垂直于刃缘、刚劲细密，与一般刮刀相比条痕较长，覆盖整个磨面，刃部略厚。磨面进深大，应是为了便于加工较粗大的中、硬性物质。刃缘棱线上有细碎的崩损，略呈钝齿状（图5-47）。

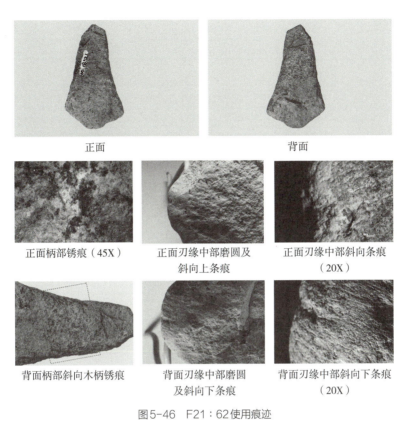

正面　　　　　　　　　　背面

正面柄部锈痕（45X）　　正面刃缘中部磨圆及　　正面刃缘中部斜向条痕
　　　　　　　　　　　斜向上条痕　　　　　　　　（20X）

背面柄部斜向木柄锈痕　　背面刃缘中部磨圆　　背面刃缘中部斜向下条痕
　　　　　　　　　　　及斜向下条痕　　　　　　　（20X）

图5-46　F21：62使用痕迹

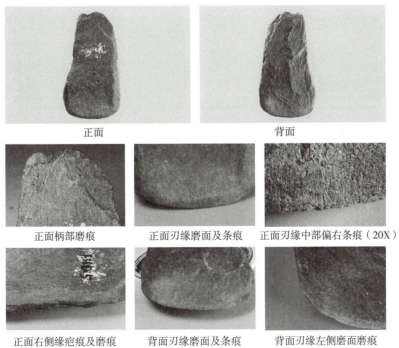

正面　　　　　　　　　　背面

正面柄部磨痕　　　　　正面刃缘磨面及条痕　　正面刃缘中部偏右条痕（20X）

正面右侧缘疤痕及磨痕　背面刃缘磨面及条痕　　背面刃缘左侧磨面磨痕

图5-47　F36①：5使用痕迹

标本F47①：28，深灰色页岩。

顶缘保留原石断面，向正面倾斜。柄部略直，正面左侧两面打击、右侧为破裂面，柄身面有轻微磨圆，腰部未见捆绑痕迹。铲身侧缘保留有原石断面，左侧较平整、右侧略显参差。铲身面未见使用痕迹。

刃缘经过磨制，磨痕已消失殆尽，正锋。刃缘有大小不等的疤痕和崩损，局部呈明显的钝齿状。正面疤痕相对较多，中段靠近左、右两端有两个较大崩疤，已接近横向裂隙，右侧刃缘钝齿较左侧明显。背面中部有一较大崩疤。崩疤都被不同程度地磨圆，可能是刃部磨制过程中或使用过程中造成的。条痕覆盖整个磨面，垂直于刃缘，粗细均匀、刚劲细长。刃缘磨面比一般的刮刀进深大，且刃缘更厚、条痕更长，刃缘崩损也更多，说明此种工具可能用于刮削较粗大的中、硬性物质，两面交换使用（图5-48）。

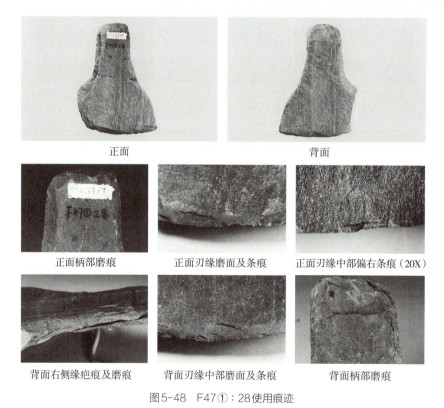

| 正面 | 背面 |

正面柄部磨痕　　　　正面刃缘磨面及条痕　　　正面刃缘中部偏右条痕（20X）

背面右侧缘疤痕及磨痕　　背面刃缘中部磨面及条痕　　背面柄部磨痕

图5-48　F47①：28使用痕迹

标本F24：18，紫褐色石灰岩。利用打制残片的一端略加磨制而成。

刃缘较薄且锋利，使用痕迹集中在刃缘，其余部位不见。肉眼可见平行短促的条痕垂直于刃缘，覆盖了磨制痕迹，条痕分布均匀，粗细、深浅相近，长在0.3厘米以内，应是加工中、硬性物质所致。刃锋有极细小的崩痕，分布不均匀，呈钝齿状，仔细观察方可看见，手感滞涩（图5-49）。

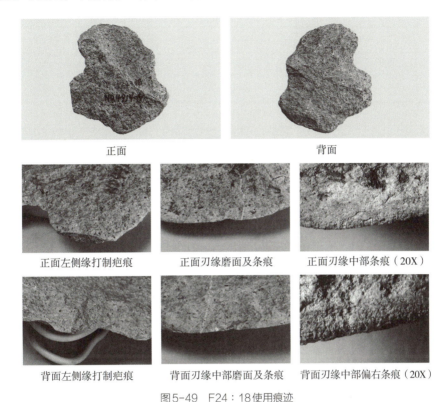

| 正面 | 背面 |

| 正面左侧缘打制疤痕 | 正面刃缘磨面及条痕 | 正面刃缘中部条痕（20X） |

| 背面左侧缘打制疤痕 | 背面刃缘中部磨面及条痕 | 背面刃缘中部偏右条痕（20X） |

图5-49 F24：18使用痕迹

标本F27：44，紫褐色石灰岩。利用片状石材制成，形状不规则。

一边呈凸榫状直接作为刃部使用，刃缘较窄，经过磨制的磨面进深小，正面过渡平缓，背面局部出现折棱。条痕短促、刚劲、细密、垂直于刃缘。仔细观察刃缘有极细小的破损，手感滞涩（图5-50）。

标本F48：46，深灰色页岩。厚石片略加打制而成。

顶缘微弧，中部打出小凹槽，适合执握，有轻微磨圆。正面左侧缘保留有原石断面，右侧两面打击出弧边。

底缘为刃缘，使用痕迹集中在底缘中段。刃缘主要向一面加工，背面可见较大的横向断裂，锋利的边缘可直接使用。正面两边都有较明显磨面，颜色较其他部位深，背面磨面进深较正面大。背面刃缘有几处较大的使用疤痕，已被一定程度地磨圆。条痕清晰可见，短促、刚劲、垂直于刃缘。刃部较薄，略微偏向背面，可见使用时正、背两面应有先后之分，两面刃缘与铲身面都有夹角（图5-51）。

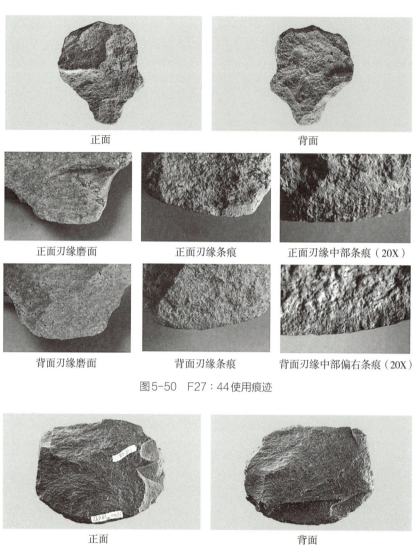

图5-50　F27∶44使用痕迹

图5-51　F48∶46使用痕迹

标本F54：48，深灰色页岩。

顶缘平直，还保留着原石断面，有磨圆。背面右侧缘略向内打出凹槽，有轻微磨圆。

左侧缘刃部明显呈钝齿状，残损严重，有较明显磨圆，可见清晰、短促、平行排列的条痕，长度在0.3厘米左右。磨面进深0.25厘米。底缘刃部为磨制，正锋，较为锋利，中部有一较大崩痕破坏了刃缘的完整性。垂直刃缘平行分布着短促的条痕，与石铲、石锄条痕相比显得更加刚劲，有些表现为凸起的棱线，彼此平行间距不等，长度在0.3厘米以内，与制作磨面进深不符。此条痕为使用痕迹，石铲、石锄条痕为磨制痕迹。在背面左端条痕之上，保留有制作磨面时向左倾斜的磨痕。磨痕长且平行，前端被使用条痕覆盖。从条痕状态看应是加工中、硬性物质所致，且工具的作用力方向与刃缘垂直或略斜，该石器可能用于削制物体（图5-52）。

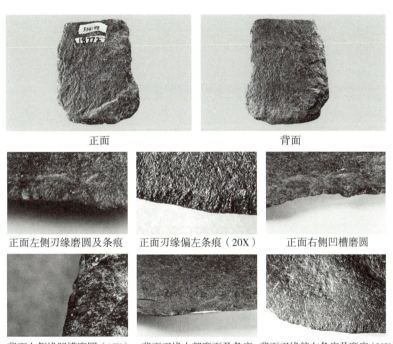

正面　　　　　　　　　　　　　背面

正面左侧刃缘磨圆及条痕　　正面刃缘偏左条痕（20X）　　正面右侧凹槽磨圆

背面左侧缘凹槽磨圆（45X）　背面刃缘中部磨面及条痕　背面刃缘偏左条痕及磨痕（20X）

图5-52　F54：48使用痕迹

标本F10：14，深灰色页岩。利用打制残片制成。

顶缘斜直，保留着石片断裂痕迹，正面左侧缘有原石断面，右侧略厚且略加打制。

底缘为刃部，向正面略加打制而成，刃缘背面有明显磨面，与铲身面有一定夹角，形成明显折棱，说明工具使用时与被加工对象存在一定角度。刃缘背面中部和右侧各有一较大崩疤，其余部位可见较细碎的疤痕，分布不均匀。摩擦条痕平行分布且短促、垂直于刃缘。刃缘正面没有明显磨面，说明工具使用时正、背两面有所差别，可能是以背面接触被加工物（图5-53）。

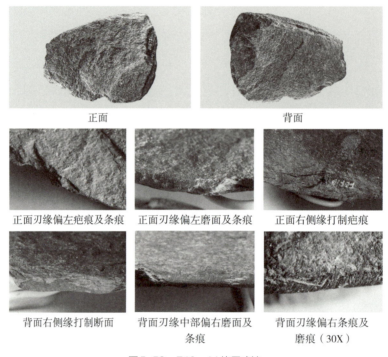

正面　　　　　　　　　　　　　　　　背面

正面刃缘偏左疤痕及条痕　　正面刃缘偏左磨面及条痕　　正面右侧缘打制疤痕

背面右侧缘打制断面　　背面刃缘中部偏右磨面及　　背面刃缘偏右条痕及
　　　　　　　　　　　　条痕　　　　　　　　　磨痕（30X）

图5-53　F10：14使用痕迹

标本F45：35，深灰色页岩。利用页岩薄石片在周边打制而成。

顶部斜直，保留有原石断面，其他三面从两面打击出刃缘后直接使用。

刃缘皆呈钝齿状，都有一定磨损和磨圆。正面疤痕较多、背面磨面较明显，说明工具正、背两面在使用时存在差异，背面与被加工对象接触更多。背面右侧刃缘磨面保存较好，磨面与铲身面有一定夹角。摩擦条痕短促、刚劲，最长0.5厘米，基本与刃缘垂直，是加工中性、硬性物质所致。其余两个刃缘也都有磨面和摩擦条痕，可见此类工具在使用时并不拘泥于刃缘形状，而是尽可能利用锋利的部位（图5-54）。

标本F36：97，紫褐色石灰岩。

柄部，截面呈圆角长方形，上下粗细均匀，有轻微磨圆，长9.2厘米。

底缘较薄，不见使用痕迹。使用痕迹集中在铲身背面凸起的部位，可见成组的划痕被细腻的泥浆层覆盖。泥浆层为黄褐色，局部剥落。

此件器物痕迹较特殊，推测其使用方式可能与拍打有关（图5-55）。

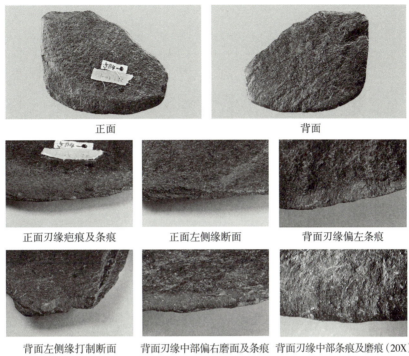

正面　　　　　　　　　　　　　　背面

正面刃缘疤痕及条痕　　　正面左侧缘断面　　　背面刃缘偏左条痕

背面左侧缘打制断面　　背面刃缘中部偏右磨面及条痕　背面刃缘中部条痕及磨痕（20X）

图5-54　F45：35使用痕迹

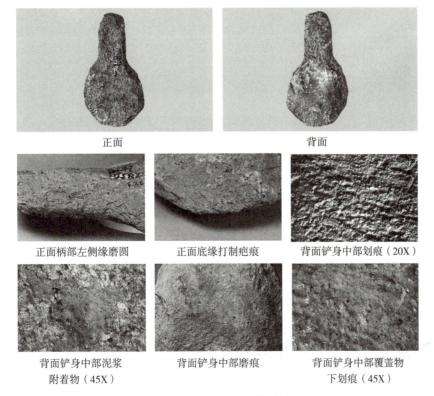

正面　　　　　　　　　　　　　　背面

正面柄部左侧缘磨圆　　　正面底缘打制疤痕　　　背面铲身中部划痕（20X）

背面铲身中部泥浆　　　背面铲身中部磨痕　　　背面铲身中部覆盖物
附着物（45X）　　　　　　　　　　　　　　　下划痕（45X）

图5-55　F36：97使用痕迹

第六节　铲形石器标本的五种功能

使用痕迹的清晰程度，除了受到使用时间的影响外，在不同种类的石料之间也存在着明显的差别。查海铲形石器的石料主要有四类，分别是深灰色页岩、灰褐色页岩、浅灰色页岩及紫褐色石灰岩（图5-56）。重点观察的44件标本中，深灰色页岩最多，其次是紫褐色页岩、灰褐色页岩，浅灰色页岩最少。与石料种类的数量多寡趋同，使用痕迹的清晰程度也呈现类似的关系，由此导致对功能推定的可靠性的差别。一般来讲，深灰色页岩上使用痕迹最清晰，是观察微痕的理想材料；其次是紫褐色石灰岩和灰褐色页岩，虽然痕迹特征清晰度不及深灰色页岩，但也相当清楚；浅灰色页岩由于其层理现象相当发达，石料硬度也比前三者低，因此痕迹观察效果最差（图5-57）。

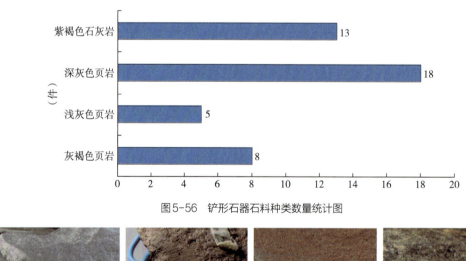

图5-56　铲形石器石料种类数量统计图

深灰色页岩　　　紫褐色石灰岩　　　灰褐色页岩　　　浅灰色页岩

图5-57　铲形石器不同石料使用痕迹的清晰度

铲形石器的使用痕迹集中在刃缘、铲身前端、柄身面、腰部、孔部五个部位，顶缘和肩部一般没有。根据它们之间的关联性，可以合并为两组：a组，包括刃缘和铲身前端的使用痕迹，其形成主要与作用对象有关；b组，包括柄身面、腰部或孔部的使用痕迹，其形成主要与装柄方式有关（图5-58）。

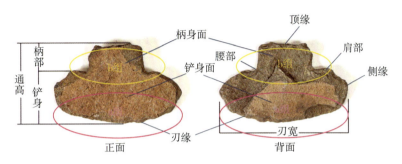

图5-58　铲形石器使用痕迹分组

通过细致观察和比较，根据上述两组部位的微痕特征，再结合器形的差别，我们将甲级Ⅲ D2组44件铲形石器归纳如下。

D2-a组：

以F33：55、F33：59和F50：25为代表。一般都可以区分出正、背两面。正面刃缘的使用疤痕表现为层叠状，分布不均匀、大小不一，有一定磨圆度。背面铲身前端有明显磨面，磨面与铲身中轴线夹角较小，向铲身中部过渡平缓且进深大，形成轻微的偏刃现象。

a组部位，摩擦条痕方向均垂直于刃缘且与铲身侧缘平行；条痕的粗细、长短及深浅不一，尾端出现一定的交错现象；分布位置一般可达到铲身高度的1/2以上，有的已经上升到与孔部相当的位置。条痕的状态很好地说明了三个问题：①工具的作用力方向应垂直于刃缘；②工具的作用对象应是结构松散、大小不等、硬度不同的颗粒状物；③使用时，工具插入作用对象内较深。

b组部位，通常是在柄身背面或正、背两面存在磨平现象，有些甚至还发现有清晰的板状端头摩擦形成的方形痕迹；孔部内侧壁（或腰部）磨圆明显，外侧壁则不明显。这些特征说明：①该类器物应为装柄使用；②安柄时，有单板和双板之分，可在背面敷板，也可两面夹持，然后捆绑；③捆绑时主要向内侧施加作用力，以便将柄固定。

D2-b组：

以F30：51和F48：55为代表。也有正、背面的区别。正面刃缘可见细碎的使用疤痕，非连续分布，被不同程度地磨圆；背面形成的磨面与铲身中轴线的夹角相对较大，磨面与铲身面相接处形成折棱且进深小，表现为明显的偏刃。这一点与D2-a组区别明显，说明两组工具在使用时与作用对象接触的角度存在差别。

a组部位，刃缘中段条痕是垂直的，而靠近两端的条痕则指向铲身中央；条痕的粗细、长短及深浅不一，这一点与A类铲形石器相一致；条痕和磨圆的分布位置都在铲身高度的1/2以下。以上特征表明：①使用时，作用力主要垂直于刃缘，但铲身时常左右倾斜，器物各部位使用频率不均，导致有些器物刃缘左、右两端的磨损情况不同，有的甚至在侧缘出现崩损；②作用对象与A类铲形石器相同；③工具切入作用对象内的深度浅。

b组部位，多数器物柄身面都保留有因装柄而产生的磨平痕迹，有的还有意打琢出小凹坑以增大摩擦力；孔部或腰部均可见捆绑、磨圆迹象。这些特征与F33：55等铲形石器相同，不再赘述。

2-a组和D2-b组石器因石料不同，对功能认定的可靠性也不同（表5-2）。D2-a组中，使用痕迹清晰、较清晰和一般的数量分别是5件、8件和1件。其中，器形较小的2件器物F23：24和F32①：7与其余器物在使用痕迹上无实质性差别，可见器形大小不是其功能的决定性因素。D2-b组中，使用痕迹清晰、较清晰和一般的数量分别是2件、8件和4件。其中，F43：39和F1：59与其余器物相比器形偏小且刃缘较薄，似乎不能胜任高强度工作，可能意味着该组中器物具体用途还有细微差别。跨组比较，器形上容易混淆的F21：58和F43：70，在使用痕迹上的差别较为明显。而使用痕迹上差别不明显的F3：25和F46：46、F35：34、F41①：5、F26：37，在器形上却有明显差异。由此，器形与痕迹在功能推定过程中可以相互印证、相互补充。

表5-2　铲形石器使用痕迹清晰度统计表

分组	清晰	较清晰	一般
D2-a组	F33：55、F50：25、F49：42、F43：70、F33：59	F50：22、F48：40、F46：48、F33：38、F23：24、F1：53、F32①：7、F30：50	F3：25
D2-b组	F30：51、F48：55	G1：4、F6：16、F43：39、F34：39、F21：58、F27：95、F1：59、F9：8	F46：46、F35：34、F41①：5、F26：37

结合器形并对比痕迹，D2-a组和D2-b组可明确判定为具有不同使用功能的两类器物。

D2-c组：

以标本F21：62为代表。

a组部位，均为正锋，刃缘较钝，崩疤呈层叠状且尺寸较大，有的器物疤痕已被极大程度地磨圆。最主要的特征是摩擦条痕成组平行分布且与刃缘斜交，角度为10°~30°。

b组部位，柄部一般呈梯形，类似于榫，这样的柄部无法牢固地捆绑，加之柄身面和两侧都有轻微磨圆，因此推断该类工具应该是嵌入銎柄中使用的。标本F21：62柄部有一条宽约5.7厘米、颜色略深的条带，与铲身长轴大致呈75°斜交，从形状上看像是木柄腐烂之后的痕迹。

该组器物在器形和使用痕迹上与D2-a组和D2-b组差别较大。

D2-d组：

以F48：46和F54：48为代表。

a组部位，均为正锋，刃缘经过磨制较为锋利，可见细小、不连续的使用崩疤，因使用而产生的摩擦条痕平行分布、短促、粗细均匀，与崩疤的轴向一致，均垂直于刃缘。

b组部位，在与刃缘相对的一侧保留有石材自然断裂的棱面或加工出一个浅凹槽，仔细观察槽内有明显打琢痕迹并被轻微磨圆，将其贴于虎口部位，大小正好适合执握。

标本F48：46，器形略厚大，有一定重量。标本F54：48，外形轻薄，有两处刃缘，分别位于侧缘和底缘。侧缘崩损严重，底缘保存相对较好，隐约可见淡淡的油脂感。根据两个刃缘的状态分析，此件工具经长时间使用，在侧缘变钝之后曾改换使用方向、调整刃缘部位后继续使用。

D2-e组：

仅F36：97一件。

a组部位，周缘较薄，不见使用痕迹，使用痕迹集中在铲身背面凸起的部位，可见成组的划痕被细腻的泥浆层覆盖，泥浆层为黄褐色，局部剥落。

b组部位，柄部截面为圆角长方形，上下粗细均匀，有轻微磨圆，长9.2厘米。

根据器形及使用痕迹特征，我们作出如下判断：上述五类铲形石器应各自有不同的使用方式、装柄形式及作用对象，即它们具有不一样的功能。

A类铲形石器的装柄方式应为直柄捆绑式，使用方式类似现代的铲或锹，作用对象为沙土，是一种掘土工具（图5-59，1）。掘土需要有较大的承物面，所以表现为铲身面相对宽阔。使用时，工作角度一般为50°～70°，作用力先向下斜切，然后向斜上方掘出，由于正、背两面受力不均，摩擦力主要来自下切动作，造成背面磨痕较重，而下切角则导致正面崩疤较多。另外，掘土工具入土深、下切角度大，所形成的刃偏角小（铲形石器中轴线与使用磨面的夹角），表现为刃偏不明显。

B类铲形石器的装柄方式应为曲柄捆绑式，使用方式类似现代的锄，是一种锄土工具（图5-59，2）。使用时，作用力先向下斜切，然后向后方回拉，其磨面主要受到回拉时摩擦力的影响。根据偏刃角的大小，可计算出其工作角度一般在30°～40°。由于B类工具工作时入土浅、下切力相对较小且刃缘略厚，因此产生的崩疤比较细碎。工作角度小，刃偏角就相对变大，导致磨面进深变小，形成明显的偏刃现象。

C类铲形石器的装柄方式应为横柄銎孔式，使用方式类似现代的斧，是一种砍伐工具来使用（图5-59，3）。使用时，两手一前一后执握木柄，以后手为中心，前手用力挥砍，也可以肩部或肘部为中心单手操作。由于是做弧线运动，施加给作用对象的力并非与刃缘垂直，而是带有一定角度，因此形成的条痕与刃缘斜交。此类工具的工作力度和强度一般较大，造成刃部的破损与磨损都比较严重。

D类铲形石器的使用方式应为手持（图5-59，4），其作用类似于刮刀，可能是用于刮削竹木皮或剔骨头等。厚重的工具适合刮削粗大且略硬的东西，而轻薄的工具可能是加工略小的动物骨骼或树枝一类。由于长期和动物的身体组织接触，油脂逐渐浸润石质内部，且竹木类植物往往有强韧的纤维组织，在刮削过程中会使器物刃部产生短促的平行条痕。

E类铲形石器的造型和使用痕迹较为特殊，与其他铲形石器均不一致。从其被细腻的泥浆层覆盖的划痕判断，可能与陶作有关，是一种制陶工具，应为手持操作，作为拍子使用（图5-59，5）。使用时，手执石拍，拍打陶坯以使坯体更加致密结实。由于兴隆洼文化时期陶器均为夹砂质，拍打过程中难免会产生划痕，而泥土又有一定黏性，受到泥浆粘连，石质酥松的部位就会出现成片剥落的现象。这种剥落与摩擦造成的痕迹特征不同，表面凸凹不平，大片剥痕实际上是由一个个点坑聚集而成的。

综上，查海遗址出土的铲形石器的用途至少可以区分为五类，分别为掘土、锄土、砍伐、刮削和制陶，相当于现代的铲、锄、斧、刮刀和拍子等工具。

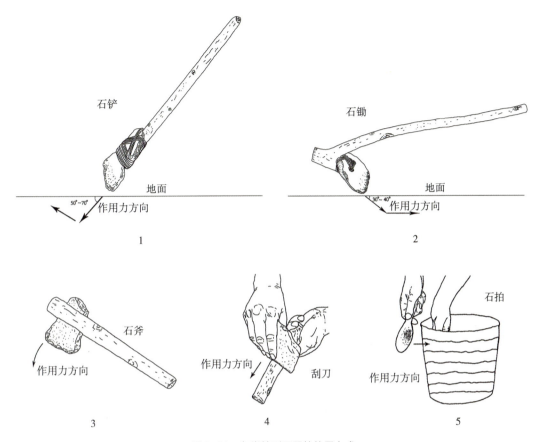

图5-59　各类铲形石器的使用方式

1.石铲的使用方式　　　　2.石锄的使用方式　　　　3.石斧的使用方式
4.刮刀的使用方式　　　　5.石拍的使用方式

第七节　小　结

　　器物形态的类型学研究和使用痕迹的显微观察是判断器物功能的两种主要方法。两者各有所长，又各有所短，须互相印证、互相补充、相辅相成。

　　从类型学角度讲，器物形态与使用功能有着密切的关系。

　　首先，功能是决定器形的最主要因素。在功能的制约下，无论器物外形如何改变，其基本形态是不变的。譬如，汽车款式和外形很多，但都具备车轮和车厢两部分，车轮是用来在路上行进的，而车厢是用来承载人和物的。同样，石器的功能也与器形有着密切的联系。从事物发展的角度看，随着人们在实践过程中的长期摸索和经验积累，石器制作工艺不断进步与成熟，为满足某种功能而设计的器物外形逐渐趋向稳定和固化，因而具有某种功能的器物形成了相同或相似的器形。

　　其次，功能不是影响器物形态的唯一因素。俞伟超曾将制约器物形态的因素归结为四个方面，即"主要是由其用途、制作技术、使用者的生活或生产环境、制作者和使用者的心理情况或审美观念这几种因素决定的"[1]。这也就是说，功能和形态不是一一对应的。有些器形特征并不反映器物功能上的差别，即"非功能性差别"。因此，进行功能分析时，应避免漫无目的地分类，更不能以此错误地认为功能与器形无必然联系。

　　最后，形态相似的器物功能可能不同。我们认为，"一器多用"的现象在遥远的史前时代是存在且经常出现的。但器物功能完全不受器形制约也是不可能的。某种造型的器物一定有着某种特定的用途，而这种用途就是该类器物的主要功能，否则很难解释为何会出现如此众多形制特征相同或相似的器物。工具的出现与发展经历了漫长的

---

[1]　俞伟超：《关于"考古类型学"的问题——为北京大学七七至七九级青海、湖北考古实习同学而讲》，《考古类型学的理论与实践》，文物出版社，1989年，第7页。

历史过程，到了新石器时代，由于人类生产、生活的需要，器物的宏观形态开始稳定下来，而相应的功能也随之固化，这种情况下一器多用的现象虽然存在，但主要功能和偶然使用应进行明确区分。偶然地改变用途，并不能否定其主要功能的普适性，更不能否定器形与功能的相互关系。

从使用痕迹显微观察的角度讲，使用痕迹是判断器物功能的直接依据。

其一，使用痕迹是功能的直观体现。石器与陶器不同，石器制作属于减法，去掉的石片不能再重新接合，即便是手艺高超的工匠也很难徒手制作出两件一模一样的石器（因为不可能打出两片完全相同的石片）。因此，石器器形上的细微差异不一定能确切体现出功能上的区别。况且，从器形到功能再到生业模式的研究思路，本质上还是基于常识的间接推断，缺乏直接的依据。同类器物往往有着相同或相近的使用方式和作用对象，会产生相似的使用痕迹，而不同类型的器物会因使用方式和加工对象不同而产生不同的痕迹特征。微痕分析的引入，把遗留在石器上的使用痕迹与石器使用方式及加工对象联系起来，研究模式由"器形—功能"转变为"痕迹—功能"[1]。比之器物形态，似乎使用痕迹更能提供直接且直观的依据。

其二，单纯的痕迹分析会有很大不确定性。姑且不论区别使用痕迹、加工痕迹和埋藏痕迹有多困难，单就使用痕迹而言，不同使用方式、不同加工对象之间就存在着痕迹特征的交叉性。这一点，王小庆在《石器使用痕迹显微观察的研究》中已经言明[2]。在显微观察研究中，低倍法重在探讨使用方式，高倍法重在探讨加工对象。但不论是低倍法还是高倍法，单纯依靠痕迹特征判断使用功能都会有很大风险。王小庆、杨宽等分别对敖汉旗兴隆洼遗址和林西县白音长汗遗址二期乙类遗存的部分铲形石器进行了微痕观察，并进行了相关探讨，为我们提供了可资借鉴的研究经验。然而，二者在对兴隆洼文化生业模式的认知上却得出了近乎相反的结论。王小庆通过高倍法观察将兴隆洼遗址出土铲形石器的使用功能区分为掘土、砍砸和刮削三种，并认为尚没有明确证据表明兴隆洼文化有农业经济成分[3]。杨宽等则凭借低倍法观察将白音长汗遗址出土的铲形石器区分

［1］ Semenov, S.A. (Translated by Thompson.M.W.), *Prehistoric Technology,* Wiltshire: Moonraker Press, 1976.

［2］ 王小庆：《石器使用痕迹显微观察的研究》，文物出版社，2008年。

［3］ 同上。

出铲和锄两种使用方式，并指出它们是刀耕火种的原始农业时期不可或缺的工具[1]。两者固然在所据文物标本及微痕观察手段上有所不同，但从某些角度上来讲，也可说明撇开器形单纯地利用痕迹特征来探讨器物功能，会因其不确定性过多而导致研究结论大相径庭。

器物形态有模棱两可的时候，单纯地依靠形制对器物进行分类有时无法确定石器的功能。而使用痕迹也有不甚清晰的时候，单纯地依靠痕迹判断功能也存在很大风险。但微痕种类的多样性、组合排列的复杂性，又说明其必然要以分类为基础和立论依据。器形是宏观、痕迹是微观，宏观与微观在同一件具有某种特定形状和使用功能的工具上可以得到完美契合。宏观形态分类与微观痕迹分析不但能够实现统一，还能相互参照、相互印证。因此，对石器功能的研究不能局限于对一种方法或特征的解释，而应在对器形和各种使用痕迹进行全面观察、分析的基础上作出综合判断。

---

[1] 杨宽、陈胜前、刘郭韬：《内蒙古林西白音长汗遗址出土兴隆洼文化石铲的功能研究》，《边疆考古研究》（第17辑），科学出版社，2015年。

第六章
铲形石器的实验考古

本书将器物形态与使用痕迹相结合，对查海遗址铲形石器的功能用途进行了初步辨识。在此基础上，继续做了有针对性的模拟实验。开展模拟实验也是功能探讨的必要环节，其意义在于对石器使用功能的可行性和有效性进行检验，同时实验数据也能够与考古样本的使用痕迹进行对比验证。

第一节　石料采集

一、铲形石器石料

查海遗址铲形石器的石料主要有四种，即深灰色页岩、灰褐色页岩、紫褐色石灰岩和浅灰色页岩。查海遗址石器的石料来源问题，困扰了学术界数十年之久。2017年6月至2020年3月，辽宁大学考古系王闯老师与查海遗址博物馆李井岩合作，对查海遗址周边进行了专题调查。经过不懈努力，最终发现并确认了一处查海遗址石器的石料产地。

石料地点位于辽宁省阜新市阜新蒙古族自治县南部的五顶山沟村，山体岩层斜向分布，均为深灰色页岩。该地点由李井岩无意中发现，后由王闯确认该地点岩石系查海铲形石器石料种类之一。五顶山沟村距离查海遗址直线距离40千米，这一发现充分说明制作铲形石器的石料确属本地开采。

制作铲形石器的四种主要石料中，深灰色页岩非常适合打制铲形石器和进行微痕观察。于是，本书项目组成员于2021年先后三次前往五顶山沟村采集石料（图6-1）。

图6-1　石器石料采集

开采石料是在野外进行的。正常来说，应该在开采的过程中对石料进行初步制坯，然后选择合适的坯料带回。但工人师傅事先并不知道石料用途，也对打制石器没有概念，因此大大小小的石料不分规格全部采集。这样，石料的初步分类是在驻地进行的。按照石料的形状和尺寸，可划分为六类（图6-2、图6-3、图6-4）。

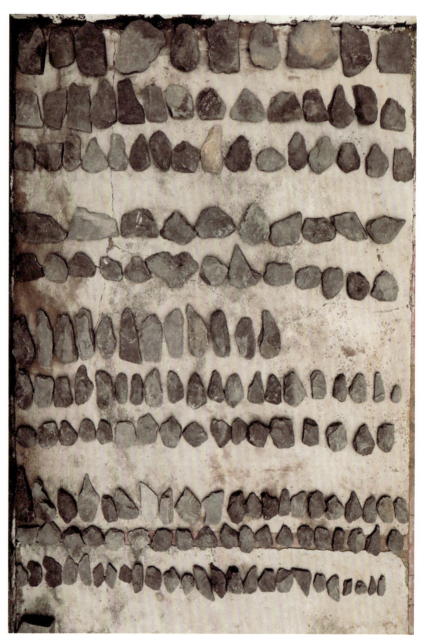

图6-2　采集石料分类

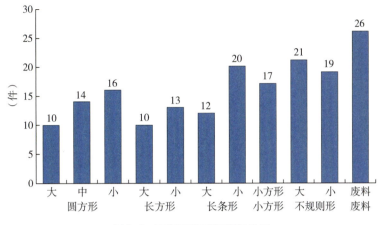

图6-3 采集石器石料形状及数量

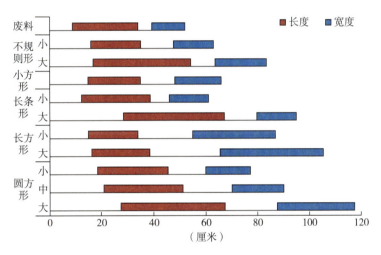

图6-4 采集石器石料分类及尺寸

二、工具石料

不仅制作铲形石器本身需要石料，制作加工铲形石器的工具也需要石料。根据查海遗址发现的敲砸器可知，查海先民大量使用的是脉石英一类石料制成的石锤。在遗址附近的沙拉乌素村就有脉石英岩脉和伴生的金矿分布。但此次实验的主要目的并非研究敲砸器，同时也没有必要花费较大精力开采脉石英并制作石锤，因此石锤石料以河道中的砾石替代。

2021年8月，本书项目组在辽西一带采集了一些制作石器的打击工具，以石英质、砾石质为主，形状有类圆形、片状、板状、尖状、条状等，大者约20厘米×15厘米×10厘米，小者约10厘米×10厘米×5厘米（图6-5）。

图6-5　采集打制工具

第二节　铲形石器制作

铲形石器的制作工艺较为简单，两面多是利用石材的劈裂面（通常是页岩的层理面），不做加工或略做加工使其平整，而后沿四周边缘打制成型，有的局部辅以琢、磨。

由于石料均为片状或板状，因此加工时从平面和立面两个角度进行（表6-1、图6-6）。平面加工主要考虑整体厚度和凸棱问题。前者利用页岩天然层理构造，采用减薄技术得到厚度适合的石片，同时也能将石料中暗藏裂缝的部分去除，以提高石料质量。但若减薄不当，也可能影响打制效果，如石料错位劈裂导致厚薄不均，从而破坏石料的形状。后者主要采用琢的方式，去除石料表面凸起的棱线。立面处理主要面向四缘，包括顶、肩、腰、刃。其中，最主要的是腰部，主要采用打、琢的方式加工。加工出腰部形状，石器的基本外形就出来了。打制过程中，石料的放置方式包括立置、平置和斜置。立置，分为正立、倒立、侧立，是将石料竖直放置；平置，是将石料水平放置；斜置，是石料平面在接触制作工具时有一定倾斜度。其他辅助手段包括手执和垫砧两种，手执便于把握石料，垫砧便于掌握打击位置和剥片尺寸。

表6-1　石器打制具体方法表

面向部位		加工方法	放置方式	辅助手段
平面	厚度	减薄	立置	手执
	凸棱	琢	平置、斜置	垫砧
四缘	腰	打、琢	斜置、平置	手执、垫砧
	肩	打	斜置、平置	手执、垫砧
	顶	打	斜置、平置	手执、垫砧
	刃	打、磨	斜置、平置	手执、垫砧

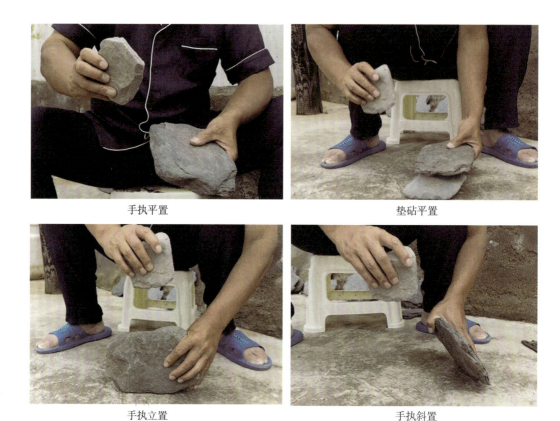

手执平置   垫砧平置

手执立置   手执斜置

图6-6　铲形石器的制作方法

制作铲形石器的主要工序包括减薄、琢腰、修形三个步骤，而过程中要经历因形选料、量料制形、适时调整三个阶段。制作者根据设想的石器形制去挑选适合的石料，要考虑的是石料的形状和尺寸。不同的石料适合制作不同的石器，这在制作者心中已经形成基本一致的认知。一般来说，方形和圆形石料适合制作石铲，长方形石料适合制作石锄，长条形石料适合制作石斧，不规则形石料要结合具体设计而定，而废料因形状不适合或尺寸太小，基本不能使用。石料选定后，制作者会根据石料具体情况进行初步设计，如石料薄厚、加工方向、加工方法等，但影响石器最终形制的不可控因素很多，如石料内部裂纹、打制技术、熟练程度以及打制过程中是否有失误等，有时这些因素甚至可能会改变原定器形，迫使制作者调整器形方案。此外，制作过程中要根据石料破裂情况及时调整石料方向、加工方法，制作设计方案。

项目组在辽西当地雇用了5名村民，包括男性2名、女性3名（表6-2）。他们熟悉本地土地、气候和种植条件，以旱地农业耕种活动为业。由于所雇佣的工人未受过石器制作训练，在开始打制时操作方法不对，但经过简单讲解后，很快掌握了正确的方法（图6-6）。实验采取集中打制的方式，耗时3.5天完成（8月9日下午、8月11日、8月14日、8月15日），利用了114件石料，打制出成品127件（包括断裂的）。所用石料共计281.42千克，制作出的石器共重107.91千克，产生废料173.51千克，废料率约62%，而材料的利用率只有约38%。实际上，成品中也有些断裂的废料，因此真实废料率应该高于62%，利用率要低于38%（图6-7）。

表6-2　石器制作工人信息表

制作者	性别	年龄	身高（米）	体重（千克）	习惯手
李某	男	45	1.78	75	右手
张某	女	50	1.58	65	右手
阎某	男	50	1.72	60	右手
韩某	女	52	1.6	67.5	右手
王某	女	52	1.65	65	右手

图6-7　剩余的废料

我们对114件石料的初始设计与调整设计情况做了统计（图6-8、图6-9）。结果显示，制作铲形石器过程中，设计方案会随着石料具体形状和破裂变化而调整，调整率约22%。制作总耗时4721分钟，平均每件石料41.4分钟。

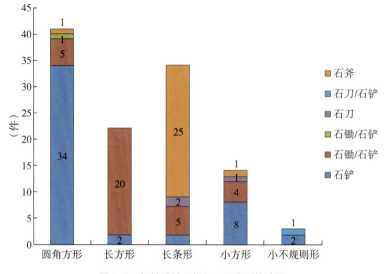

图6-8 初始设计石料与石器类型统计图

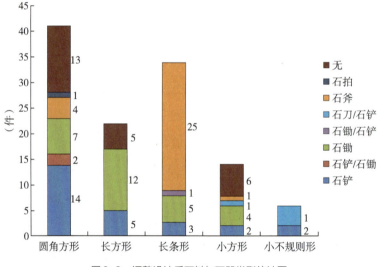

图6-9 调整设计后石料与石器类型统计图

打制过程中，一件石料可能会破裂为2～3片，由于存在一料成多器的现象，所以成品共计129件，其中断裂品38件、完整器91件。制作这91件完整器共耗时3597分钟，平均每件约39.5分钟（表6-3）。共制作出石铲、石锄、石刀、石斧、石拍五类器物，其中石铲和石锄数量最多，并且二者制作的平均用时相差不多。本次实验共制作3件双孔石器，包括石铲1件、石锄2件，耗时分别为357、191、193分钟，这些时间主要花费在琢孔上。石刀比石斧耗时多，因为石刀刃部需要磨制。石拍是一个计划外的产品，原设计为石斧，但在减薄过程中破裂，最终调整为石拍，因此耗时较长。

表6-3　制作铲形石器类型及耗时统计表

最终类型	耗时（分）	数量（件）	平均耗时（分）
石铲	1376	29	47.4
石锄	1403	33	42.5
石刀	63	2	31.5
石斧	671	26	25.8
石拍	84	1	84
总计	3597	91	39.5

雇佣的5名工人，因制作器形和工作难度不同，制作石器的平均耗时也不同。其中，李某平均耗时最多，因为双孔石器均为其所制作。除此之外，我们可以发现不论男性还是女性，每人的平均耗时相差不多（表6-4）。因此，可以认为石器制作效率与性别无关。

表6-4　制作者工作效率统计表

制作者	性别	求和项：耗时（分）	计数项：最终类型（件）	平均耗时（分）
李某	男	1080	12	90
王某	女	617	18	34.3
张某	女	561	17	33
阎某	男	638	20	31.9
韩某	女	701	24	29.2
总计		3597	91	39.5

再看断裂类型，38件残断品可分为五类（表6-5）。其中断裂类型为"失败"者表示该石料未具雏形即残断，共计6件，占比15.8%；其余为近乎成型时发生残断，共计32件，占比84.2%。A1、A2、A3和A4类残断数量较多，且往往成对出现，四类共占比47.3%，接近一半。此外，最常见的残断类型是柄身分离，这种类型相当于文物标本中的E1和E2类。只不过前者是打制过程中的产品，后者为使用过程中的产品。实验中发现，柄身分离的断裂形式经常发生在打琢腰部时，尤其是接近完成之际，因为此时腰部最细也最容易断裂。但在文物标本中却未发现这种断裂类型，其原因可能有二。其一，实验选取的标本涵盖并不全面，并未涉及此种类型。但这也从另一个角度说明，

此种断裂类型在文物标本中存在的数量比较少。其二，这种断裂可能对打制结果影响比较小，制作者在制作过程中会迅速调整方向继续加工，甚至修改原设计方案改变器形。在模拟实验中，这种行为出现过几次。其中，两次二次断裂就是在柄身分离的基础上继续加工造成的。

表6-5　制作过程中石料断裂类型数量及比例统计表

断裂类型	断裂数量（件）	百分比
A1、A2	7	18.4%
A3、A4	11	28.9%
柄身分离	12	31.6%
二次断裂	2	5.3%
失败	6	15.8%
总计	38	100%

组织可控的模拟实验能够在很大程度上反映过去人类的行为，但同时这种有目的的组织和掌控也会带来一些问题。实验过程中的每个环节都是由组织者设定的，雇佣的工人没有制作和使用石器的经验，也不知道加工到何种程度才能满足要求，更不知道何时需要停止加工。当组织者认为石器的大小、厚薄、形状等合适的时候，即勒令停止。而实际上，为了保持断裂的样本和数据，实验基本是在石料第一次断裂后即停止的。组织者的认知及其所关注的焦点，在某种程度上会影响实验的真实性。而古代先民们则不会有这样的顾虑。

第三节　功效实验

一、装柄

铲形石器大多需要装柄使用，构成复合工具。装柄方式主要有两种：銎孔式和夹持式。銎孔式又可分为横銎柄和竖銎柄两种；夹持式包括直式和曲式两种。根据安装方向不同，直式又可分为横直柄和竖直柄；而曲式只有竖曲柄一种（表6-6）。

表6-6　铲形石器装柄方式表

銎孔式		横銎柄
		竖銎柄
夹持式	直式	横直柄
		竖直柄
	曲式	竖曲柄
手持式		无柄

从铲形石器标本的柄部形状和刃缘痕迹特征上看，未发现竖銎装柄方式的实例。而横直柄虽可安装在石斧上，但容易松动脱落。故此，这两种方式均未采用。需要注意的是，文物标本的柄部正、背两面有时只有单面有磨痕，有时双面均有明显磨痕，可见装柄夹持石器时既有单面贴合、也有双面贴合的。这里为了简化实验任务、减少关注焦点、避免影响对石器本身的观察，均采取单面夹持法。由此，实际使用的装柄方式只有三种，即横銎柄、竖直柄和竖曲柄。

制作木柄时，挑选榆树和杨树树干，形状有三种：直棒式、"丫"形头和曲折形。利用斧子和钢锯将树皮和瘤结去除，使木柄光滑。其中，曲折形木料需要锯出适合的斜面，使曲折部分与主干形成一定角度，才能制成竖曲柄。之后使用3毫米粗的麻绳进

| 竖曲柄 | 竖直柄 | 横銎柄 |
| 捆绑 | 垫皮 | 装柄石器 |

图6-10　石器装柄

行捆绑，麻绳一定要保持干燥，不能沾水。捆绑的方式有横向、纵向平行和斜向花式三种，要求牢固稳定（图6-10）。

　　91件完整样本中装柄和经过使用的有25件，包括石铲12件、石锄9件、石斧2件、石刀2件（表6-7）。由于石拍可能与制陶技术有关，涉及内容过多，此次未进行实验。功效实验共分为三类：耕种实验、砍伐实验和刮削实验。整个实验过程从2021年9月1日持续至12月15日，为期三个半月，用工25人次（附表14）。实验地点选择在辽宁省朝阳市朝阳县朱碌科镇刘杖子村，属于辽西地区的山地丘陵地带，与查海遗址周边有着相似的气候条件和砂质土壤。

表6-7　实验样本装柄方式一览表

序号	样本编号	器类	装柄方式	序号	样本编号	器类	装柄方式
1	12	石铲	竖直柄	14	71	石锄	竖曲柄
2	14	石铲	竖直柄	15	113	石锄	竖曲柄
3	23	石铲	竖直柄	16	42-1	石锄	竖曲柄
4	24	石铲	竖直柄	17	42-2	石锄	竖曲柄
5	25	石铲	竖直柄	18	W2	石锄	竖曲柄
6	33	石铲	竖直柄	19	W8	石锄	竖曲柄
7	37	石铲	竖直柄	20	34	石锄（手锄）	竖曲柄
8	97	石铲	竖直柄	21	103-2	石锄（手锄）	竖曲柄
9	W1	石铲	竖直柄	22	18	石斧	横銎柄

续表

序号	样本编号	器类	装柄方式	序号	样本编号	器类	装柄方式
10	W4	石铲	竖直柄	23	66-1	石斧	横銎柄
11	W5	石铲	竖直柄	24	103-1	石刀	手持
12	W7	石铲	竖直柄	25	W3	石刀	手持
13	1	石锄	竖曲柄				

二、耕种实验

实验时间：2021年9月1日至11月15日。

实验目的：测试石铲和石锄的功效，检验各自使用方式下的痕迹特征。

工作对象：辽西地区的土壤均为一种黄褐色土，内含大小不等的砂石，表层较为松软，此土适合种植玉米、高粱、谷子等作物。由于季节所限，此时已无法耕种谷物，遂购买了能够适应秋季气候并快速生长的蔬菜种子，包括白菜半斤、菠菜半斤及油菜籽1包（重约20钱）（图6-11）。

使用方式：石铲掘土、石锄锄土。先蘸水，使捆绑器柄的绳子进入饱水状态，使用时才能更紧绷、牢固。

实验内容：

一是清理杂草。

用锄头锄草、石铲铲草。实验场地内主要生长灰头菜、白蒿、香蒿、银灰旋花、菊叶香藜、黄花蒿、狼耙草等杂草，最高者约50厘米（如灰头菜），矮者5~10厘米贴地生长。小草用手锄、大草用大锄或铲清理。一上午，大概能清理1500平方米。

二是开垦土地。

圈出若干地块作为工作区，栽桩设栅，用周围散落的石块垒在四周。

石铲的使用是有明确正、背面的区分的，使用者多会无意识地以被木柄抵住的面为背面。石铲也有正、反把之分。一般来说，右手在前以左腿为主发力腿，也有左手在前以右腿为主发力腿，两腿略并拢、轻微蹲起发力。有的石铲安装有木蹬踏，使用时更易借力，无蹬踏者使用时可蹬踩石铲顶缘，使用者普遍反映带有木蹬踏的石铲比较实用。使用石铲挖土时下切的面不是直的，而是呈弧线斜向前的，下切时碰到石块会听到刮擦声，下掘深度可达8~12厘米。

①购买菜籽　②石器蘸水　③清除杂草　④栽桩设园
⑤石铲掘土　⑥有踏无踏　⑦石锄锄土　⑧手锄锄草
⑨开沟播种　⑩刚刚出苗　⑪间苗除草　⑫深秋罢园

图6-11　石器耕种实验过程

大的石锄有正、反把之分。一般双手执握，左手在前、右手在后、左脚靠前使用；也有个别相反，右手在前、左手在后、右脚靠前使用。这与是否为左利手无关，纯属个人习惯，有人可以双手交替在前使用。手锄短小，单手执握可以左右手互换使用，以缓解乏累。石锄在使用时可垂直下切，也可左右摆动利用端角下切，后一种方式更容易入土，入土深度约5～10厘米。体量笨重的石锄与轻薄的石锄相比，重锄吃土浅，但耐受力强、更为坚固，而轻锄翻土效果好、入土深且比较灵活方便，但耐受力弱。

石锄锄地是前进运动，锄头往前走，脚在后面踩翻过的土，因此破土细碎；石铲掘土是倒着走，脚不踩翻过的土，因此土块硕大、完整。工具使用一段时间后，土会黏附在刃缘上，需要用手进行清理后才能继续使用。碰到较大块的石块，便用手去除。普遍来说，随着劳动时间的增加，使用者的劳动频率会逐渐降低，工人每劳作约5～10分钟需要休息或轮换。

由于页岩的石质较软，半个小时之内均初步产生使用痕迹，有磨痕也有疤痕。磨痕出现在与土壤接触面，即背面；疤痕是与土壤中的石块撞击所致，多出现在正面。1小时的劳动后，石器表面痕迹已十分明显，正、背两面差异很大。

三是蔬菜种植。

实验中根据种植需要决定挖掘深度，而非全部达到石器最大下掘深度。种植菠菜一般下挖5～6厘米即可，白菜、油菜略浅。采用开沟设垄的方法，垄间距约25厘米，菠菜比油菜和白菜间距要求略大。

此项工作中石锄的作用比石铲大。使用锄端开沟，之后撒播菜籽。工人每劳作约10分钟需要休息一次，常采取互换工具的方式以减轻疲劳。锄头可用来打碎大土块和平整土地，使土壤更好地覆盖菜籽。大概20～40分钟就可以完成20平方米的种植面积。

种植完成后，经过3～4天，白菜、油菜、菠菜已经长出小苗。据说这些蔬菜较为抗冻，能够生长到霜降节气。10月，种植的白菜、油菜都已经可以食用，菠菜尚小。11月，蔬菜均已成熟，并开始变黄。

三、砍伐实验

实验时间：2021年12月12~15日。

实验目的：测试石器砍伐功效，检验砍伐后的使用痕迹。

工作对象：选择辽西地区农村常见的杨树和榆树，包含干燥的榆树树枝、新鲜的杨树树枝和新鲜的小叶杨树树枝。按照硬度，干榆树枝最硬，其次为小叶杨树，最后是新鲜的杨树。因为树木受到保护，所以我们一般选用直径小于10厘米的枝杈进行修理（图6-12）。

使用方式：手持石斧横向挥砍。

实验内容：

石斧的刃部一般都是打制的，没有经过磨制。砍伐过程中，石斧刃缘与树枝呈弧度斜交，可双手持斧亦可单手持斧，左右手时常交换位置使用，这样使得石斧两面都会产生使用痕迹，且使用痕迹方向相对。

实验表明，砍伐新鲜树枝的工作效率最高，特别是杨树枝性脆，直径10厘米以内的树枝几分钟就能砍断。而砍伐干枯的榆树效果最差，这不仅因为榆树较硬，也是因干树枝缺乏水分，导致木质纤维韧性高。我们也注意到，不管往哪一侧挥砍，经常用到的部位并不是石斧刃缘正中，而是靠上的部分，这也导致石斧的刃缘逐渐弧凸。

此次实验仅是为了测试石斧的挥砍功能和使用效能。石斧的砍伐对象应当不只是树木，可能还包括骨头、竹子等。但由于使用方式相同，遗留在石器刃缘表面的使用痕迹当具有共同的特征。

砍伐干树枝　　　　　　　　　　　　　干树枝基本砍断

砍伐新鲜杨树枝　　　　　　　　　　　杨树枝被砍断

砍伐新鲜的小叶杨树枝　　　　　　　　小叶杨树枝被砍断

图6-12　石器砍伐实验

四、刮削实验

实验时间：2021年12月15日。

实验目的：测试石刮刀的功效，检验刮削使用痕迹。

工作对象：新鲜的带皮树枝和半干的带皮树枝（图6-13）。

使用方式：手持刮削。

实验内容：

此次实验选用了两件石刀进行刮削树皮实验，实际操作中更侧重"削"的动作，主要是削树皮。可单手持刀，也可双手持刀，正握、反握均可。石刀刃缘与树枝垂直，石刀面与树枝形成一定倾斜角，正、背面轮换使用。遇到瘤结较多、较硬时，使用石斧砍掉，不同工具可配合使用。

实验中刮削新鲜的树皮并不费力，但刮削瘤结较为费力，并且刮削半干的树皮较刮削新鲜树皮容易。石刀的作用不只是刮削树皮，可能还用来加工皮革，如剔除软组织，使其更柔软。但使用方式是一致的，接触树枝和干燥的皮革、骨头等，都会在石刀上留下短促的使用痕迹。

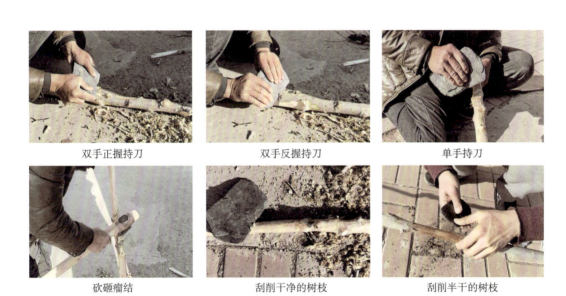

双手正握持刀　　　　　　双手反握持刀　　　　　　单手持刀

砍砸瘤结　　　　　　刮削干净的树枝　　　　　　刮削半干的树枝

图6-13　石器刮削实验

第四节　实验样本的器形特征

比照文物标本制作并使用的25件石器样本，包括石铲12件、石锄9件、石斧2件、石刀2件，在器物外形特征上同样呈现明显的群体模式化差异（图6-14，附表15）。数据显示，石铲、石锄、石斧、石刀各自相对集中分布，这一点与文物标本一致（图6-15）。另外，石铲和石锄在高宽比和身宽比上，区别也同样明显（图6-16）。

仔细观察，可以发现每一件石器的具体形态在细节特征上都有所不同，这体现了石器制作的减法特点，同时也反映了石器制作者在技术水平、熟练程度、审美视觉和制作习惯上的差异。

通过实验，25件石器经过了一个完整的功效周期，完成了既定的功能任务。实验说明，石器如果捆绑、使用不当，哪怕使用时间很短，也会很容易残断。可一旦掌握了正确的使用方法，可能在很长时间内都不会更换一次。换句话说，使用方法得当的话，石质工具是比较耐用的。

实验样本在使用过程中残断4件，分别为97、W4和42-2、103-2号，残断率16%。残断基本发生在使用初期，这个时期是石器和使用者、加工对象相互磨合的重要阶段。残断的方式主要有柄身分离和一端残损两种，分别对应文物标本中的E1、E2型和E3、E4型。由此可见，这两种残断方式是铲形石器使用过程中最常出现的。此次实验未见到二次残断的典型案例，是因为这种残断类型本身就比较少见，而且基本上初步残损之后，实验组织者即停止实验。

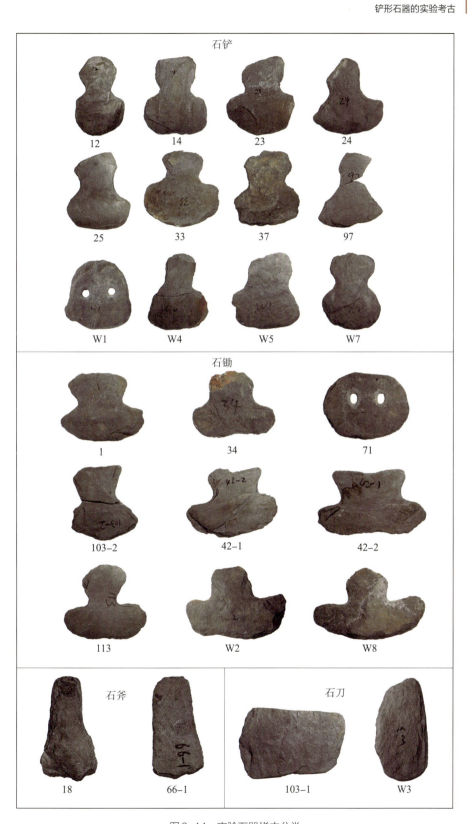

图6-14 实验石器样本分类

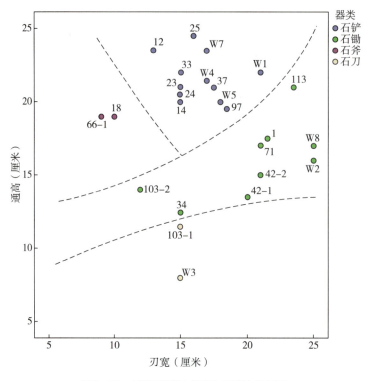

图6-15　实验石器样本通高与刃宽比分布图

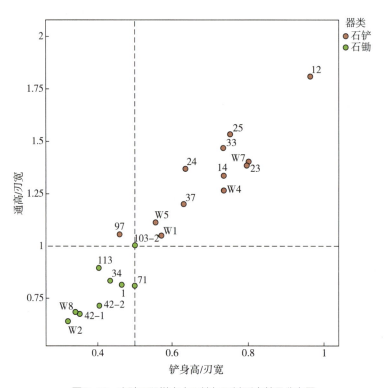

图6-16　实验石器样本中石铲与石锄形态差异分布图

第五节　铲形石器实验样本的使用痕迹特点

　　4件残断的石器样本，除了103-2外，使用时间均未超过1小时，而103-2也仅使用了1小时7分钟。一般来讲，用此种石料加工物体，1小时以上，即可形成明显的使用痕迹并出现使用痕迹的正、背面分离现象。因此，笔者对实验时间≥1小时，且尚未残断的20件石器样本进行微痕观察，并结合现代同类金属工具使用痕迹特点，以此作为文物标本对比验证的依据。

　　使用痕迹是指石器在使用过程中由于固有的使用方式和特定的加工对象所形成的宏观及微观痕迹，但我们平时习惯于笼统而模糊地称之为"微痕"。使用痕迹可分为三类：疤痕、磨痕和条痕。疤痕，系指使用崩疤，有大小、分布、排列、形态等特征上的差别。本实验中，最有意义的是疤痕的轴向。崩疤的破裂轴向指示了作用力的方向，也即加工对象给工具刃缘造成的应力方向，它表明了工具使用时的运动轨迹。譬如，铲、锄类工具的崩疤轴向基本是垂直于刃缘的，而斧类工具的崩疤轴向与刃缘呈一定角度斜交。磨痕包括磨面、磨平和磨圆。磨面，存在于刃缘并向铲身延伸一定距离。长期使用的工具会在刃缘出现磨面，并与铲身面形成夹角。磨面夹角的陡折、平缓以及角度大小，表明了工具与加工对象的接触角度。一般铲类工具与地表接触角度大，而锄类工具接触角度小。磨平，主要出现在装柄部位。由于木柄和绳索与石器长时间作用，从而将石器表面略微凸起的棱线磨掉，由此产生磨平现象。磨平可以体现装柄位置、方式及装柄时间的长短。磨圆，指制作疤痕和使用疤痕等经过接触、摩擦，锋利的棱线和棱角变得光滑圆润，通常出现在刃缘部位及需加捆绑的腰部。根据磨圆度，可大致判断出工具的使用时间长短。条痕，是与加工对象接触后摩擦产生的细长凹痕，经常出现在刃缘及铲身前端。条痕具有很好的指向性，能够指明工具刃缘与加工对象的作用力方向，这也是我们区分铲、锄的关键。条痕的粗细、长短、深浅等特征，与加工对象的性质及工具的进深有直接关系。

　　实验石器样本的使用痕迹主要集中在铲身前端和柄、腰部，即前文所述a、b两个部位。其中，最能体现工具使用方式和功能差别的是a部位。用于观察痕迹的石铲样本10件、石锄样本7件，各样本使用痕迹如图6-17至图6-26和图6-27至图6-33。实验中，由于使用单面贴板的方法，石铲和石锄的装柄和捆绑痕迹主要出现在背面及腰部。而文物标本中除了单面贴板外，有时还使用两面夹持法。但无论使用哪种方法，所形成的痕迹特征都大同小异，并不存在本质区别。刃缘及铲身前端是区分铲、锄的主要部位。它们最具标志性的区别是条痕指向，石铲的条痕方向始终都是垂直于刃缘的，而石锄只有刃缘中部的条痕是垂直的，两端的条痕则是向中间倾斜的。此外，石铲、石锄的崩疤都主要出现在刃缘正面，但石铲的崩疤略大，而石锄的崩疤则显得细碎。由于工作角度不同，石铲磨面平缓、使用痕迹进深大，而石锄磨面略陡折、使用痕迹进深小。现代铁质的铲（锹）和锄也呈现出类似的特征（图6-37）。

此外，还有石斧样本1件，刃缘表现为正锋，疤痕较大，条痕与铲身斜交（图6-34）。现代铁斧的用法及痕迹与石器类似（图6-37）。石刀样本2件，手持部位磨痕不明显，刃缘经过磨制，使用后磨制痕迹被覆盖，形成明显细碎疤痕，有明显的磨圆和短粗条痕（图6-35、图6-36）。

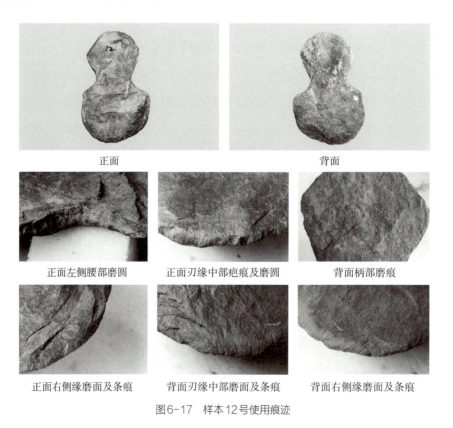

正面　　　　　　　　　　　　　　背面

正面左侧腰部磨圆　　　正面刃缘中部疤痕及磨圆　　　背面柄部磨痕

正面右侧缘磨面及条痕　　背面刃缘中部磨面及条痕　　背面右侧缘磨面及条痕

图6-17　样本12号使用痕迹

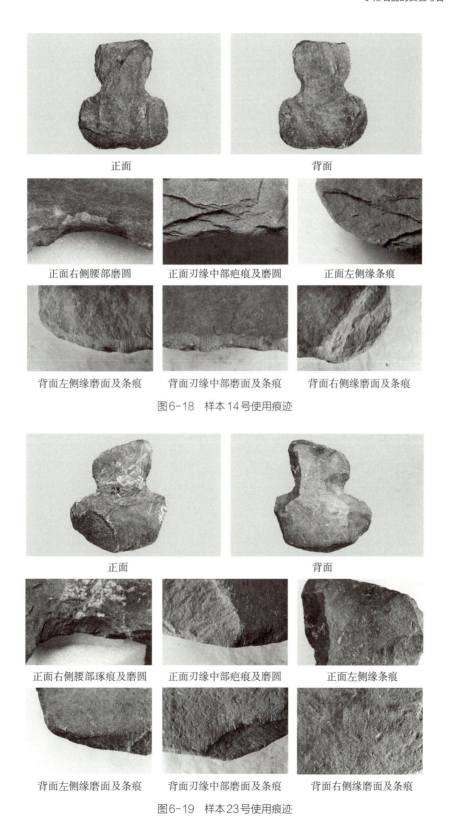

正面　　　　　　　　　背面

正面右侧腰部磨圆　　　正面刃缘中部疤痕及磨圆　　　正面左侧缘条痕

背面左侧缘磨面及条痕　　背面刃缘中部磨面及条痕　　背面右侧缘磨面及条痕

图6-18　样本14号使用痕迹

正面　　　　　　　　　背面

正面右侧腰部琢痕及磨圆　　正面刃缘中部疤痕及磨圆　　　正面左侧缘条痕

背面左侧缘磨面及条痕　　背面刃缘中部磨面及条痕　　背面右侧缘磨面及条痕

图6-19　样本23号使用痕迹

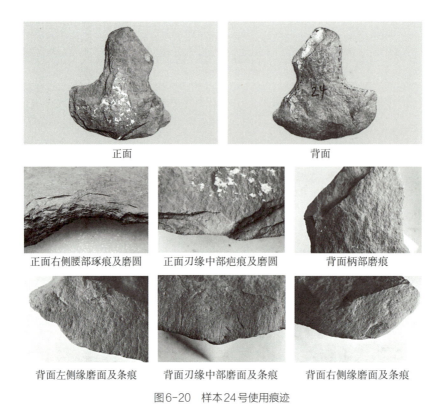

正面   背面

正面右侧腰部琢痕及磨圆   正面刃缘中部疤痕及磨圆   背面柄部磨痕

背面左侧缘磨面及条痕   背面刃缘中部磨面及条痕   背面右侧缘磨面及条痕

图6-20　样本24号使用痕迹

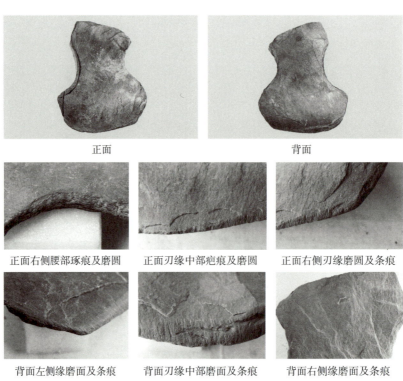

正面   背面

正面右侧腰部琢痕及磨圆   正面刃缘中部疤痕及磨圆   正面右侧刃缘磨圆及条痕

背面左侧缘磨面及条痕   背面刃缘中部磨面及条痕   背面右侧缘磨面及条痕

图6-21　样本25号使用痕迹

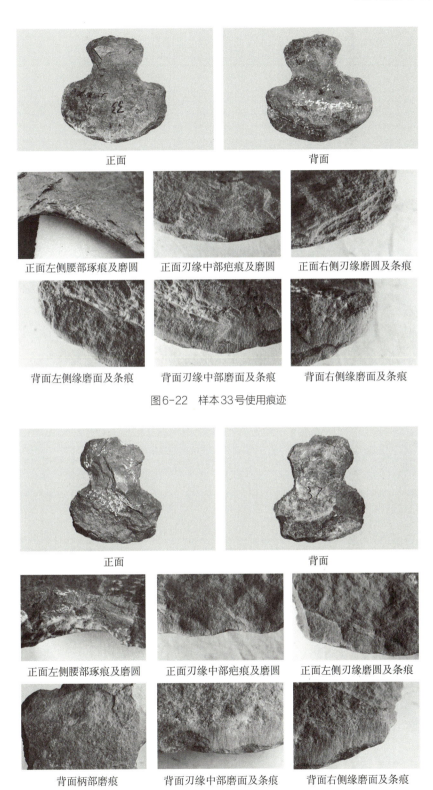

正面　　　　　　　　　　背面

正面左侧腰部琢痕及磨圆　　正面刃缘中部疤痕及磨圆　　正面右侧刃缘磨圆及条痕

背面左侧缘磨面及条痕　　背面刃缘中部磨面及条痕　　背面右侧缘磨面及条痕

图6-22　样本33号使用痕迹

正面　　　　　　　　　　背面

正面左侧腰部琢痕及磨圆　　正面刃缘中部疤痕及磨圆　　正面左侧刃缘磨圆及条痕

背面柄部磨痕　　背面刃缘中部磨面及条痕　　背面右侧缘磨面及条痕

图6-23　样本37号使用痕迹

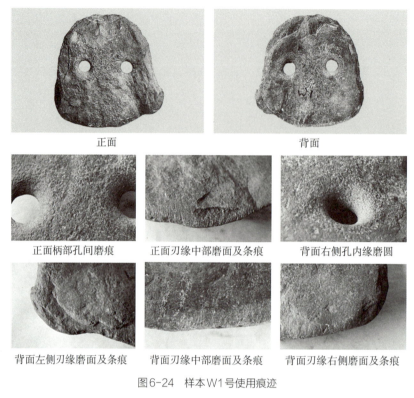

正面　　　　　　　　　　　背面

正面柄部孔间磨痕　　　正面刃缘中部磨面及条痕　　　背面右侧孔内缘磨圆

背面左侧刃缘磨面及条痕　　背面刃缘中部磨面及条痕　　背面刃缘右侧磨面及条痕

图6-24　样本W1号使用痕迹

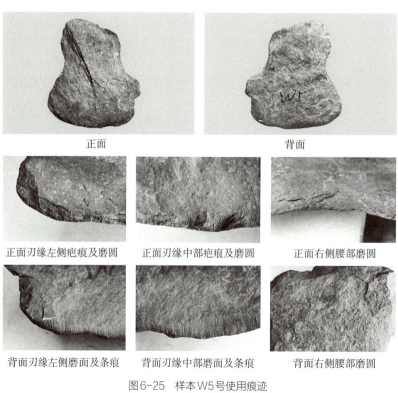

正面　　　　　　　　　　　背面

正面刃缘左侧疤痕及磨圆　　正面刃缘中部疤痕及磨圆　　　正面右侧腰部磨圆

背面刃缘左侧磨面及条痕　　背面刃缘中部磨面及条痕　　背面右侧腰部磨圆

图6-25　样本W5号使用痕迹

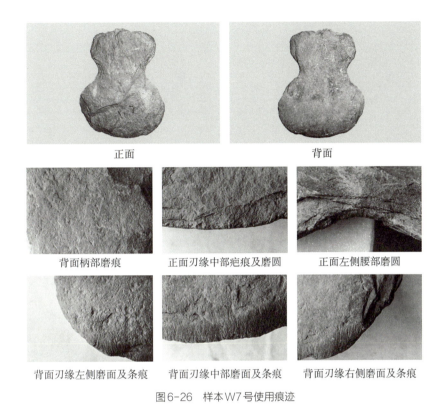

正面

背面

背面柄部磨痕

正面刃缘中部疤痕及磨圆

正面左侧腰部磨圆

背面刃缘左侧磨面及条痕

背面刃缘中部磨面及条痕

背面刃缘右侧磨面及条痕

图6-26 样本W7号使用痕迹

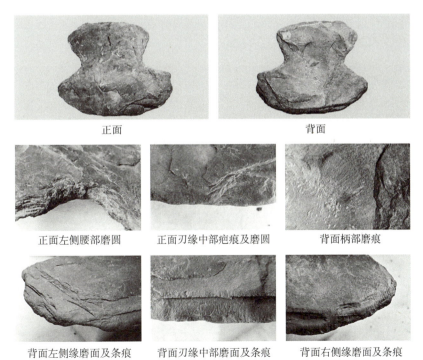

正面

背面

正面左侧腰部磨圆

正面刃缘中部疤痕及磨圆

背面柄部磨痕

背面左侧缘磨面及条痕

背面刃缘中部磨面及条痕

背面右侧缘磨面及条痕

图6-27 样本1号使用痕迹

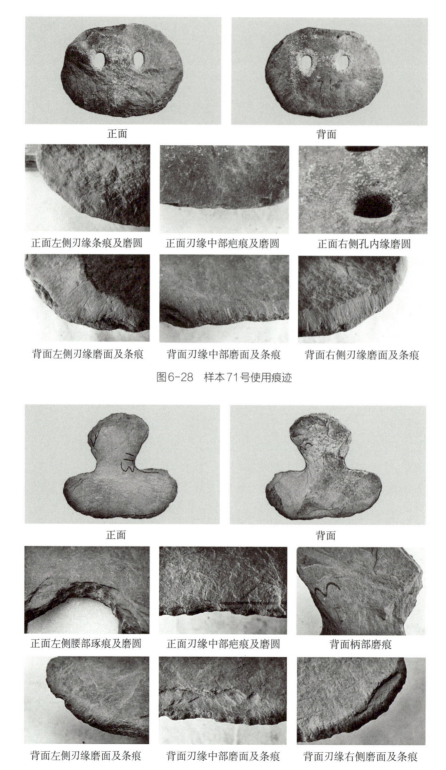

正面　　　　　　　　　　　　　　背面

正面左侧刃缘条痕及磨圆　　　正面刃缘中部疤痕及磨圆　　　正面右侧孔内缘磨圆

背面左侧刃缘磨面及条痕　　　背面刃缘中部磨面及条痕　　　背面右侧刃缘磨面及条痕

图6-28　样本71号使用痕迹

正面　　　　　　　　　　　　　　背面

正面左侧腰部琢痕及磨圆　　　正面刃缘中部疤痕及磨圆　　　背面柄部磨痕

背面左侧刃缘磨面及条痕　　　背面刃缘中部磨面及条痕　　　背面刃缘右侧磨面及条痕

图6-29　样本113号使用痕迹

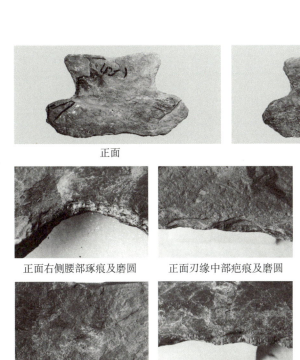

正面　　　　　　　　　　　　　　背面

正面右侧腰部琢痕及磨圆　　正面刃缘中部疤痕及磨圆　　背面左侧刃缘磨圆及条痕

背面柄部磨痕　　　　背面刃缘中部磨面及条痕　　背面右侧缘磨面及条痕

图6-30　样本42-1号使用痕迹

正面　　　　　　　　　　　　　　背面

正面左侧腰部琢痕及磨圆　　正面刃缘中部疤痕及磨圆　　背面柄部磨痕

背面左侧刃缘磨面及条痕　　背面刃缘中部磨面及条痕　　背面刃缘右侧磨面及条痕

图6-31　样本W2号使用痕迹

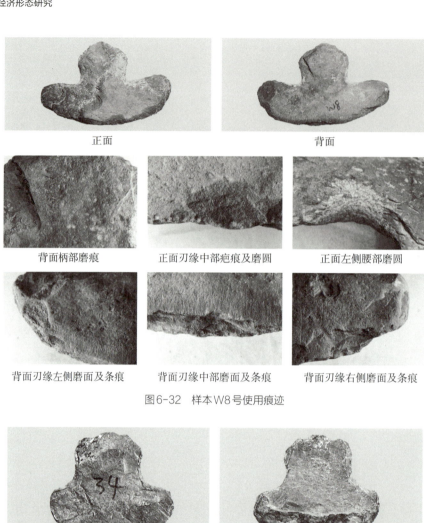

图6-32　样本W8号使用痕迹

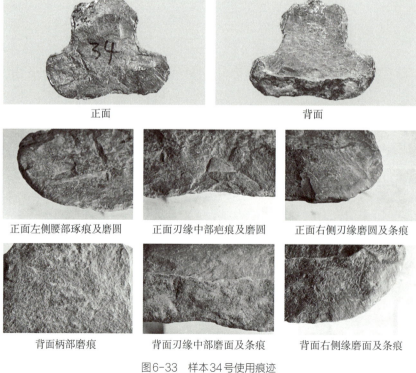

图6-33　样本34号使用痕迹

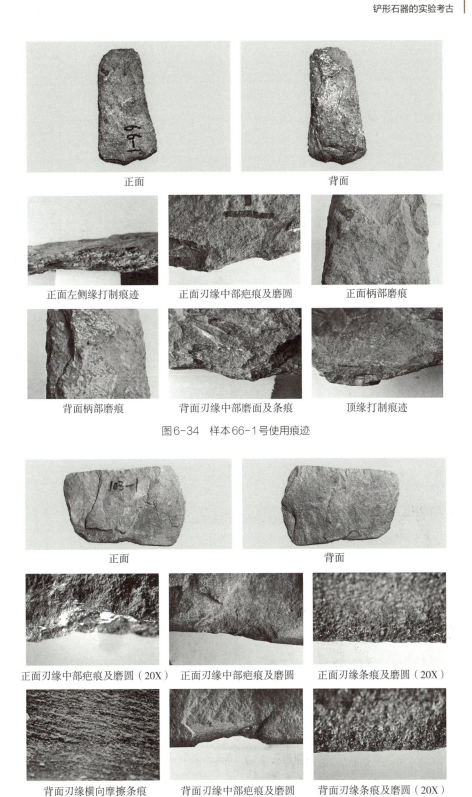

正面　　　　　　　　　　　　　　背面

正面左侧缘打制痕迹　　　正面刃缘中部疤痕及磨圆　　　正面柄部磨痕

背面柄部磨痕　　　　背面刃缘中部磨面及条痕　　　顶缘打制痕迹

图6-34　样本66-1号使用痕迹

正面　　　　　　　　　　　　　　背面

正面刃缘中部疤痕及磨圆（20X）　正面刃缘中部疤痕及磨圆　　正面刃缘条痕及磨圆（20X）

背面刃缘横向摩擦条痕　　　背面刃缘中部疤痕及磨圆　　背面刃缘条痕及磨圆（20X）

图6-35　样本103-1号使用痕迹

正面

背面

正面刃缘中部磨痕及条痕（20X）　正面刃缘中部疤痕及磨圆　正面刃缘右侧磨痕与条痕（20X）

背面刃缘条痕及磨痕（20X）　背面刃缘中部磨面及条痕　背面刃缘中部条痕及磨圆（20X）

图6-36　样本W3号使用痕迹

铁锹用法　铁锹正面疤痕及磨圆　铁锹背面磨面及条痕

铁锄用法　铁锄正面疤痕及磨圆　铁锄背面磨面及条痕

铁斧用法　铁斧正面疤痕及条痕　铁斧背面磨面及条痕

图6-37　铁质工具用法及痕迹特征

第六节　铲形石器在查海聚落经济
形态分析中的突出作用

铲形石器是查海遗址乃至"查海时代"的辽西地区最具代表性的工具类器物。除了查海遗址以外，铲形石器在兴隆洼[1]、兴隆沟[2]、白音长汗[3]、南台子[4]等遗址中均大量出土。查海遗址的铲形石器是多用途的，其功能至少可以区分为五类，分别为掘土、锄土、砍伐、刮削和制陶，即相当于铲、锄、斧、刮刀和拍子等工具的功能。在重点观察的44件标本中，以铲和锄类工具占大宗，两者所占比例为64%，其次为刀、斧，而拍子较少（图6-38）。铲形石器功能用途的准确辨识，对研究查海遗址生业模式及原始农业问题有着重要意义。以往凭借类型学观察，将此类外形貌似铲或锄的器物笼统地视为农业生产工具，或在统计过程中将它们作为同一类工具看待[5]，其实并不恰当。本书通过器形、微痕以及实验等手段证明，大部分铲形石器应作为铲和锄来使用，其功能应与半地穴式房屋的修建和维护有关[6]，但将此类工具完全排除在农业生产活动之外，也失之偏颇。

---

［1］中国社会科学院考古研究所内蒙古工作队：《内蒙古敖汉旗兴隆洼遗址发掘简报》，《考古》1985年第10期；中国社会科学院考古研究所内蒙古工作队：《内蒙古敖汉旗兴隆洼聚落遗址1992年发掘简报》，《考古》1997年第1期。

［2］中国社会科学院考古研究所内蒙古工作队、敖汉旗博物馆：《内蒙古敖汉旗兴隆沟新石器时代遗址调查》，《考古》2000年第9期。

［3］内蒙古自治区文物考古研究所：《白音长汗——新石器时代遗址发掘报告》，科学出版社，2004年。

［4］内蒙古文物考古研究所：《克什克腾旗南台子遗址》，内蒙古文物考古研究所编、魏坚主编《内蒙古文物考古文集》（第二辑），中国大百科全书出版社，1997年。

［5］崔岩勤、姜黎梅：《兴隆洼文化经济形态简析——从考古发掘出土的生产工具及动植物遗存谈起》，《赤峰学院学报（汉文哲学社会科学版）》2007年第2期；蔺小燕：《兴隆洼文化经济形态分析》，《赤峰学院学报（汉文哲学社会科学版）》2007年第6期；韩英：《兴隆洼文化的生产工具与经济形态》，《赤峰学院学报（汉文哲学社会科学版）》2013年第8期。

［6］王小庆：《石器使用痕迹显微观察的研究》，文物出版社，2008年。

图6-38　44件铲形石器功能类比工具类别比例

　　植物考古学和动物考古学的研究结果指出，查海遗存可能存在一定的作物栽培和家畜饲养行为。譬如，从查海遗址石器表面提取的残留物中发现了粟和黍等禾本科植物种子的淀粉颗粒[1]；兴隆沟遗址植物浮选发现了少量粟和黍的炭化种子，鉴定结果属于栽培品种，但其籽粒上保留了较为浓厚的野生祖本特征，属于栽培作物进化过程中的初期品种[2]。而在兴隆洼、兴隆沟和查海遗址发现的猪骨，某些特征与家猪相似，研究者认为可能存在数量有限的形体未发生变化的家猪[3]。此外，张雪莲等对兴隆洼遗址出土的7具人骨及兴隆沟遗址出土的17具人骨进行了碳、氮稳定同位素分析，发现两地人群的食物结构相同，均以粟、黍等C4类植物为主食，而肉类在食物中也占有一定比例[4]。诸多证据表明，查海遗址中存在原始农业是毋庸置疑的。

　　有研究者认为，查海遗址的原始农业处在"刀耕火种"阶段[5]。刀耕火种的生产过程，是用石斧等工具砍倒森林，而后晒干树枝、纵火焚烧，将草木灰作为肥料，然后以竹、木棍戳坑点种，不除草、不二次施肥，任其自生自灭，待作物成熟后，收获种

[1] 吴文婉等：《辽宁阜新查海遗址早期生业经济研究——来自石器表层残留物淀粉粒的证据》，《考古与文物》2014年第2期。

[2] 赵志军：《探寻中国北方旱作农业起源的新线索》，《中国文物报》2004年10月11日。

[3] 袁靖：《中国古代的家猪起源》：《西部考古》（第一辑），三秦出版社，2006年；辽宁省文物考古研究所：《查海——新石器时代聚落遗址发掘报告》，文物出版社，2012年，第625～630页。

[4] 张雪莲等：《古人类食物结构研究》，《考古》2003年第2期；张雪莲等：《兴隆沟遗址出土人骨的碳氮稳定同位素分析》，《南方文物》2017年第4期。

[5] 杨宽、陈胜前、刘郭韬：《内蒙古林西白音长汗遗址出土兴隆洼文化石铲的功能研究》，《边疆考古研究》（第17辑），科学出版社，2015年。

子和根块。刀耕火种最大的特点是"焚而不耕",不使用铲、锄等翻土、耕种工具[1]。
一般耕种一两年就得抛荒,实行年年易地的撂荒耕作制。由于年年易地而种,人们没
有固定的居所,随着砍烧的林地而迁徙。而查海遗存中发现的大量铲、锄等生产工具,
已充分证明其并非处于刀耕火种阶段。笔者认为,查海聚落的原始农业已经步入锄耕
阶段。锄耕农业与刀耕火种的主要区别在于,清除草木、晒干焚烧之后,还要进行一
定的土地加工,即使用铲、锄类工具进行翻土、松土及除草。中华人民共和国成立前
后,云南独龙族的"阿白朗姆"耕地方式以及怒族、佤族的"锄挖地"等,都是在播
种前把灌木、杂草芟倒烧光,然后用铲、锄挖一遍[2]。由于进行了土地加工,地力得以
维持,这样的耕地一般可以连种若干年,人们得以过上相对稳定的半定居生活。经过
调查和发掘的查海聚落遗址,一般位于低山丘陵地区或靠近河流、溪流的山梁坡岗之
上,选址模式基本相同。以往研究的关注点主要是在遗址与河流之间的相互关系上,
而恰恰忽视了另一方面,即遗址通常倚靠山林,这是实现锄耕农业"焚山为肥"的基
本要求。2012~2013年,吉林大学边疆考古研究中心与辽宁省文物考古研究所在查海
遗址及其东部区域进行了田野考古调查,在30余万平方千米的范围内,发现查海遗存
时期采集点72处,在调查区域内该类遗存呈现出集群分布的现象[3]。研究者们习惯于利
用这些数据估算聚落的发展程度及人口密度,但这些数据对当时的真实情况的反映未
必是全面、准确的。有没有可能是同一群人或几群人,过着相对稳定的定居生活,实
行短期耕作的轮歇制,从而造成遗存分布密度较高的假象。人们在某处遗址附近耕种
若干年之后,随着地力枯竭需要撂荒并迁往他处,若干年后再迁往另一处或回到原地。
在迁走之前,他们要带走生活必需品或轻便的物品,然后妥善地安排和保管好聚落及
房址内的遗物,等待日后山林重生、地力恢复时回来继续居住和使用。查海聚落的房
址中经常有成套的、完整的生活用器和生产工具出现,而且有些明显是摆放在原地或
原位的。根据遗存呈现的状态判断,这不是自然灾害瞬间破坏或战争毁灭的现象,更
像是人为的结果。这一点可以佐证笔者的猜想。

　　与同时期的中原地区相比,查海遗址的锄耕农业尚处在初始阶段。河北武安磁山遗

[1] 沈志忠:《我国原始农业的发展阶段》,《中国农史》2000年第2期。
[2] 郭文韬:《中国耕作制度史研究》,河海大学出版社,1994年,第61~68页。
[3] 滕铭予等:《辽宁阜新地区区域性考古调查阶段性报告(2012~2013)》,《北方文物》2014年第3
　　期。

址中清理灰坑（窖穴）近千个，其中88个内发现有腐朽的粟类粮食遗存，堆积厚度在0.5米到2米以上，有些粮食堆积的底部整齐地摆放着猪、狗的骨骼，经鉴定为家畜[1]。据保守估计，这些窖穴中的粮食储量可达十万斤[2]。裴李岗遗址中存在为数众多的带齿石镰，可用于作物收割[3]，舞阳贾湖遗址中还发现有栽培的水稻[4]。大规模的农业发展需要一系列的劳动工具和生产程序，查海遗址缺乏石刀、石镰等收割工具，而与铲形石器伴出的是大量的石磨盘和石磨棒，一般认为它们是谷物加工工具，但对这种观点一直存在疑义[5]。

综上所述，笔者认为，查海聚落存在原始农业，并且已经步入锄耕农业的初始阶段，可能实行短期耕作的轮歇制，人们过着相对稳定的定居生活。

［1］ 周本雄：《河北武安磁山遗址的动物骨骸》，《考古学报》1981年第3期。
［2］ 佟伟华：《磁山遗址的原始农业遗存及其相关的问题》，《农业考古》1984年第1期。
［3］ 中国社会科学院考古研究所河南一队：《1979年裴李岗遗址发掘报告》，《考古学报》1984年第1期。
［4］ 河南省文物考古研究所：《舞阳贾湖》，科学出版社，1999年，第462～464页。
［5］ 宋兆麟：《我国的原始农具》，《农业考古》1986年第1期；陈文：《论中国石磨盘》，《农业考古》1990年第2期；马洪路：《我国新石器时代谷物加工方法演变试探》，《农业考古》1984年第2期；赵世纲：《石磨盘、磨棒是谷物加工工具吗？》，《农业考古》2005年第3期。

第七节 小 结

　　模拟实验，确切地说是可掌控的模拟实验，是在明确的实验目的和实验程序下，人为设定和发挥某一种或几种因素，从而抑制其他因素的作用，力图营造与古代基本相近的活动情境，以此来探索古代人类行为和遗存状态的相互关系的实验。而功能实验的目的就是探索人类行为与器物形态、使用痕迹的对应关系。

　　模拟实验与功能推定应如何安排先后呢？模拟实验可以让我们直观地观察到人类行为（功能）及其产物（器形和痕迹），为检验功能推定结果提供科学的依据。一般来说，研究者都是在功能推定之后进行模拟实验的，逻辑上先观察文物标本，再结合现代实验样本来验证推论。但也有学者强调，应先进行模拟实验，以实验观察的结果去分析文物标本的特征[1]。其实，两者无所谓孰先孰后，因为最终都要达到同一个目标。如同演绎法和归纳法是研究的两种基本方法，无论从哪种思维角度切入，两者都应相互印证。从文物标本出发，可紧紧围绕古代遗存特征，抓住重点问题确定实验目的及设计实验方案，避免漫无目的的实验造成大量的时间和资源浪费。而从模拟实验入手，则可以先对人类行为和器物形态及痕迹形成鲜明认识，更深刻地理解古代遗存的形成过程，从而顺利地完成遗存归类和分析。两种方式相辅相成、不分先后。笔者虽然将模拟实验置于功能推定之后，但实际上在对文物标本进行观察的过程中已经进行了类似的小规模实验考古工作。应该说，功能推定和模拟实验是同时进行的。

　　功能实验应以微痕低倍法观察为主。器物功能表现为人类的行为，而人类行为则反映在器物使用方式上，因此功能实验的重点是器物使用方式。自从20世纪中叶，苏联学者谢苗诺夫（S.A. Semenov）开创微痕分析以来[2]，逐渐衍生出低倍和高倍两种不

［1］王小庆：《石器使用痕迹显微观察的研究》，文物出版社，2008年。

［2］Semenov, S.A. (Translated by Thompson.M.W.), *Prehistorc Technology*. Wiltshire: Moonraker Press, 1976.

同的研究道路，其不只是在显微镜放大倍数上存在区别，更是在观察技术手段和思维理念上有所不同。低倍法以奥代尔（G.H. Odell）为代表，侧重利用微破损和磨损的组合特征推断器物的使用方式[1]；而高倍法则以基利（L.H. Keeley）为代表，强调器物光泽特征与作用对象的对应关系[2]。应该说，在探讨使用痕迹和加工对象的关系上，高倍法给出的结论更细致和精确，但在确定使用功能上，低倍法无疑更为适合。这个问题也可以反过来思考，器物加工不同的对象就一定意味着功能不同吗？显然不是。比如菜刀是厨房用具，具有切割功能，可以用来切菜，当然也可以切肉，虽然加工对象变化了，但"切"这一动作并未改变，因而功能并未发生变化。器物在同一使用方式下，可以加工不同对象，如斧子可以砍树，也可以砍骨头等，因此同一件工具上可能会形成不同的高倍光泽，若按照高倍法研究就会出现问题。另外，以加工对象为导向区别功能用途，其所得结论也会与我们的习惯认知不符。

模拟实验应注重效能而非单一痕迹。目前，国内多数实验考古仅是简单、机械地重复同样的动作内容，并止步于在短时间内得到使用痕迹。这样做的结果，等同于将一套完整的过程进行分解后逐个研究。但古人是不会这样使用工具的，因此也不会形成像实验中那样理想的痕迹。实际上，一件工具往往是由不同劳动者在不同时间段，以不同的频率加工不同的对象。这些因素综合作用下，才形成了我们今天看到的使用痕迹特征。研究者在关注"可掌控性"的同时，却忽视了实验过程的完整性、工具使用的灵活性和工具之间的互相搭配。此外，由于工具的使用周期长，研究者不愿耗费较长的时间和精力去完成整个实验过程。因此，进行完整、系统的模拟实验，并在此过程中注重器物效能的案例，实在少之又少。

[1] Odell, G.H., "Toward a More Behavioral Approachto Archaeological Lithic Concentrations". *American Antiquity*, 1980(45): 404-431.

[2] Keeley, L.H., *Experimental Determination of Stone Tool Uses: A Microwear Analysis*. Chicago and London：The University of Chicago Press, 1980.

第七章
查海聚落遗址经济形态分析

查海聚落遗址周边自然环境多样，适宜人类居住和繁衍。考古发现表明，查海聚落经济形态以原始农业和采集狩猎为主。石器工具多样，铲形石器、石斧、石磨盘等器物与农业生产相关，石镞和石球则与狩猎相关。动植物遗存分析显示，查海聚落可能处于农业萌芽时期，植物栽培和动物驯养已出现，但狩猎和采集仍相当重要。

第一节　查海聚落的环境背景

环境是人类赖以生存和发展的基础，它为人类提供了栖息的空间和维持生命的水、热量以及食物资源，是维持人类生命系统的基本保证[1]。探讨查海聚落遗址经济形态，离不开对其气候条件、自然环境、地理区位、生产工具、动植物遗存等环境背景的研究。

山东大学第四纪环境与考古实验室对查海遗址1993年发掘采集到的炭化植物标本，包括木炭和炭化种子、果实以及部分动物骨骼进行了种属鉴定和分析。这是有关查海聚落区域植被环境研究的开端[2]。

这些炭化植物遗存的鉴定和分析结果表明：查海遗址周围至少存在着8种落叶树种属，包括桦木属、麻栎属、杨属、榆树属、朴属和3种未知的阔叶树种属。这些都说明，在距今8000年前后，大片的落叶阔叶林和针叶混交林生长在查海聚落周边，人们可以很便利地获取木材资源[3]。炭化种子和果实的鉴定结果表明，聚落周围还存在着豆科和禾本科等可食性野生植物类型，其中，禾本科有狗尾草属、马唐属、黍属等。

石器残存淀粉粒研究结果显示，查海遗址出土的炭化种子和果实都属可食的野生植物类型，其中以禾本科植物种子数量较多，坚果类和块茎类植物淀粉粒也占有一定比例。从各类植物淀粉粒数量所占百分比可以明显看出，禾本科植物在查海先民的植物性食物中占有很重要的地位，这表明采集应是查海聚落居民获取植物性食物的一个重要方式。

动物骨骼遗存分析结果显示，出土的部分猪骨具有处于驯化初期比的野猪的形态，

---

[1] 夏正楷：《环境考古学——理论与实践》，北京大学出版社，2012年，第18页。
[2] 辽宁省文物考古研究所：《查海——新石器时代聚落遗址发掘报告》，文物出版社，2012年，第637页。
[3] 王育茜等：《辽宁阜新查海遗址炭化植物遗存研究》，《北方文物》2012年第4期。

与猪骨同时出土的还有鹿、牛、马等野生动物的骨骼。

查海聚落遗址是我国东北地区西辽河流域新石器时代较早阶段的考古学文化的典型代表。距今8000年前后，在西辽河流域，温带落叶阔叶和针叶混交林分布于今天的内蒙古东南部和辽宁西部地区，气候较现在湿润温暖，地下水资源充足，广泛分布着丘陵、低山、台地、平原、林地、草原、草甸、湖泊、河流、沟谷、林带等，多样的自然环境造就了丰富的自然资源，食物链较现在长、生物"金字塔"的塔基较现在宽，为人类生存与繁衍提供了适宜的自然环境，人们在此可耕可牧、可渔可狩。

第二节　石器反映的查海聚落生业方式

查海遗址出土的石器为原址存留且组合完整、保存完好，较好地展现了当时人们的生活，对石器的多角度分析可以表明，当时的经济形态由原始农业经济和采集狩猎经济组成。

一、原始农业经济

查海遗址出土的生产工具中，石器类有铲形器、斧、磨盘、磨棒、研磨器、凿、刀、球、敲砸器、刮削器、细石器等；玉器类有斧、凿。这些工具在实际生产生活中具有多用性，如房屋修建、窖穴构筑、农业生产、采集、狩猎、制陶等都可能会使用其中一种或几种工具。在这些工具中，铲形器、斧、刀、磨盘、磨棒等可能与当时的原始农业生产、农业加工活动有比较密切的关系。

查海遗址中的生产工具以铲形石器为大宗。铲形石器既可以深翻土地，又可以挖坑播种，还可以作为收割工具使用。通过实验考古和微痕分析，表明查海聚落存在原始农业，并且已经步入锄耕农业的初始阶段，可能实行短期耕作的轮歇制，人们过着相对稳定的定居生活。

二、采集狩猎经济

在查海遗址的生产工具中，能够确认为专门狩猎工具的石镞发现较少；另外，石球凭借其打击准确度和成功率较高的特点被更多的学者认为是当时人们重要的狩猎工具之一。

在采集狩猎活动中，使用的工具随意性较强，一种工具在不同场合有不同的用途，一物多用的情况在当时十分普遍。譬如，大型铲形石器、石斧、石凿主要具有砍伐树木、翻土垦荒的功能，它们锐利的刃口亦可用来杀伤猎物和挖掘植物块根等；各种类型的细石器、刮削器、尖状器、石斧、石凿等制作精细、薄刃锋利，可用于采集植物根系及禾穗，也可用于猎物的宰杀、切割；石磨盘、石磨棒是在长期采集经济过程中通过不断地制造、使用而优先发展起来的，它们是作为共同体在农业经济和采集经济中加工植物籽粒的；敲砸器可用来砸碎采集的坚果等物，同时具有狩猎及砸碎动物骨骼的功能。由此可见，一种生产工具既有主要使用功能，也有其他次要使用功能。因此，在采集、狩猎活动中，被使用的就不仅仅是几种专用工具，还应包括大量刃部有杀伤力的工具及加工工具。考古发现的大量生产工具，与当时的采集、狩猎活动密不可分。

查海遗址出土的工具中，用于加工食物的工具占很大比重，尤其以加工植物食品的工具占比最高。其中数量最多的是敲砸器，磨盘、磨棒和研磨器也占有一定比例。大量敲砸器的存在表明，采集到的果实是查海先民的重要食物来源之一。而磨盘、磨棒组合被认为是谷物加工工具，用来进行谷物脱壳。食品加工工具的大量出现，表明采集经济是查海先民食品来源的有力补充。

三、石器制作

在查海遗址中，石器占人工制品总数的66.4%，说明石器在当时是主要的手工业产物。在距今约8000年的查海聚落，先民们的石器加工制作已相当成熟和普及化了，尤其是能够根据石料不同的质地、硬度等，制作用途不同的工具。这一时期的石器制作方法仍然以打制为主，琢制、磨制为辅，但石器的器形和种类很多，并且一般在制作方法上不甚规范。查海先民加工制作的主要石质工具包括铲形石器、石斧、石磨盘、石磨棒等，其中最多的是铲形石器。这表明查海遗址具有一定规模的、以石器制作为代表的手工业成分。

第三节 从经济形态看查海遗址在兴隆洼文化中的地位

除查海遗址外，兴隆洼文化的典型遗址还有兴隆沟遗址、兴隆洼遗址、白音长汗遗址二期乙类遗存等，出土遗物均较为丰富。同一时期，在自然环境和文化背景相似的情况下，通过典型遗址间的比较，有助于探讨兴隆洼文化内部各遗址经济形态发展状况的异同，进一步研究查海遗址在兴隆洼文化经济形态发展中的地位和作用。

一、兴隆洼遗址

兴隆洼遗址聚落分为一、二、三期，其中兴隆洼一期聚落年代属于兴隆洼文化早期，兴隆洼二、三期聚落年代属于兴隆洼文化中期。石器主要出土于房址居住面，制法分为打制、磨制、琢制和压削四种。其中打制石器最多，磨制和琢制者较少。石器有亚腰形铲、刀、砍砸器、敲砸器、盘状器、斧、锛、凿、磨盘、磨棒、饼形器等。石铲较为扁平，形制较多，尺寸大小皆有，顶部或平直或圆弧，柄部与身部呈直角、钝角或圆弧状，刃部多为外凸弧刃，有正锋和偏锋之分。石刀大小、形制不一，器体扁薄，边缘多不齐整，有的刃部经过磨制，平面多呈三角形，有的有柄，刃部有直刃、斜刃和弧刃三种。石斧是兴隆洼遗址出土数量较多的磨制石器，较扁平，平面呈梯形，顶端和刃部不进行磨光处理，周身磨制光滑，两面外凸，两端呈鼓起的弧形且均被磨成钝面。磨盘形状不规整，平面多呈不规则长方形，薄厚不一，周边多见打制及琢制痕迹，使用面内凹。磨棒多经修琢，呈长柱状或两端小、中间大的舟形，尺寸大小不一[1]。

---

[1] 中国社会科学院考古研究所内蒙古工作队：《内蒙古敖汉旗兴隆洼遗址发掘简报》，《考古》1985年第10期；中国社会科学院考古研究所内蒙古工作队：《内蒙古敖汉旗兴隆洼聚落遗址1992年发掘简报》，《考古》1997年第1期。

二、兴隆沟遗址

兴隆沟遗址第一地点与兴隆洼遗址同属兴隆洼文化兴隆洼类型，两个遗址相隔仅13千米，石器加工方法相同，同类石器器形也较为相似。

兴隆沟遗址第一地点出土石器种类有斧、锛、凿、铲、磨盘、磨石、磨棒、饼形器、研磨器、圆窝形器、刀、锯齿形器、砍砸器、斧形器、镞、刮削器、球、石叶等。根据用途和使用功能可将石器分为砍伐与木材加工工具、破土工具、食物加工工具、渔猎工具等[1]。

三、白音长汗二期乙类遗存

白音长汗二期乙类遗存属于兴隆洼文化晚期遗存，共出土石器约350件，制作方法分为打制、磨制、琢制、压削四种，以磨制石器为主、琢制石器次之，打制石器也发现较多。石器种类包括铲、刀、斧、斧形器、锛、凿、锥、磨盘、磨棒等40种。按用途和功能分为生产工具、生活用具、装饰品。生产工具有砍伐与木材加工工具、破土工具和渔猎工具，生活用具有食物加工工具等。铲、刀、斧、磨盘、磨棒为遗址内的常见石器，有打制、磨制、琢制三种制法。石刀有打制石刀和磨制石刀两类，以打制石刀为主，打制石刀器形较大、较厚重，磨制石刀器形较小。石斧均为磨制，扁平，平面呈上窄下宽的梯形，部分石斧侧面磨出窄长的平面，弧刃。磨盘为琢制，平面多呈圆角长方形，此外还有亚腰形、四棱柱形等，经修整形状较规整，使用面内凹，有的凹面呈斜坡状，底部平整或略外凸，少数磨盘有上、下两个使用面。磨棒为琢制，石质疏松，呈圆柱状或棱柱状，横剖面有近圆形、半圆形和多边形[2]。

白音长汗二期乙类遗存出土石器与兴隆沟遗址第一地点出土石器在器形与种类上有很大的共性，如都出土了数量较多的农业生产工具，磨制石器中以粗磨者居多、精磨者较少，缺少典型的农业收割工具等。

［1］刘国祥、贾笑冰、赵明辉：《兴隆沟聚落2002》，《文物天地》2003年第1期；中国社会科学院考古研究所内蒙古第一工作队：《内蒙古赤峰市兴隆沟聚落遗址2002～2003年的发掘》，《考古》2004年第7期；刘国祥：《兴隆沟遗址第一地点发掘回顾与思考》，《内蒙古文物考古》2006年第2期。

［2］内蒙古自治区文物考古研究所：《白音长汗——新石器时代遗址发掘报告》，科学出版社，2004年。

以上三处典型遗址中，兴隆洼遗址出土石质生产工具64件[1]、白音长汗二期乙类遗存出土生产工具314件[2]。而兴隆沟遗址第一地点出土石器数量非常丰富，经过初步统计共有4623件，其中大型石器1927件、细石器2696件[3]（表7-1）。

表7-1 兴隆洼文化各典型遗址石器出土情况表

遗址名称	器类
兴隆洼遗址	亚腰形锄、斧、凿、盘状器、磨盘、磨棒、饼形器、刀、石叶
兴隆沟遗址	砍砸器、盘状器、锄、刀、磨盘、磨棒、杵、刀、铲、斧、网坠等
白音长汗遗址二期乙类遗存	砍砸器、盘状器、锄、刀、磨盘、磨棒、杵、锛、球、饼、铲、斧、凿、锛等
查海遗址	铲形器、斧、磨棒、凿、刀、磨盘、磨棒、杵、臼、杯

经统计，兴隆洼文化用于农业生产的工具占比为26%、用于狩猎采集的工具占比为69%[4]。这说明兴隆洼文化已经出现了原始农业，并且其在整个经济生活中占有一定比重。兴隆洼文化先民利用以上工具进行简单的农业耕作，但采集业仍然作为农业的一个重要补充，而渔猎经济则比例较低。遗址中出土的动物遗存种类繁多，有鹿骨、熊骨、狍骨、猪骨、牛骨等，大部分属于野生动物。但有学者指出房址中出土的部分猪骨明显具有家猪的特征，即兴隆洼文化时期可能已经开始饲养家猪。

查海遗址与其他三处典型遗址在石器分类组合上存在一定的差异。查海遗址出土的与农业生产关系密切的挖掘类、食品加工类石器比例明显高于兴隆洼文化各遗址的平均水平，而狩猎工具则占比较低。可见查海遗址的农业发展水平高于其他三处典型遗址，在兴隆文化中处于较为领先的地位。

[1] 中国社会科学院考古研究所内蒙古工作队：《内蒙古敖汉旗兴隆洼聚落遗址1992年发掘简报》，《考古》1997年第1期。

[2] 内蒙古自治区文物考古研究所：《内蒙古林西县白音长汗新石器时代遗址发掘简报》，《考古》1993年第7期。

[3] 于昊申：《内蒙古敖汉旗兴隆沟遗址第一地点出土石器研究》，内蒙古大学硕士学位论文，2021年，第32页。

[4] 张星德：《辽西地区新石器文化工具的量化研究与农业水平评估——兼论辽西地区文明起源特点》，《东北史地》2008年第6期。

第四节　小　结

对石器的分析研究表明，查海遗址的农业发展已超越了原始的"刀耕火种"阶段，步入了锄耕农业的初始阶段。遗址居民可能采用了短期耕作的轮歇制，过着相对稳定的定居生活。尽管如此，查海遗址的农业生产在经济生活中所占比例仍然较低，且仍处于较为原始的阶段，其产量有限，尚不足以成为社会经济的独立支柱产业，狩猎和采集活动仍是查海居民生计的重要补充。这种多样化的生计策略，有助于应对充满不确定性的生存环境，也成为查海遗址稳定定居生活的有力保障。兴隆洼文化内部各遗址农业发展水平具有一定的差异性，这可能与各遗址所在地的自然环境、资源分布以及各个聚落的社会发展水平等因素有关。而与兴隆洼文化其他遗址相比较，查海遗址的农业水平较为先进，还说明查海遗址可能从自然环境到人文因素，均更有利于农业的发展。

第八章

从经济形态看兴隆洼文化在中国北方地区新石器时代文化中的地位

    以查海遗址为代表的兴隆洼文化是西辽河流域乃至中国北方地区社会复杂化进程和文明起源的重要内容。经济基础决定了上层建筑，经济发展水平和主导生业方式的不同，直接影响了各地区的文明起源模式和发展道路。因此，对兴隆洼文化经济形态的综合考察以及将其与相关考古学文化进行比较，有助于探讨兴隆洼文化经济形态的发展水平，进一步揭示查海遗址在中国北方地区社会复杂化进程中的重要地位。

第一节 辽西地区史前经济形态发展

辽西地区新石器时代主体文化包括兴隆洼文化、赵宝沟文化和红山文化等，比较各考古学文化的石器情况和经济形态，有利于探讨查海遗址在辽西新石器时代经济形态发展中的作用，进而分析辽西地区新石器时代经济形态发展历程。

一、赵宝沟文化时期

这一时期已发表的、保存较好的聚落遗址有赵宝沟遗址、白音长汗遗址三期甲类遗存和小山遗址，其中工具遗存的情况分别叙述如下。

1.白音长汗遗址三期甲类遗存

白音长汗遗址三期甲类遗存出土的生产工具除1件不知名蚌器外，皆为石器，共计87件。其中木材砍伐类工具包括斧、锛、凿，占全部工具的15%；食品加工工具包括杵、磨棒、臼、磨盘等，占14%；采集收割工具包括刀、穿孔器、石叶和刮削器，占29%；狩猎工具有石球，占1%；挖地类等其他工具与农业生产工具占23%[1]。

2.赵宝沟遗址

该遗址出土的生产工具有石器、骨器和蚌器，各种质地的生产工具合计279件。将这些工具按功能进行分类，赵宝沟遗址的木材砍伐类工具有斧、凿、锛，砍砸器，占全部工具的12%；收割采集类工具包括束腰、扇形刃耜、刀、柳叶形石器、细石叶、刮削器和刀形骨器，占24%；狩猎工具为石球、弹丸、骨镞和镞形石器，占4%；钻孔类工具有尖状器、角锥、带槽骨锥和骨锥，占10%，食品加工工具包括磨棒、磨盘，占9%；与农业生产有关的工具包括直腰长体耜、铲，占12%。

---

[1] 本节各遗址出土器物占比数据引自张星德：《辽西地区新石器文化工具的量化研究与农业水平评估——兼论辽西地区文明起源的特点》，《东北史地》2008年第11期。

3. 小山遗址

小山遗址出土的生产工具皆为石器，共计3113件。其中属于木材砍伐类工具的有斧、斧形器、凿，占全部工具的13%；与农业生产有关的挖地类工具有耜，占2%；切割类工具有刮削器和细石片，占7%；食品加工工具有磨盘、磨棒，占46%。

二、红山文化时期

属于红山文化时期经过发掘的保存较好的聚落遗址有白音长汗遗址第四期、朝阳小东山遗址和西水泉遗址。各遗址中各类工具出土情况如下。

1. 白音长汗遗址第四期

白音长汗遗址第四期出土生产工具有陶、石、骨、蚌等多种材质，共计197件。其中木材砍伐类工具有斧、锛、凿，占全部工具的6%；采集收割类工具有刀、石叶、石刃、石片、刮削器、匕和刀柄，占39%；与农业有关的挖地类的工具有石耜，占0.6%；钻孔类工具有石钻、石锥和骨锥，占7%；食品加工工具有磨棒、杵、磨盘、臼，占22%；渔猎工具有石球、矛、网坠、镞，占6%。

2. 朝阳小东山遗址

该遗址红山文化聚落时期遗存出土石、陶两类工具共计48件。其中狩猎工具有石球，占全部工具的8%；食品加工工具有石磨棒、石杵，占10%；砍伐类工具有石斧、锛形石器和石凿，占17%；采集收割类工具有刮削器、细石片和石刀，占52%；钻孔类工具有尖状器，占2%；与农业相关的挖地类工具有石铲等，占2%。

3. 西水泉遗址

该遗址出土的生产工具有陶、蚌、石等多种材质，共计260件。钻孔类工具有锥、钻，占全部工具的18%；木材砍伐类工具有斧、锛、凿，占5%；与农业有关的挖地类工具有铲、耜，占8%；采集收割工具有刀、石片、细石片、石叶和刮削器，占70%；狩猎工具有矛、镞，占2%；食品加工工具有磨盘和磨棒，占1%。

综合比较辽西地区新石器时代各个时期的考古学文化，可以发现兴隆洼文化和红山文化的砍伐工具形体较小，长度在10厘米以下者在兴隆洼文化中占全部砍伐工具的50%，在红山文化中更是占到67%，此类工具并不能在刀耕火种的生产活动中被用来砍伐高大的树木，以便提供大片可供种植作物的裸田。

切割类工具经常被作为农业收割工具看待，然而如果对辽西地区新石器时代文化中此类工具进行具体分析，就会发现其中很大一部分并不适合作为收割工具使用。兴隆洼文化中64%以上的石刀刃部长度可达20～50厘米，几乎不存在或极少存在适合用于收割的石刀，表明此类工具的用途可能并不单一。赵宝沟文化时期石刀的形制已不像兴隆洼文化时期那样多样，而是趋于稳定，多为长方形、直刃，体型也相对变小，且数量极少，仅占切割工具总数的5%左右。辽西地区新石器时代考古学文化的切割类工具中，尚有大量的由石叶与骨柄组成的骨柄石刀，其在全部切割工具中占比较高，是切割工具中的重要组成部分。此类工具的骨柄形制均与石叶组成的刃部方向相同，所以此类工具应不是类似普通石刀或镰的收割工具。并且，辽西地区的切割工具多为大型的宽刃或弧刃的耜、铲类工具，此类工具应更多地与砍切、分割动物等活动有关，而与农业活动无关。

第二节　同时期北方地区考古学文化经济形态

距今约8000年的西辽河正处于土壤发育盛期，形成黄土状土类堆积。同时，该地区此时为湿润环境，植被茂密、土壤有机质积量大。基于在相当条件下从事相似的经济活动，使用的相同类型的工具比例也应具有相似性的思路，笔者选择以同时期北方地区的裴李岗、磁山、老官台文化聚落出土的农业生产工具的比例关系作为衡量辽西地区新石器时代农业水平的标尺。

一、裴李岗文化

裴李岗文化得名于河南新郑裴李岗遗址。裴李岗文化的工具种类十分丰富，其中以石质工具数量最多。石器可分为打制石器、磨制石器、琢磨兼制石器和打磨兼制石器，其中磨制石器数量非常多。裴李岗文化出土的石器中，打制石器仅占10%左右，而磨制石器占90%以上。其中以镰和磨盘、磨棒最多，其次为凿、锛和弹丸等，另有数量较多的刮削器和石片、石核碎片。

对舞阳贾湖遗址生产工具的研究较为系统。《舞阳贾湖》通过选取遗址前6次发掘中出土数量最多的斧、铲、磨盘、磨棒等石器进行统计后认为，贾湖遗址第一、二期以狩猎、捕捞为主要生业方式，第三期农业呈现逐渐增加的趋势[1]。

吴文婉对裴李岗文化16处遗址的出土遗物进行的统计表明，裴李岗文化的工具中用于获取食物的工具占总数的近一半，加工食物的工具也占很大比重。农业生产工具占比约42.66%、采集工具占比32.91%、狩猎工具占比18.7%、渔猎工具占比5.73%[2]。可见从生产工具性质来看，裴李岗文化的攫取性经济比重在整体上超过了生产性经济。

---

[1] 河南省文物考古研究所：《舞阳贾湖》，科学出版社，1999年，第897~899页。
[2] 吴文婉：《中国北方地区裴李岗时代生业经济研究》，山东大学博士学位论文，2014年，第192页。

二、老官台文化

老官台文化的工具类遗存尽管整体数量不多，但种类十分丰富，包括石、角、陶、骨和牙等材质。其中石质工具的数量和种类最丰富，以刀、斧、铲、砍伐器、敲砸器、刮削器、尖状器、磨盘和磨棒数量较多。

研究表明，农业生产工具在老官台文化一至三期所占比重分别为40.7%、57.4%和45.7%；渔猎生产工具比重第一期为14.8%，至第三期则仅为3.9%[1]。但明确为生产工具的铲、凿等虽有发现，数量却不多，说明农业生产虽在老官台文化的大多数遗址中存在，但规模有限。

三、磁山文化

磁山文化遗址数量不多，由于早年的考古材料主要来自磁山遗址，因此大多数研究都是围绕该遗址。近年来北福地、上坡和北旺等遗址都陆续公布了发掘报告和试掘收获，丰富了磁山—北福地文化的生产工具资料，为学者们提供了进一步研究的可能性。

北福地遗址居住区虽发现了铲、斧、凿、镰和耜等农业生产工具，但更多的是大量细石器，可见其细石器工业的发达和对细石器传统的延续。细石器多见于各种复合工具上，更多地应用于采集和狩猎活动，说明北福地遗址中采集狩猎经济占有很大比重。其余工具中以石斧数量居多，表明农业生产活动也占有一定比例。与北福地遗址不同，磁山遗址中细石器工具很少见。磁山遗址出土最多的是与刀耕火种等原始农业相关的石斧，此外，凿、锛、刀、匕和镰等农业生产工具在数量上也超过了采集工具。虽然该遗址中从事狩猎与渔猎的工具种类和数量都不太丰富，但却清楚地反映了这两种生业方式的存在。

有学者认为北福地遗址是一处季节性营地，用于定期采集坚果[2]，是一处人口规模小、短期采用混合经济模式、采集和狩猎经济所占比例较高、可能存在少量农业经济[3]、狩猎采集经济占较大比重的综合性经济。

[1] 陈畅、宋柯欣：《老官台文化生计方式研究》，《北方文物》2017年第4期。
[2] 刘莉、陈星灿：《中国考古学——旧石器时代晚期到早期青铜时代》，生活·读书·新知三联书店，2017年。
[3] 李彬森：《中国北方地区新石器时代早期遗址的废弃过程研究》，吉林大学博士学位论文，2018年。

第三节 小 结

辽西地区新石器时代各考古学文化中都出土有与刀耕火种农业关系密切的农具，如林木砍伐工具、挖掘点种工具、耕地除草工具、收割工具等。结合辽西地区新石器时代考古学文化中少量炭化的人工栽培谷物的发现，说明这一地区早在兴隆洼文化时期就已经出现了农业，具备了从事农业生产的物质条件。同时，对工具比例的量化分析，又清晰地反映出此类工具在全部工具中占有的比例低于50%。此类工具在赵宝沟文化和红山文化时期的占比虽较兴隆洼文化时期略有增加，但始终没有大的改变，说明农业发展速度是缓慢的。砍伐工具的形制和尺寸也体现了查海遗址时期对人工的开发能力较低，表明大规模的农耕生产在这一地区尚未形成。

这一结论可与中国社会科学院考古研究所赵志军通过对辽西地区兴隆沟遗址进行浮选所得出的结论相互印证[1]。赵志军在兴隆洼遗址第一地点（属兴隆洼文化）进行的浮选中发现炭化黍近1500粒，约占该地点出土植物种子总数的15%，另有数量很少的炭化粟。而兴隆洼遗址第二地点（属红山文化）出土的少量植物种子中，以硬果类和鲜果类的植物遗存较为突出，而属于栽培作物的黍和粟的数量很少。结合其他考古遗迹和遗物现象，他认为兴隆洼人的原始农业生产活动在其经济生活中所占比重是极其有限的。所以，笔者通过对工具的分析认为，查海遗址农业发展水平处于园艺栽培阶段，而后发展起来的赵宝沟文化和红山文化农业经济也始终发展缓慢，这可能与当地的自然条件给人们提供了相对充裕的渔猎、采集资源有关。

从与中原考古学文化工具的比较中可以看出，裴李岗文化、老官台文化、磁山文化和以查海遗址为代表的兴隆洼文化的生业方式均为采集渔猎、旱作农业与家畜饲养。从这四支考古学文化生产工具的出土情况分析，农业生产工具在以查海遗址为代表的

---

[1] 赵志军：《探寻中国北方旱作农业起源的新线索》，《中国文物报》2004年10月11日。

兴隆洼文化中占31%、在裴李岗文化中占30%～60%、在老官台文化中占37%、在磁山文化中占41.5%[1]。可见整体上以上遗址所在地区农耕生产所占比重均不大，仅裴李岗文化较为突出。总体而言，各考古学文化的生产工具都表现出农业生产与采集狩猎活动共存并且采集狩猎的比重更大的现象。表明以查海遗址为代表的兴隆洼文化从石器比例、数量和使用痕迹上显示出与磁山、裴李岗和老官台渚文化相当的发展水平。

---

[1] 吴文婉：《中国北方地区裴李岗时代生业经济研究》，山东大学博士学位论文，2014年，第192页。

结 语

　　本书旨在通过对查海遗址石器的梳理和研究，形成对查海遗址经济形态的初步认识。查海遗址出土石器种类非常丰富，绝大多数器形可以通过类型学、民族学的方法实现对其功能的研究和探讨，并最终解读其在查海先民的经济生活、生业模式中的作用。通过以往的发掘与研究工作，考古学界对于一些种类的石器的功能已有较为准确的判断，比如作为砍伐工具的斧、凿，作为敲砸工具的敲砸器，作为碾磨工具的磨盘、磨棒、研磨器，作为收割工具的刀等。但铲形石器则因数量大、形制差异相对明显，虽在整体石器组合中占据重要地位，功能却难以如上述几类石器那样依据器形便可推测。鉴于对其功能的认识直接影响到对查海经济形态的认识，对铲形石器的进一步研究成为本项目的重中之重。因此，本研究无论在方法还是过程上，都分为两个阶段，其一是通过考古类型学和统计学的方法，对查海石器的类型、组合、功能进行整体梳理，解决绝大多数器类在经济生活中的功能和地位问题；其二是对铲形石器进行进一步深入研究，主要是在传统考古学研究方法的基础上对铲形石器生命轨迹进行分析，通过微痕研究和实验考古等方法对铲形石器进行功能推定，进而从新视角探讨查海聚落的经济形态。

　　任何器物都有其产生、发展、鼎盛、衰落直至消亡的过程，就如同生命一般。器物的生命过程是由若干具体环节或阶段所组成的，它们前后相继，串联起来，形成了一条变化发展的运行轨迹，即"生命轨迹"。生命轨迹分析在本质上与旧石器研究中的"操作链"（Chaîne Opératoire）是一致的，即关注石料所经历的各种文化改造过程，包括原料采办、工具制作、使用、维修和废弃等阶段或环节，重建石器的生命史，进而将平面的、静态的特征分析转变为立体的、动态的过程研究，以实现"透物见人"的目的，探究这些过程所反映的人类行为及蕴含的社会信息。

查海遗址出土铲形石器包括打制过程中的坯料残片和经过修改者在内，共有7类23组样本。通过仔细辨识，笔者发现其生命轨迹包括8个环节。根据各环节的属性特点，可归并为三大阶段，即制作阶段、使用阶段和修改阶段，这三大阶段的样本数量比例为27∶55∶18，制作及修改阶段的样本数量之和与使用阶段相差不多。这说明查海先民在生产劳动过程中，对器物的制造、使用和再利用恰好能够维持动态的平衡。在已知的三大阶段中，工具制作、储存和修改等人类行为都发生在聚落当中，并且主要在房屋内进行。结合查海聚落中房址均成排分布的事实，笔者认为这些房屋在当时应该都是工具上自给自足、经济上相对独立、地位上互相平等的社会单元。

查海遗址出土的铲形石器是多用途的，其功能至少可以分为五类，分别为掘土、锄土、砍伐、刮削和制陶，相当于铲、锄、斧、刮刀和拍子等工具的功用。

在进行实验时，我们选取了长期使用的完整器作为观察对象，从具体形态和使用痕迹两方面进行研究。查海铲形石器的石料主要有四类，分别是深灰色页岩、灰褐色页岩、浅灰色页岩及紫褐色石灰岩。重点观察的44件标本中，石料以深灰色页岩最多，其次是紫褐色石灰岩、灰褐色页岩，而以浅灰色页岩最少。不同石器上使用痕迹的清晰度也不相同，导致了功能推定的可靠性存在差别。一般来讲，深灰色页岩上的使用痕迹最清晰，是观察微痕的理想材料；其次是紫褐色石灰岩和灰褐色页岩，虽然痕迹特征清晰度不及深灰色页岩，但也相当清楚；浅灰色页岩由于层理现象相当发达，硬度也比前三者低，因此痕迹观察效果最差。铲形石器的使用痕迹集中在刃缘、铲身前端、柄身面、腰部、孔部五个部位，顶缘和肩部一般没有。

根据具体形态及使用痕迹特征，笔者认为，上述五类铲形石器应有着各自不同的使用方式、装柄形式及作用对象，即它们具有不一样的功用。A类铲形石器的装柄方式应为直柄捆绑式，使用方式类似现代的铲或锹，作用对象为沙土，是一种掘土工具。B类铲形石器装柄方式应为曲柄捆绑式，使用方式类似现代的锄，是一种锄土工具。因刃缘略厚，产生的崩疤比较细碎。C类铲形石器装柄方式应为横柄銎孔式，类似现代的斧，是一种砍伐工具。由于是做弧线运动，施加给作用对象的力并非与刃缘垂直，而是带有一定角度，因此形成的条痕与刃缘斜交。此类工具的工作力度和强度一般较大，造成刃部的破损与磨损都比较严重。D类铲形石器的使用方式应为手持，其作用类似于刮刀，可能是用于刮削竹木皮或剔骨头等。厚重的工具适合刮削粗大且较硬的东西，而轻薄的工具可能是加工略小的动物骨骼或树枝等物。由于长期和动物身体组织接触，油脂逐渐浸润石质内部，而竹木类植物往往带有强韧的纤维组织，在刮削过程中会使器物刃部产生平行分布的短促条痕。E类铲形石器的造型和使用痕迹较为特殊，与其他铲形石器均不一致。从其被细腻的泥浆层覆盖的划痕判断，可能与陶作有关，是一种制陶工具，应为手持操作，作为拍子使用。使用时，以手执拍，拍打陶坯，以使坯体更加致密结实。由于兴隆洼文化时期陶器均为夹砂质，在拍打过程中难免会产生划痕，而泥土又有一定黏性，受到泥浆粘连，石质疏松的部位就会出现成片剥落的现象。这种剥落与摩擦造成的痕迹特征不同，表面凸凹不平，大片剥痕实际上是由一个个点坑聚集而成的。

我们以实验考古的方法对石器使用功能的可行性和有效性进行检验，并用实验数据与考古样本的使用痕迹数据进行对比验证。

实验石器样本的使用痕迹主要集中在铲身前端和柄腰部。被用于痕迹观察的样本共有石铲10件、石锄7件。由于实验中使用了单面贴板的方法，因此石铲和石锄的装柄和捆绑痕迹主要出现在石器的背面及腰部。而文物标本中除了单面贴板外，有时还使用两面夹持法。无论何种方法，所形成的痕迹特征都大同小异，并不存在本质区别。刃缘及铲身前端是区分铲、锄的主要部位，其中最具标志性的区别是条痕指向。石铲的条痕方向始终垂直于刃缘，而石锄的条痕只有在刃缘中部是垂直的，在两端则是向中间倾斜的。此外，铲、锄的崩疤都主要出现在刃缘正面，但石铲崩疤略大，而石锄则显得细碎。由于工作角度不同，石铲磨面平缓、使用痕迹进深大，而石锄磨面略陡折、使用痕迹进深小。现代铁铲（锹）和铁锄也呈现出类似的特征。

笔者通过器形、微痕观察以及实验等手段证明，查海遗址出土的大部分铲形石器应作为铲和锄来使用，其功能与半地穴式房屋的修建、维护和农业生产活动有关。即查海聚落遗址应存在原始农业，并且已经步入锄耕农业的初始阶段，可能实行短期耕作的轮歇制，人们过着相对稳定的定居生活。

查海聚落的农业经济在兴隆洼文化时期已经形成了一定规模，生产形式较为稳定。石器的种类、数量、比例和使用痕迹反映了与磁山文化、老官台文化和裴李岗文化相当的农业发展水平，表明辽西地区是中国北方旱作农业的起源地之一。

查海遗址在发展农业栽培技术的同时，也并未摒弃渔猎、采集等古老生产方式，而是继续以之为主要依托，维系生活。远射类渔猎工具的缺乏和大型渔猎工具的发达，暗示了查海人渔猎方式的特征，即群体作业或集团围猎。在这种经济生活基础上，查海人及其社会具有如下特点：社会基本组织群体较大，以大群体的协作作业为主，不支持以个体核心家庭为单位的小规模生产与分配，从而导致核心家庭经济的分化与独立进程较慢，集团内部矛盾不明显。渔猎采集经济下，古人类的生产、生活和迁徙活动较农业集团频繁，范围也较大，所以辽西地区查海遗址文化层堆积较薄。与此相对应，人们对地域组织的认同性会大于固守土地的、以农业为主的社会，不同集团间的融合也更容易实现。

辽阔的活动地域和与自然和谐共处的经验造就了先民们开放的性格。这种性格使得他们在与农耕文化的交流和碰撞中，能够最大限度地吸收农耕文化的先进元素，从而提升自身文化。同时，这种性格也使得他们比那些固守土地、相对封闭的农耕文化群体更容易打破血缘关系的限制，接受或创建基于地域的组织结构。当经济发展到一定程度，社会特殊阶层与普通成员的分化成为现实时，超越公社的更高级社会组织形式便应运而生。红山文化古国的形成，正是在查海遗址奠定的历史基调下成功演绎的例证。

附

表

附表1 查海遗址出土石斧统计表

序号	器号	分型	质地	尺寸（厘米）			保存状况	出土位置	器物描述
				长	宽	厚			
1	F1：47	A型	白色泥质岩	8.3	7.4	1.7	残	居住面	磨制，扁圆形
2	F1：60	A型	变质岩	10.8	7.6	3	残	居住面	磨制，截面呈椭圆形
3	F1：61	A型	变质岩	9.7	6.5	2.5	残	居住面	磨制，宽扁圆形，弧状刃
4	F1：62	B型	浅灰色页岩	12.5	7	3.75	完整	居住面	打制，端、刃有崩疤
5	F1：63	B型	浅黄色页岩	10.5	6.2	1.85	完整	居住面	打制，扁长状，弧状刃，刃部有使用崩痕，
6	F2：33	A型		10.1	5.4	2.5	完整	居住面	磨制，长扁圆形，正锋，弧状刃，顶端崩痕明显
7	F3：40	B型	黑色页岩	13.3	5.5	2.3	残	居住面	打制，扁长状
8	F4：42	B型	灰色页岩	5.3	3.2	1	完整	居住面	打制，窄长扁平状，弧状刃，崩痕明显
9	F5：17	A型	浅灰绿色细颗粒砂岩	6	7.2	1.8	残	居住面	磨制，两侧边缘有小棱角，正锋，弧状刃
10	F5：18	A型	黑色油质岩	9.3	7.5	2.2	残	居住面	磨制，扁圆形，正锋，弧状刃
11	F6：11	A型	灰色油质岩	10	7.1	2.5	残	居住面	磨制，扁平状，弧状刃，有崩疤
12	F6：12	B型	浅黄色页岩	11.5	6.9	2.6	完整	居住面	打制，扁平近梯形，弧状刃，刃部有崩疤
13	F6：13	B型	灰色页岩	7.3	5.8	1.7	残	居住面	打制，扁平近梯形
14	F6：25	B型	浅黄色页岩	11.5	9	3.5	残	居住面	琢制，长扁圆状，弧状刃，有使用崩痕
15	F6：30	B型	灰色石灰岩	10.1	3.1	0.8	完整	居住面	扁长状，周边打薄，弧状刃
16	F6：31	B型	灰色页岩	6.2	4.1	0.8	残	居住面	打制，扁长状，上部残断，弧状刃，正锋，刃部有崩疤

续附表1

序号	器号	分型	质地	尺寸（厘米）			保存状况	出土位置	器物描述
				长	宽	厚			
17	F7：14	A型	灰色砾石	10.1	6.2	2.8	完整	居住面	通体磨光，整体呈扁平梯形，上端圆弧，刃尖部圆钝
18	F7：15	A型	黑色页岩	10	7	2.1	完整	居住面	磨制，整体呈扁平梯形，上端圆弧，弧状刃，有崩疤
19	F7：21	B型	深灰色页岩	6.5	4	1.5	残	居住面	打制，刃部有使用痕迹
20	F9：22	A型		7.2	6.2	2.2	完整	居住面	截面呈扁圆形，两侧有棱角，弧状刃，正锋
21	F14：21	B型	灰色石灰岩	10.3	6.4	2.2	残	居住面	打制，较扁，梯形，弧顶，刃部残
22	F14：37	B型	黑色页岩	9.4	2.86	0.93	完整	居住面	打制，扁长状，正锋，弧状刃
23	F14：39	A型	灰色泥质岩	9.48	3.18	1.35	残	居住面	打磨，扁长状，正锋，弧状刃
24	F16：8	A型	深灰色页岩	9.2	6.1	2.6	残	居住面	磨制，扁圆形，弧顶，刃部残断
25	F16：15	A型	黑色页岩	4.3	5.8	2.3	残	居住面	磨制，弧状刃，正锋
26	F16：19	A型	灰色页岩	10.5	5.8	2.1	残	居住面	磨制，扁平长方形，弧顶，刃部残断
27	F16：42	A型	墨绿色油质页岩	10.1	7.5	2.6	完整	居住面	侧棱打制，斧面磨制，扁圆略呈梯形，正锋，弧状刃
28	F17：19	A型	灰色石灰岩	12.2	9.6	4	残	居住面	顶部残块，磨制，扁圆形，正锋，弧状刃
29	F17：37	B型	灰色石灰岩	14.7	8.3	4	完整	居住面	打制，较扁，圆角长方形，弧顶，弧状刃，锋刃厚钝
30	F19①：30	B型	黑色页岩	3.3	2.86	0.7	残	堆积层	打制，扁平状，正锋，弧状刃，有使用崩痕
31	F20：12	B型	墨绿色油质页岩	10	5.4	2	残	居住面	打制，扁平圆角长方形，刃部残断，顶部有崩疤
32	F20：19	A型	墨绿色油质页岩	10.3	6.6	2.3	完整	居住面	宽扁圆形，两侧平棱，弧状刃，正锋，顶端及刃部有使用崩疤

续附表1

序号	器号	分型	质地	长	宽	厚	保存状况	出土位置	器物描述
				尺寸（厘米）					
33	F20：35	A型	墨绿色油质页岩	9	6.4	2.3	完整	居住面	宽扁梯形，两侧平棱，弧状刃，正锋，有使用崩疤
34	F20：36	A型	墨绿色油质页岩	7.1	3.4	1.3	残	居住面	窄扁平状，一侧平棱，弧状刃，正锋，顶端有使用崩疤
35	F21：27	B型	灰色石灰岩	18.94	9.94	2.58	残	居住面	打制，扁圆形，正锋，弧状刃，顶部、刃部有崩疤
36	F21：33	B型	浅红灰色石灰岩	15.48	6.1	3.2	完整	居住面	打磨，弧顶，弧状刃，正锋
37	F22：9	A型	墨绿色油质页岩	8.8	7.5	2.6	残	居住面	磨制，宽扁圆形，两侧平棱，刃部残断，断面经敲砸，二次利用，顶端崩疤明显
38	F22：10	A型	墨绿色油质页岩	9.6	7.4	2.6	残	居住面	磨制，宽扁圆形，两侧平棱，刃部残断，断面经敲砸，二次利用，
39	F25：36	A型	灰色麻岩	7.4	6.3	1.6	残	居住面	残段，磨制，扁圆形体，弧状刃，正锋，刃部有崩疤
40	F25：38	B型	灰色页岩	8.2	4.8	1.6	残	居住面	残段，打制，扁体，弧状刃，正锋，刃部有崩疤
41	F25：39	B型	浅灰色石灰岩	23.5	8.1	2.3	完整	居住面	打制，长扁平状，弧状刃，正锋，刃部有崩疤，
42	F25①：2	B型	灰色页岩	9.6	7.5	2.4	残	堆积层	刃部残块，打制，扁长方形，刃部锋利
43	F26：32	A型	黑色油质页岩	10.28	6.34	2.8	完整	居住面	通体磨光，宽扁圆形，顶部微弧，两侧隐现棱角，正锋，弧状刃，刃部锋利，器身局部有崩疤
44	F26：42	A型	白色石灰岩	6.17	4.72	2	残	居住面	磨制，扁平状，两侧面平棱，顶部残断
45	F26：55	B型	浅灰色页岩	9.67	3.14	1.1	完整	居住面	长扁圆形，弧状刃，正锋，刃部有崩疤

续附表1

序号	器号	分型	质地	尺寸（厘米）			保存状况	出土位置	器物描述
				长	宽	厚			
46	F26①：9	A型	深灰色云母变质岩	7.32	5.5	2.4	残	堆积层	磨制，扁圆形
47	F27：48	A型	深灰色油质页岩	9.5	7.3	2.5	残	居住面	磨制，扁圆形，顶部有崩疤，刃部残缺
48	F27：51	A型	浅灰色石灰岩	13.1	7.1	2.9	完整	居住面	磨制，扁平状
49	F27①：7	B型		4.4	3.1	0.8	完整	堆积层	扁圆梯形
50	F30：47	A型	灰褐色玄武岩	8.4	4.9	1.9	残	居住面	磨制，扁平状，刃部有使用崩痕
51	F30：49	A型	浅灰色花岗岩	15.85	5.9	3	完整	居住面	磨制，长扁圆形，两侧隐现平棱，弧状刃，正锋，刃部有使用崩痕
52	F30：67	A型	灰色油脂岩	5.6	6.4	1.12	残	居住面	磨制，扁平状，弧状刃，有使用崩痕
53	F30①：1	A型	黑色页岩	2.6	4.3	1.1	残	堆积层	二次利用，弧状刃，较锋利
54	F31：38	B型	浅灰色石灰岩	20.1	7.8	3.6	残	居住面	打制，长扁平状，顶部残断，弧状刃，正锋，刃部有崩疤
55	F31：63	A型	深灰色油质页岩	9.92	6.33	2.4	完整	居住面	通体磨光，扁圆形，弧顶，弧状刃，正锋
56	F32：54	A型	灰色页岩	8.7	6.3	2.7	残	居住面	磨制，扁圆形
57	F32①：12	A型	灰色页岩	4	8	2.8	残	堆积层	
58	F33：43	B型	深灰色页岩	7.75	4.4	1.9	残	居住面	打制，扁平状
59	F33①：2	B型	浅灰色石灰岩	8.9	10.9	2.6	残	堆积层	打制，较扁，弧状刃，刃部有崩疤
60	F33①：7	A型	深灰色泥质页岩	9.3	7.3	2.9	残	堆积层	磨制，扁圆形
61	F33①：11	B型		8.5	4.7	1.5	残	堆积层	打制，扁平状，刃部残断
62	F33①：31	B型	灰色泥质页岩	5.5	4.5	1	残	堆积层	打制
63	F35：39	A型	灰色泥质页岩	9.4	6	2.2	残	居住面	残片，磨制
64	F35①：3	A型	浅灰色油质页岩	5.3	6.8	0.8	残	堆积层	残片，磨制
65	F36：99	A型	灰色玄武岩	16.34	5	2.4～3.4	残	居住面	刃部略残，扁平状，弧状刃，有崩痕

续附表1

序号	器号	分型	质地	尺寸（厘米）			保存状况	出土位置	器物描述
				长	宽	厚			
66	F40：56	A型	深灰色页岩	8.8	4	1.3	完整	居住面	磨制，扁平长梯形，小弧状刃，刃部有崩痕
67	F40：60	A型	白色玄武岩	9.3	6.5	2.2	完整	居住面	磨制，扁平梯形，两侧磨成平棱，弧状刃，使用崩痕明显
68	F40①：45	B型	灰质页岩	11	6	2.5	残	堆积层	打制，扁平状，弧状刃，崩痕严重
69	F41：25	B型	灰绿色页岩	10.5	8.5	1.8	残	居住面	打制，体扁平，上部残，斜弧状刃
70	F42：12	B型	深灰色页岩	8	4.5	1	残	居住面	残段，刃部打制，有使用崩痕
71	F42①：14	A型	页岩				残	堆积层	表面磨制光滑
72	F42①：27		青色油脂页岩	4.1	5	0.6	残	堆积层	刃部残片
73	F43：23	B型	红褐色页岩				残	居住面	石斧残片，打制
74	F43：74	B型	灰色玄武岩	6		2.5	残	居住面	打制，扁圆形
75	F44：21	A型	深灰色大理石	9.36	6.13	2.5	残	居住面	通体磨制，体扁平，弧顶，弧状刃，正锋，侧棱圆滑，刃部有崩疤
76	F45①：7	A型	深灰色页岩	9.85	6.1	5	残	堆积层	通体磨制，体扁平，弧顶，弧状刃，正锋，侧棱圆滑，刃部有崩疤
77	F46：33	A型	深灰色大理石	9.91	8.77	2.7	残	居住面	顶部残断，通体磨制，体扁平，弧状刃，正锋
78	F46：34	A型	棕红色石灰岩	15.52	7.72	2.8	完整	居住面	磨制，体扁平，长条形，弧状刃，正锋，有崩痕
79	F46：35	A型	棕红色玄武岩	23.43	9.12	3.7	残	居住面	磨制，体扁平，微现侧棱，顶部及刃部均残
80	F46：36	B型	灰色石灰岩	20.66	6.78	3	完整	居住面	打制，体扁平，长条形，尖顶，弧状刃，正锋，有崩痕
81	F46①：7	A型	墨绿色油质页岩	9.57	7.93	1.9	残	堆积层	斧身磨光，侧棱及顶部均打制，体扁平，弧顶，弧状刃，正锋，锋刃锐利

序号	器号	分型	质地	尺寸（厘米）			保存状况	出土位置	器物描述
				长	宽	厚			
82	F46①：8	A型	棕红色玄武岩	13.22	6.73	2.2	残	堆积层	磨制，体扁平，顶部残断，束腰，弧状刃，锋刃厚钝，有崩痕，斧身中部有对钻凹坑
83	F46①：18	A型	灰色大理石	11.44	6.16	2.7	残	堆积层	通体磨制，体扁平，窄顶宽刃，侧棱圆滑，弧状刃，正锋，有破口
84	F46①：67		黑灰色页岩	2.1	1.7	0.2	残	堆积层	残片，磨制
85	F46①：80		灰色页岩				残	堆积层	圆形薄片，二次利用，圆刃，刃部使用痕迹明显
86	F46①：81		板岩	4.5	3	0.5	残	堆积层	近椭圆形，圆刃，为二次使用，刃部有使用痕迹
87	F46①：84		灰色油脂岩	8.5		1.7	残	堆积层	残，一侧有磨痕
88	F46①：89	B型	灰色页岩	7	5.5	0.8	残	堆积层	为残段，打制，体扁平
89	F46①：91		棕红色石灰岩	15.9	9.93	1.3～2.6	完整	堆积层	扁圆形，弧状刃，正锋
90	F47：17	A型	深灰色页岩	10.33	6.56	0.7～2.28	完整	居住面	磨制，体扁平，棱角不明显，刃部微弧且有使用崩疤
91	F47：27	B型	棕红色玄武岩	28.74	11.31	7.6	完整	居住面	打制，椭圆柱状，弧顶，弧状刃，刃部有崩疤
92	F47①：10	B型	黄色泥质板岩	5	4.5	0.2	残	堆积层	打制，椭圆形
93	F47①：7	A型	灰色大理石	8.86	6.96	2.3	残	堆积层	磨制，体扁平，弧形顶部，有崩疤痕迹，刃部残断
94	F47①：9	B型	灰色泥质页岩	7.5	3.5	0.6	完整	堆积层	打制，扁平长条状，刃部及两侧磨制最为锋利
95	F48：38	A型	棕红色玄武岩	16.64	6.51	3.4	残	F48	磨制，扁椭圆柱状，弧顶，弧状刃，刃部有崩疤
96	F49①：28	B型	灰色页岩	15.92	7.6	1.2～2.0	残	堆积层	打制，体扁平，弧状刃，正锋
97	F52：18	B型	淡红色玄武岩	17.04	10.92	3.4	完整	居住面	打制，体扁平，三角形，弧状刃，正锋，刃部有一面磨损较为严重

序号	器号	分型	质地	尺寸（厘米）			保存状况	出土位置	器物描述
				长	宽	厚			
98	F53：34		深灰色页岩	8.42	6.43	1.8	残	居住面	体扁平，弧状刃，正锋
99	F53：97		深灰色花岗岩	9.78	6.72	2.7	完整	居住面	体扁平，弧顶，弧状刃，正锋，侧棱圆滑，顶部及刃部有崩痕
100	F53①：11		灰色页岩	6.4		0.5 ~ 1.45	残	堆积面	扁平方形，弧状刃，偏锋
101	F53①：18	A型	深灰色石灰岩	5	8.8	0.6	残	堆积面	刃部残片，扁平片状，直边较厚钝，曲边锋利、有崩疤，一面腐蚀较重
102	F54：35		棕红色玄武岩	13.49	7.26	2.8	残	居住面	体扁平且圆滑，窄顶宽刃，侧棱不显，弧状刃，正锋，刃锋较钝
103	F54：36	A型	青色页岩	7.2	6.2	2.2	完整	居住面	通体光滑，侧棱明显，顶部有打击痕迹，正锋，弧状刃，刃部一角有残破
104	F54：106	A型	白色石灰岩	10.85	4.66	2.7	残	居住面	通体磨光，体扁平，梯形，仅存顶部，斧身一面有凹坑，侧棱平直，有崩疤
105	H32：1		灰色页岩	5	2.4	0.6	残	H32	
106	M8：1	A型	灰色页岩	10.3	4.2	2.5	完整	M8	磨制，弧顶，弧状刃，正锋，侧棱圆滑，棱角不显，顶部及一侧棱面有打制疤痕，有破碴
107	M8：7	A型	褐色页岩	15.1	6.4	3	完整	M8	磨制，弧顶，弧状刃，正锋，侧棱明显，顶部有打击痕迹，面刃部有打制疤痕
108	M8：8	B型	白色石灰岩	7.3	3.1	0.9	完整	M8	打制，腐蚀比较严重，弧顶，尖刃，正锋，侧锋锋利
109	M8：11	A型	褐色页岩	9	4.8	1.2	完整	M8	磨制，弧顶，弧状刃，正锋，侧棱圆滑，棱角不显
110	M8：14	B型	深灰色页岩	12.4	6.2	1.6	完整	M8	体扁平，小弧状刃，一侧打成斜面，使用崩痕明显

序号	器号	分型	质地	尺寸（厘米）			保存状况	出土位置	器物描述
				长	宽	厚			
111	M8：17	B型	灰色石灰岩	6.1	5.8	1.9	完整	M8	腐蚀
112	M8：18	A型	淡青色页岩	7.9	4.2	1.3	残	M8	磨制，弧顶，弧状刃，正锋，侧棱明显，顶部有打击痕迹，刃部有打制疤痕
113	M8：19	A型	淡青色页岩	6.3	3	1.3	完整	M8	磨制，弧顶，弧状刃侧棱圆滑，近刃侧棱角明显，顶端有打制疤痕

注：另有一件M8：23，灰色页岩，已粉蚀，无法辨认形态。

附表2　查海遗址出土石凿统计表

序号	器号	质地	尺寸（厘米）			保存状况	出土位置	器物描述
			长	宽	厚			
1	F12：3	灰色页岩	5.58	1.6	0.77	残	居住面	磨制，刃部残
2	F16：7	灰色页岩	5.3	3	0.75	完整	居住面	打制，扁长条形，弧顶，偏锋，弧状刃，刃部有崩疤
3	F16：43	乳白色页岩	4.4	1.5	0.7	完整	居住面	通体磨光，表面钙化，扁圆长条形，顶端平滑，有崩疤，斜直刃，正锋，刃锋利
4	F17：32	灰色页岩	11.1	3.4	1.4	残	居住面	风化十分严重，一侧磨平，一侧有明显的切割痕迹，弧状刃，正锋
5	F33①：29	深灰色页岩	4.33	0.9	0.34	完整	堆积层	打磨交互使用，长条形扁体，两侧棱平，正锋，弧状刃
6	F33①：33	浅灰色石英岩	3.6	3.6	0.3	残	堆积层	自然石块直接使用，较薄
7	F40①：8	灰色页岩	6	2	0.5	完整	堆积层	磨制，扁长条形，直刃两面磨光
8	F44：20	灰色页岩	6.5	5	0.5	残	堆积层	磨制，刃部有崩痕
9	F46①：82	灰色页岩	6.7	4.7	0.9	残	堆积层	打磨交互使用，扁长条形，刃部残
10	F50：57	灰色页岩	8.53	3.69	1.9	残	居住面	打磨交互使用，扁长条形，刃部残
11	M8：10	青色细碧角斑质页岩	3.6	2.4	0.4	完整	M8	扁平状梯形，两侧磨平，近平刃
12	M8：20	深灰色页岩	11	2.6	1.5	残	M8	长方形，较扁平，弧状刃，侧锋，顶端及刃角一侧残断
13	M8：22	浅灰色页岩	2.9		1.7	完整	M8	长方形，较扁平，刃部较为锋利

附表3　查海遗址出土敲砸器统计表

序号	器号	分型	质地	尺寸（厘米）			保存状况	出土位置	器物描述
				长/直径	宽	厚			
1	F1：37	B型	浅灰色石英岩	8.9	7.6	6.6	完整	居住面	多棱面体，棱角处于砸击痕迹明显
2	F1：40	A型	浅灰色石英岩	7.5	6.6	4.1	完整	居住面	多棱面体，一端棱角处有敲砸痕迹
3	F1：41	A型	浅灰色石英岩	8.64	7.5	5.8	完整	居住面	形状不规整，多棱面体，敲砸痕迹集中在棱角处
4	F1：42	B型	浅灰色石英岩	11.4	10.6	5.6	完整	居住面	呈扁平状，周边有敲击点
5	F1：43	B型	浅灰色石英岩	6.6	6.2	2.8	完整	居住面	扁圆形，周边有使用痕迹
6	F1：45	A型	浅灰色石英岩	8.3	7.3	4.8	完整	居住面	扁圆多棱面体，砸击痕迹在一端棱角处
7	F1：56	B型	浅灰色石英岩	7	6.6	3.7	完整	居住面	椭圆多棱面体，棱角处有敲击点
8	F1：66	A型	浅灰色石英岩	8.66	7.3	5.95	完整	居住面	椭圆多棱面体，一端棱角处有敲砸痕迹
9	F2：16	A型	浅灰色石英岩	10.3	10	8	完整	居住面	敲砸痕迹集中在周缘，敲击点密集
10	F2：31	A型	浅灰色石英岩	8.3	5.7	2.6	完整	居住面	敲砸痕迹集中在周缘，敲击点密集
11	F2：32	A型	浅灰色石英岩	5	4.5	2.1	完整	居住面	敲砸痕迹集中在周缘，敲击点密集
12	F3：22	B型	白色石英岩	6.9	6.24	4.45	完整	居住面	敲砸痕迹集中在周缘，敲击点密集
13	F3：23	B型	白色石英岩	6.8	5.3	3.07	完整	居住面	多棱面体，敲砸痕迹集中在两端棱角处，敲击点密集
14	F3：26	B型	白色石英岩	7.94	5.6	3.61	完整	居住面	敲砸痕迹集中在两端棱角处，敲击点密集

序号	器号	分型	质地	尺寸（厘米）			保存状况	出土位置	器物描述
				长/直径	宽	厚			
15	F3：27	B型	白色石英岩	6.24	4.9	4.22	完整	居住面	弧棱敲砸痕迹明显，敲击点密集
16	F3：31	A型	灰色石英岩	9.43	7.65	4.84	完整	居住面	敲击点集中在一个棱角处
17	F3：35	B型	白色石英岩	5.9	4.2	2.4	完整	居住面	两长端棱角经敲砸略圆凸，敲击点密集
18	F3：36	B型	白色石英岩	7.4	5	2.8	完整	居住面	两处棱角有敲砸痕迹，敲击点密集
19	F3：38	A型	白色石英岩	7.4	5.8	3.2	完整	居住面	六面体，一处敲砸痕迹，敲击点密集
20	F3：39	A型	白色石英岩	6	5.7	5	完整	居住面	敲砸痕迹集中在棱角处，敲击点密集
21	F4：29	A型	浅黄色花岗岩	9.12	8.8	8	完整	居住面	近球体，敲砸痕迹集中在棱角处
22	F4：30	A型	浅灰色石英岩	6.3	5.7	4.6	完整	居住面	敲砸及使用痕迹在棱角处
23	F4：31	A型	浅灰色石英岩	6.5	5.5	4.6	完整	居住面	多棱面体，周边有使用痕迹
24	F4：32	A型	浅灰色石英岩	6.2	4.6	3.4	完整	居住面	多棱面体，敲砸痕迹集中在棱角处
25	F4：33	A型	浅灰色石英岩	7.2	6.1	4.4	完整	居住面	敲砸痕迹集中在棱角处
26	F4：34	A型	浅灰色石英岩	7.2	6.5	3.1	完整	居住面	圆角，周边有砸击痕迹
27	F4：36	A型	浅灰色石英岩	7.4	6.3	2.1	完整	居住面	呈扁平状，敲砸痕迹集中在棱角处
28	F5：24	A型	红褐色玄武岩	9	8.3	5	完整	居住面	形状不规整，棱角处多有敲砸痕迹
29	F5：25	A型	灰色石英岩	9.2	7.3	4.8	完整	居住面	多棱面体，尖角处有敲砸痕迹
30	F5：26	A型	灰色石英岩	8.6	5.5	4.7	完整	居住面	多棱面体，敲砸痕迹集中在一端棱角处
31	F5：27	A型	灰色石英岩	7.5	6.7	4.1	完整	居住面	近圆角方形，棱角处有敲砸痕迹
32	F5：28	A型	灰色石英岩	12.1	7.5	8.2	完整	居住面	近长方体，棱角处有砸击痕迹

续附表3

序号	器号	分型	质地	尺寸（厘米）			保存状况	出土位置	器物描述
				长/直径	宽	厚			
33	F6：20	A型	浅灰色石英岩	6.2	4.9	2	完整	居住面	圆角，呈扁平状，周边有敲击痕迹
34	F6：23	A型	浅灰色石英岩	12	8.7	5.6	完整	居住面	椭圆形，周边有明显敲击痕迹
35	F6：24	A型	浅灰色石英岩	7	6	3.1	完整	居住面	近圆形，呈扁平状，敲砸痕迹集中在棱角处
36	F6：26	A型	浅灰色石英岩	5	4.4	2.8	完整	居住面	多棱面体，敲砸痕迹集中在棱角处
37	F6：28	B型	浅灰色石英岩	9.5	8.9	6.3	完整	居住面	多棱面近球体，有三处棱角敲击点密集
38	F7：35	A型	绿色花岗岩	8.6	7.4	6.5	完整	居住面	椭圆多棱面体，周边棱角有砸击痕迹
39	F7：36	A型	浅灰色石英岩	7.7	7.4	6.3	完整	居住面	扁圆多棱面体，棱角处有使用痕迹
40	F7：37	A型	灰色石英岩	8.7	7	6	完整	居住面	敲砸及使用痕迹在棱角处
41	F7：38	A型	灰色石英岩	11	8.3	6.1	完整	居住面	敲砸痕迹集中在棱角处
42	F7：39	A型	浅黄色花岗岩	9.1	8.1	7.8	完整	居住面	球状多棱面体，周边棱角处有砸击痕迹
43	F7：40	A型	深灰色	7.2	6	4	完整	居住面	扁椭圆多棱面体，敲砸痕迹集中在周边
44	F7：41	A型	灰色石英岩	7.6	5	3.2	完整	居住面	扁椭圆多棱面体，敲砸痕迹在棱角处，
45	F8：15		红褐色玄武岩	14	9.7	7.4	完整	居住面	扁平状半圆形，有敲砸使用痕迹
46	F8：16	A型	灰色石英岩	7.8	7	7.8	完整	居住面	近圆形多棱面体，敲砸痕迹集中在棱角处
47	F8：17	A型	灰色石英岩	8.5	8	6.9	完整	居住面	近方形多棱面体，敲砸痕迹集中在棱角处
48	F8：18	A型	灰色石英岩	7.8	6.4	2.3	完整	居住面	扁平状椭圆形，周边有使用痕迹
49	F8：19	A型	灰色石英岩	5.4	4.3	3.6	完整	居住面	椭圆形多棱面体，敲砸痕迹集中在棱角处
50	F8：20	A型	灰色石英岩	7.4	5.2	5	完整	居住面	扁椭圆形多棱面体，敲砸痕迹集中在棱角处

序号	器号	分型	质地	尺寸（厘米）			保存状况	出土位置	器物描述
				长/直径	宽	厚			
51	F8：21	A型	灰色石英岩	7.4	6.5	5.6	完整	居住面	近扁圆形多棱面体，敲砸痕迹集中在棱角处
52	F8：22	A型	灰色石英岩	7.4	6.7	5.2	完整	居住面	三角形多棱面体，敲砸痕迹集中在棱角处
53	F9：19	A型	灰色石英岩	8.2	7	3.5	完整	居住面	多棱面扁圆形体，敲砸痕迹集中在棱角处
54	F9：21	A型	灰色石英岩	6.9	6	4	完整	居住面	多棱面椭圆体，敲砸痕迹集中在棱角处
55	F10：18	A型	深灰色石英岩	6.8	6.1	4	完整	居住面	平面呈三角形，敲砸使用痕迹在一端棱角处
56	F10：19	A型	深灰色石英岩	8.5	6.8	5.3	完整	居住面	块状多棱面体，敲砸痕迹集中在棱角处
57	F10：20	A型	灰色玄武岩	9	6.3	4.6	完整	居住面	形状不规整，棱角处有敲砸使用痕迹
58	F11：14	A型	白色石英岩	7	5.06	3.2	完整	居住面	多棱面扁圆形，棱角处多敲击点
59	F11：15	A型	灰色石英岩	5.04	3.65	3.5	完整	居住面	多棱面椭圆形，有多处敲击点
60	F11：16	A型	红色玄武岩	11	10	7.68	完整	居住面	多棱面椭圆形，有多处敲击点
61	F11：17	A型	灰色石英岩	7.95	6.88	6.8	完整	居住面	近多棱面正方体，有多处敲击点
62	F12：2	A型	黄白色石灰岩	7.3	7	5.7	完整	居住面	扁多棱面三角状，有多处敲击点
63	F12：4	A型	灰色石英岩	7.7	6.8	3.1	完整	居住面	扁平三棱状，棱角处有砸击点痕迹
64	F13：4	A型	灰色石英岩	6.63	5	3.5	完整	居住面	多棱面椭圆形，周边有使用痕迹
65	F13：5	A型	浅灰色石英岩	5.17	4.5	3.79	完整	居住面	近圆形多棱面体，棱角处有使用痕迹
66	F14：9	A型	灰色石英岩	8.3～9.3		7.4	完整	居住面	近圆形多棱面体，有多处敲击点
67	F14：10	A型	灰色石英岩	7.1	6.9	6.6	完整	居住面	圆形多棱面体，有多处敲击点
68	F14：11	A型	灰色石英岩	7.2	6.9	6.8	完整	居住面	多棱面体，有多处敲击点

序号	器号	分型	质地	尺寸（厘米）			保存状况	出土位置	器物描述
				长/直径	宽	厚			
69	F14：12	A型	灰色石英岩	7.1	6.8	5.8	完整	居住面	近圆形多棱面体，有多处敲击点
70	F14：13	A型	灰色石英岩	7.4	5.2	3.2	完整	居住面	椭圆形多棱面体，有多处敲击点
71	F14：14	A型	白色石英岩	8.5	7.6	4	完整	居住面	扁圆形多棱面体，有多处敲击点
72	F14：15	A型	浅灰色石灰岩	8.5	8	7.8	完整	居住面	多棱面体，有多处敲击点
73	F14：16	A型	浅灰色石灰岩	6.9	6.9	6.3	完整	居住面	多棱面体，有多处敲击点
74	F14：17	A型	白色石英岩	6	5.5	4.5	完整	居住面	圆角方形多棱面体，有多处敲击点
75	F14：18	A型	浅灰色石英岩	5.8	5.6	4	完整	居住面	圆角方形多棱面体，有多处敲击点
76	F14：22	A型	灰褐色石英岩	8	6.3	3.1	完整	居住面	椭圆形扁平多棱面体，有多处敲击点
77	F14：25	A型	褐色石英岩	5.7		2.6	完整	居住面	扁圆形，有多处敲击点
78	F15：18	A型	浅灰色石英岩	7.6	6.8	6.2	完整	居住面	椭圆形多棱面体，有多处敲击点
79	F15：19	A型	灰色玛瑙石	11.9	7.54	5.5	完整	居住面	近圆形多棱面体，有多处敲击点
80	F15：20	A型	白色石英岩	7.8	5.2	4	完整	居住面	扁平长方体，棱角处有多处敲击点
81	F15：21	A型	黄色玛瑙石	7.8	6.7	6	完整	居住面	椭圆形多棱面体，有多处敲击点
82	F15：22	A型	灰色石英岩	7.5	5.9	3.8	完整	居住面	近扁三角形，有多处敲击点
83	F15：23	A型	浅灰色石英岩	6	4.6	3.7	完整	居住面	椭圆形多棱面体，有多处敲击点
84	F15：24	A型	浅灰色石英岩	7.8	6.4	5.3	完整	居住面	椭圆形多棱面体，有多处敲击点
85	F15：25	A型	灰色石英岩	6	5	4	完整	居住面	近椭圆形多棱面体，有多处敲击点
86	F15：26	A型	浅黄色石英岩	5.8	5.7	4.4	完整	居住面	近扁圆形多棱面体，有多处敲击点

序号	器号	分型	质地	尺寸（厘米）			保存状况	出土位置	器物描述
				长/直径	宽	厚			
87	F15：27	A型	粉色石英岩	6.7	5.1	3.2	完整	居住面	近扁圆形多棱面体，有多处敲击点
88	F15：28	A型	灰色石英岩	6.1	5.8	3.6	完整	居住面	近三角形扁平多棱面体，有多处敲击点
89	F15：29	A型	浅灰色云母变质岩	8	5.8	2.5	完整	居住面	近椭圆形扁平多棱面体，有多处敲击点
90	F15：30	A型	浅红色花岗岩	8.52	6.97	4.6	完整	居住面	近椭圆形扁平多棱面体，有多处敲击点
91	F15：34	A型	灰色砾石	6.8	4.3	4	完整	居住面	近椭圆形多棱面体，一端有敲砸痕迹
92	F15：35	A型	棕红色花岗岩	6.5	4	3	完整	居住面	三棱柱体，周边有打击痕迹
93	F15：36	A型	棕红色花岗岩	8.5	7	3.5	完整	居住面	扁平状近长方体，一端有敲砸痕迹
94	F15：39	A型	白色石英岩	6.8	4.1	2.2	完整	居住面	扁长方体，一侧长端敲砸痕迹明显，敲击点密集
95	F15：40	B型	浅灰色石英岩	9.3	6.3	4.6	完整	居住面	两长端因敲砸略显圆钝，敲击点密集
96	F15：41	A型	黑色页岩	9.4	6.7	1.5	完整	居住面	扁平状三角形，周边敲砸，崩疤痕迹明显
97	F16：21	A型	浅灰色页岩	7.9	4.65	3.6	完整	居住面	琢制，扁长方形
98	F16：33	A型	黄白色石英岩	8.61	8.41	6.8	完整	居住面	圆形多棱面体，有多处敲击点
99	F16：34	A型	浅灰色石英岩	8.11	7.69	5.2	完整	居住面	圆形多棱面体，有多处敲击点
100	F16：35	A型	灰色石英岩	6.9	6.1	6	完整	居住面	圆形多棱面体，有多处敲击点
101	F16：36	A型	浅灰色石英岩	6.31	6.21	5.4	完整	居住面	长方体，棱角处敲击点密集
102	F16：37	A型	浅灰色石英岩	8.5	7.38	4.4	完整	居住面	扁圆形多棱面体，有多处敲击点
103	F16：38	A型	灰色石英岩	6.14	6.1	3.7	完整	居住面	扁圆形多棱面体，有多处敲击点

序号	器号	分型	质地	尺寸（厘米）			保存状况	出土位置	器物描述
				长/直径	宽	厚			
104	F16：47	A型	浅灰色石英岩	4.5			完整	居住面	近正方体，棱角处有敲砸痕迹
105	F16：48	A型	灰色石英岩	9.5	6	5	完整	居住面	不规整多棱面体，棱角处有敲砸痕迹
106	F16：49	A型	灰褐色石英岩	10	6	3.5	完整	居住面	不规整多棱面体，棱角处有敲砸痕迹
107	F16：50	A型	灰色石英岩	10	8	4	完整	居住面	方形块状，周边有砸击痕迹
108	F16：51	A型	灰褐色石英岩	6	5	3.8	完整	居住面	多棱面体，敲砸痕迹集中在一端棱角处
109	F16：52	A型	灰色石英岩	5		3	完整	居住面	近椭圆形多棱面体，周边有砸击痕迹
110	F16：53	A型	灰色石英岩	7	4.5	4	完整	居住面	扁圆形多棱面体，敲砸痕迹集中在一端棱角处
111	F16：54	A型	灰色石英岩	6.1	5.6	3.2	完整	居住面	扁平状三角形，周边有使用痕迹
112	F16：55	A型	灰色石英岩	7	5	6	完整	居住面	多棱面体，敲砸痕迹集中在棱角处
113	F16：56	A型	灰色石英岩	6.5	4.5	3.5	完整	居住面	近三角形多棱面体，两端有使用痕迹
114	F16：57	A型	灰色石英岩	7	3.5	2.8	完整	居住面	扁平椭圆形多棱面体，敲砸痕迹集中在两端
115	F16：58	A型	灰色石英岩	5.5	4	3.5	完整	居住面	近圆形多棱面体，敲砸痕迹集中在棱角处
116	F16：59	A型	灰色石英岩	8	6	3	完整	居住面	椭圆形多棱面体，周边棱角处有砸击痕迹
117	F16：60	A型	红褐色玄武岩	7	4	3	完整	居住面	三棱柱体，棱角处有砸击痕迹
118	F16：61	A型	灰色石英岩	4	4	4	完整	居住面	圆形多棱面体，棱角处有使用痕迹
119	F16：62	A型	灰色石英岩	7	3.5	2	完整	居住面	不规整多棱面体，敲砸痕迹集中在两端棱角处
120	F16：63	A型	浅灰色石英岩	5	4.5	1.3	完整	居住面	扁平状椭圆形，两端有使用痕迹

序号	器号	分型	质地	尺寸（厘米）			保存状况	出土位置	器物描述
				长/直径	宽	厚			
121	F16：64	A型	灰色石英岩	5.5	3.5	2	完整	居住面	形状不规整，棱角处有敲砸痕迹
122	F16：65	A型	灰黄色石英岩	8	4	3	完整	居住面	不规整多棱面体，敲砸痕迹集中在两端
123	F16：66	A型	灰色石英岩	6.5	3.5	3.5	完整	居住面	三角形多棱面体，棱角处有打击痕迹
124	F16：67	A型	浅灰色石英岩	5	2.8	1.8	完整	居住面	椭圆形，敲砸痕迹集中在两边棱角处
125	F16：68	A型	灰色石英岩	5		2.2	完整	居住面	三角形扁平状体，周边有敲砸痕迹
126	F16：69	A型	灰色石英岩	5.5	4.5	2	完整	居住面	扁平块状，周边有敲砸痕迹
127	F16：70	A型	灰色石英岩	8	5	4.5	完整	居住面	椭圆形多棱面体，敲砸痕迹集中在两点棱角处
128	F16：71	A型	石英岩	7	5	3	完整	居住面	扁平状近方形，棱角处有敲砸痕迹
129	F16：72	A型	灰色石英岩	7	3.8	3	完整	居住面	椭圆形多棱面体，棱角处有敲砸痕迹
130	F16：73	A型	灰色石英岩	5	4.5	2.8	完整	居住面	圆形多棱面体，敲砸痕迹集中在棱角处
131	F16：74	A型	灰色石英岩	4	3.5	3	完整	居住面	近方形多棱面体，敲砸痕迹集中在棱角处
132	F16：75	A型	灰色石英岩	5	4.5	2	完整	居住面	近圆形扁平状体，敲砸痕迹集中在周边棱角处
133	F16：76	A型	深灰石英岩	6	4	3	完整	居住面	多棱面体，敲砸痕迹集中在两点棱角处
134	F16：77	A型	浅灰色石英岩	5.8	4	3	完整	居住面	近圆形多棱面体，棱角处有使用痕迹
135	F16：78	A型	浅灰色石英岩	6.9	4.5	3.5	完整	居住面	椭圆形多棱面体，敲砸痕迹集中在两端棱角处
136	F16：79	A型	浅黄色石英岩	5		3	完整	居住面	近方形扁体，棱角处有敲砸痕迹
137	F16：80	A型	浅灰色石英岩	6.5	4	2.5	完整	居住面	近长方形多棱面体，敲砸痕迹集中在两端棱角处

续附表3

序号	器号	分型	质地	尺寸（厘米）			保存状况	出土位置	器物描述
				长/直径	宽	厚			
138	F16：81	A型	白色石英岩	7		4	完整	居住面	近椭圆形多棱面体，棱角处有使用痕迹
139	F16：82	A型	浅灰色石英岩	5.5	4	2.5	完整	居住面	扁圆多棱面体，周边有使用痕迹
140	F16：83	A型	灰褐色石英岩	6.5	4.5	2.5	完整	居住面	近椭圆形多棱面体，周边有打击痕迹
141	F16：84	A型	灰色石英岩	5	4	2.8	完整	居住面	不规整多棱面体，敲砸痕迹集中在棱角处
142	F16：85	A型	灰色石英岩	4	4	1.5	完整	居住面	圆形多棱面体，一端棱角有使用痕迹
143	F16：86	A型	灰色石英岩	6	5	2.5	完整	居住面	椭圆形多棱面体，周边有打击痕迹
144	F16：87	A型	灰色石英岩	7	4	2.5	完整	居住面	不规整多棱面体，敲砸痕迹在两端棱角处
145	F16：88	A型	浅灰色石英岩	6.5	4.5	2.2	完整	居住面	多棱面体，敲砸痕迹集中在周边棱角处
146	F16：89	A型	浅灰色石英岩	7	3.5	1.5	完整	居住面	扁平状椭圆形，敲砸痕迹集中在两端
147	F16：90	B型	灰色石英岩	8.5	5	2.5	完整	居住面	扁平多棱面体，敲砸痕迹集中在两端棱角处
148	F16：91	A型	灰色石英岩	4.5		3	完整	居住面	扁圆形多棱面体，敲砸痕迹集中在周边棱角处
149	F16：92	A型	灰色石英岩	5		2	完整	居住面	三角形多棱面体，敲砸痕迹集中在边缘
150	F16：93	A型	浅灰色石英岩	4	4	3	完整	居住面	方形多棱面体，敲砸痕迹集中在一端棱角处
151	F16：94	B型	浅灰色石英岩	6.5	3.5	2.5	完整	居住面	不规则扁平多棱面体，两端棱角处有使用痕迹
152	F16：96	A型	浅灰色石英岩	5	4	2.8	完整	居住面	方形多棱面体，敲砸痕迹集中在一端棱角处
153	F16：97	B型	浅灰色石英岩	6.5	5	3.5	完整	居住面	三角形多棱面体，敲砸痕迹集中在两端棱角处
154	F16：98	A型	灰色石英岩	4.5	4.5	3.5	完整	居住面	圆形多棱面体，敲砸痕迹集中在棱角处

序号	器号	分型	质地	尺寸（厘米）			保存状况	出土位置	器物描述
				长/直径	宽	厚			
155	F17：11	A型	浅灰色石英岩	7.33	6.13	5.6	完整	居住面	圆形多棱面体，棱角处有敲击点
156	F17：12	A型	褐色玄武岩	11	9	8.4	完整	居住面	椭圆形多棱面体，边棱处有敲击点
157	F17：13	A型	褐色玄武岩	7.4	6.5	5.3	完整	居住面	椭圆形多棱面体，有多处敲击点
158	F17：28	A型	褐色花岗岩	6.2	5.8	4.2	完整	居住面	多棱面体，棱角处有敲击点
159	F17：38	A型	浅灰色石英岩	8.4	7.6	5.8	完整	居住面	多棱面体，棱角处有敲击点
160	F17：39	A型	灰色石英岩	8.5	6.4	2	完整	居住面	扁椭圆形，棱角处有敲击点
161	F17：40	A型	浅灰色石英岩	9.6	8.4	7	完整	居住面	椭圆形多棱面体，有多处敲击点
162	F17：41	A型	浅灰色石英岩	6.9	6.8	6.1	完整	居住面	圆形多棱面体，棱角处有敲击点
163	F18：14	A型	红褐色玄武岩	6	5.8	4	完整	居住面	呈扁圆形，敲砸痕迹集中在周边棱角处
164	F18：15	A型	灰色石英岩	6.9	6.9	3	完整	居住面	自然石块直接使用，近扁圆形，周边有敲击痕迹
165	F18：16	A型	灰色石英岩	10	5.4	5	完整	居住面	自然石块直接使用，椭圆体，一端有使用痕迹
166	F18：17	A型	灰绿色石英岩	7	6.6	4	完整	居住面	自然石块直接使用，呈扁圆形，敲砸及使用痕迹在周边棱角处
167	F18：18	A型	深灰色石英岩	7.8	4.7	3.4	完整	居住面	自然石块直接使用，椭圆形多棱面体，敲砸痕迹集中在棱角处
168	F18：19	A型	灰色石英岩	9.1	5.4	4.8	完整	居住面	自然石块直接使用，三角形多棱面体
169	F18：20	A型	灰色石英岩	6.9	6	3.8	完整	居住面	自然石块直接使用，不规则多棱面体，敲砸痕迹集中在棱角处
170	F18：21	A型	灰色石英岩	5.4	4.6	4.1	完整	居住面	自然石块直接使用，近圆形，敲砸痕迹集中在周边棱角处

序号	器号	分型	质地	尺寸（厘米）			保存状况	出土位置	器物描述
				长/直径	宽	厚			
171	F18：22	A型	灰色石英岩	7.2	5.8	4.2	完整	居住面	自然石块直接使用，椭圆形多棱面体，敲砸痕迹集中在两端棱角处
172	F18：23	A型	灰色石英岩	8.8	8	3	完整	居住面	自然石块直接使用，扁椭圆形，敲砸痕迹集中在周边棱角处
173	F19：6	A型	浅灰色石英岩	8.4	5.7	4.2	完整	居住面	扁平状椭圆形，敲砸痕迹集中在棱角处
174	F19：7	A型	棕红色花岗岩	10.8	8.8	6.4	完整	居住面	椭圆形，敲砸痕迹集中在棱角处
175	F19：8	A型	浅黄色石英岩	8.6	6.5	4.7	完整	居住面	扁方形多棱面体，敲砸使用痕迹集中在一端棱角处
176	F19：9	A型	黄褐色玄武岩	13.4	10.7	8.4	完整	居住面	自然石块直接使用，扁椭圆形，周边有使用痕迹
177	F19：10	A型	浅灰色石英岩	7.6	6	3.1	完整	居住面	扁平椭圆形多棱面体，敲砸痕迹集中在周边棱角处
178	F19：11	A型	灰色石英岩	6.7	6.4	4.1	完整	居住面	不规则椭圆形多棱面体，敲砸痕迹集中在棱角处
179	F19：12	A型	浅灰色花岗岩	7.1	6	4.8	完整	居住面	椭圆形多棱面体，棱角有敲击痕迹
180	F19①：16	A型	浅灰色石英岩	6	4.7	4.4	完整	堆积层	自然石块直接使用，不规则椭圆形多棱面体，敲砸及使用痕迹在棱角处
181	F19①：17	A型	棕红色花岗岩	7.6	6.5	3.9	完整	堆积层	自然石块直接使用，扁圆形多棱面体，敲砸痕迹集中在周边
182	F19①：18	A型	棕红色花岗岩	8.3	6.4	5	完整	堆积层	自然石块直接使用，多棱面体，敲砸痕迹集中在棱角处，
183	F19①：19	A型	浅灰色石英岩	9.4	6.5	5.8	完整	堆积层	自然石块直接使用，多棱面体，敲砸痕迹集中在棱角处
184	F19①：31	A型	浅灰色石英岩	7	5.4	2.5	完整	堆积层	自然石块直接使用，三角形多棱面体，敲砸痕迹集中在一端棱角处
185	F19①：32	A型	浅灰色石英岩	6.1	5.3	3.6	完整	堆积层	自然石块直接使用，不规则扁平状椭圆形，周边有敲击痕迹
186	F19①：33	A型	浅灰色石英岩	7～7.6		3.6	完整	堆积层	自然石块直接使用，扁平状椭圆形，敲砸点在厚边棱角处

序号	器号	分型	质地	尺寸（厘米）			保存状况	出土位置	器物描述
				长/直径	宽	厚			
187	F20：16	A型	浅灰色石英岩	5.9	5.6	4.3	完整	居住面	自然石块直接使用，多棱面体，棱角为敲击点
188	F20：17	A型	浅灰色石英岩	4	3	2.6	完整	居住面	自然石块直接使用，不规则椭圆形多棱面体，有多处敲击点
189	F21：34	A型	棕红色石英岩	7.42	6.93	4	完整	居住面	自然石块直接使用，扁圆形多棱面体，有多处敲击点
190	F21：35	A型	褐色石英岩	4.33～6.75		3.11	完整	居住面	自然石块直接使用，椭圆形，有多处敲击点
191	F21：36	A型	灰色石英岩	5.79	5.44	4.37	完整	居住面	自然石块直接使用，扁多棱面体，棱角处有敲击点
192	F21：37	A型	浅灰色石英岩	7.98	6.23	3	完整	居住面	自然石块直接使用，扁椭圆形多棱面体，尖角处有敲击点
193	F21：38	A型	褐色玄武岩	8.29～8.54		5.88	完整	居住面	自然石块直接使用，扁圆形多棱面体，有多处敲击点
194	F21：42	A型	浅灰黄花岗岩	5.4～9.78		4.8	完整	居住面	自然石块直接使用，扁圆形，有多处敲击点
195	F21：50	A型	褐色花岗岩	10.17	4.75	4.5	完整	居住面	自然石块直接使用，椭圆形，两端敲击点
196	F21：65	A型	灰色石英岩	7.73	7.3	3.08	完整	居住面	自然石块直接使用，不规则状，棱端有敲击点
197	F21：66	A型	灰色石英岩	11.14	7.54	7.2	完整	居住面	自然石块直接使用，长方体，棱角敲击点
198	F21：67	A型	浅灰色石英岩	7.35	5.93	6	完整	居住面	自然石块直接使用，不规则多棱面体，棱角处有敲击点
199	F22：3	A型	棕红色玄武岩	9.7	6	5.8	完整	居住面	近椭圆形
200	F22：6	A型	浅灰色石英岩	10	10	7.6	完整	居住面	自然石块直接使用，近椭圆形多棱面体，棱角处有敲击点
201	F22：7	A型	浅灰色石英岩	5.2	5.1	4.5	完整	居住面	自然石块直接使用，扁圆形，周边棱角处有敲砸及使用痕迹
202	F22：8	A型	浅灰色石英岩	6.4	6.2	2.7	完整	居住面	自然石块直接使用，扁圆角方形，边棱有使用痕迹
203	F23：6	A型	石英岩	10.5	9	8.5	完整	居住面	自然石块直接使用，圆形多棱面体，一侧棱角处使用痕迹明显

续附表3

序号	器号	分型	质地	尺寸（厘米）			保存状况	出土位置	器物描述
				长/直径	宽	厚			
204	F23：7	A型	石英岩	9.6	5.9	2.5	完整	居住面	自然石块直接使用，扁平状近椭圆形，尖部有使用痕迹
205	F23：8	A型	石英岩	6.5	5	4.4	完整	居住面	自然石块直接使用，块状多棱面体，棱边敲砸痕迹明显
206	F23：9	A型	玄武岩	10	6.4	5.1	完整	居住面	自然石块直接使用，近长方体，有敲砸痕迹
207	F23：19	A型	石英岩	9	7.4	6	完整	居住面	自然石块直接使用，近长方体，棱角使用痕迹明显
208	F23：20	A型	石英岩	8.1	7.2	5.4	完整	居住面	自然石块直接使用，圆形多棱面体，棱角使用痕迹明显
209	F24：20	A型	暗红色砂质岩	10		5	完整	居住面	近圆形多棱面体，棱角处有敲砸痕迹
210	F25：41	A型	灰色石英岩	9.6	6.5	5.8	完整	居住面	不规则多棱面体，棱角为敲击点
211	F27：54	A型	白色石英岩	6.2	5.6	4	完整	居住面	自然石块直接使用，扁圆形多棱面体，棱角处有敲击点
212	F27：55	A型	浅灰色石英岩	6.5	6.4	5.8	完整	居住面	自然石块直接使用，尖块状多棱面体，棱尖处有敲击点
213	F27：56	A型	浅灰色石英岩	5.8	5.7	5.2	完整	居住面	自然石块直接使用，尖三棱锥体，使用痕迹在一端尖角处
214	F27：57	A型	浅灰色石英岩	8.7	7.2	5.5	完整	居住面	自然石块直接使用，椭圆形，棱角处有敲击点
215	F27：58	A型	白色石英岩	6	5.9	4.7	完整	居住面	自然石块直接使用，近正方体，棱角棱边有敲击点
216	F27：59	A型	黄白色石英岩	7.8	6.8	5.3	完整	居住面	自然石块直接使用，圆形多棱面体，尖角处有敲击点
217	F27：61	A型	褐色花岗岩	7	4.9	4.6	完整	居住面	自然石块直接使用，椭圆形
218	F27：63	A型	浅灰色石英岩	7.7	5.7	4.1	完整	居住面	自然石块直接使用，椭圆形，棱角棱边有敲击点
219	F27：67	A型	白色石英岩	9.5	6.2	2	完整	居住面	自然石块直接使用，片状多棱面体，棱角处有敲击点
220	F27：77	A型	浅灰色石英岩	6.6	6.5	4.1	完整	居住面	自然石块直接使用，椭圆形多棱面体，尖角处有敲击点

序号	器号	分型	质地	尺寸（厘米）			保存状况	出土位置	器物描述
				长/直径	宽	厚			
221	F27：79	A型	灰石英岩	8.4	6.5	4.8	完整	居住面	自然石块直接使用，椭圆形多棱面体，多处棱角有敲击点
222	F27：80	A型	黄色花岗岩	28.3	8.8	4.4	完整	居住面	自然石块直接使用，扁长条形多棱面体，棱角处有使用痕迹
223	F27①：3	A型	灰色石英岩	7.7	6.1	3.7	完整	堆积层	自然石块直接使用，平面呈椭圆形，周边敲砸及使用痕迹明显
224	F28：40	A型	灰色石英岩	7.2	6	4.8	完整	堆积层	自然石块直接使用，椭圆形多棱面体，两端棱角处有敲击点
225	F28：41	B型	灰色石英岩	9	6.9	5	完整	堆积层	自然石块直接使用，椭圆形多棱面体，敲砸及使用痕迹在棱角处
226	F30：45	A型	灰色石英岩	8.74	7.74	3	完整	居住面	长方体，棱角处有敲击点
227	F30：46	A型	浅灰色石灰岩	5.2	5.2	1.1	完整	居住面	扁三角形，尖棱角处有敲击点
228	F30：56	A型	棕红色石英岩	9.24	4	5.7	完整	居住面	自然石块直接使用，圆形多棱面体，棱角处有敲击点
229	F30：57	A型	黄色花岗岩	17.4	12.6	8	完整	居住面	棱锥状，尖角处有敲击点
230	F30：58	A型	浅灰色石灰岩	16.65	5.18	0.6 ~ 3.6	完整	居住面	打制，长条形
231	F30：59	A型	灰绿色花岗岩	13	5.5	5	完整	居住面	不规则多棱面体，一侧棱角处有敲击点
232	F30：63	A型	棕红色石英岩	5.5	4.3	0.85 ~ 2.1	完整	居住面	自然石块
233	F30：65	B型	浅灰色石灰岩	8.8	6.63	2.66	完整	居住面	圆角扁长方体，两端有敲击点
234	F30：72	A型	黄白色花岗岩	9.4	6.5	1.97	完整	居住面	自然石块直接使用，椭圆形多棱面体，棱角棱边处有敲击点
235	F30：79	A型	浅灰色石灰岩	10.43		6.5	完整	居住面	自然石块直接使用，多棱面体，尖角处有敲击点
236	F30：126	A型	浅灰色石英岩	6.81	4.22	3.8	完整	居住面	多棱面体，棱角处有敲击点
237	F30：128	B型	浅灰色石灰岩	8.9	6.1	3.4	完整	居住面	椭圆形，周边有敲击点

续附表3

序号	器号	分型	质地	尺寸（厘米）			保存状况	出土位置	器物描述
				长/直径	宽	厚			
238	F30：131	A型	白色石英岩	7.15	7	5.2	完整	居住面	自然石块直接使用，圆形多棱面体，边棱处有敲击点
239	F31：34	A型	浅黄色石英岩	8.8		7.3	完整	居住面	自然石块直接使用，球状多棱面体，棱角敲砸痕迹明显
240	F31：57	A型	浅灰色石英岩	6.4	6.2	2.9	完整	居住面	自然石块直接使用，扁圆形多棱面体，棱角处有敲击点
241	F31：77	A型	黄白色石英岩	6.6	6	5	完整	居住面	自然石块直接使用，不规则多棱面体，棱角棱边处有敲击点
242	F31①：6	A型	浅白色石英岩	8	6	5.6	完整	堆积层	自然石块直接使用，多棱面体，棱角处有敲击点
243	F31①：7	A型	浅白色石英岩	7.7	6	4.4	完整	堆积层	自然石块直接使用，多棱面体
244	F32：55	A型	浅灰色石英岩	7.4	4.4	4.2	完整	居住面	自然石块直接使用，多棱面体，一侧棱角敲砸痕迹明显
245	F32：62	A型	棕红色花岗岩	6.48	6.05	3	完整	居住面	自然石块直接使用，长方形多棱面体，棱角棱边处有敲击点
246	F32：67	A型	浅灰色石英岩	5.47	5.47	4.8	完整	居住面	自然石块直接使用，圆形多棱面体，棱角处有敲击点
247	F32：78	A型	浅灰色石英岩				完整	居住面	自然石块直接使用，扁圆形棱体，敲砸痕迹集中在周边棱角处
248	F32①：9	A型	玄武岩	7.2	6.4	2.5	完整	堆积层	自然石块直接使用，扁椭圆形
249	F32①：11	A型	玄武岩	6.2	6	2.8	完整	堆积层	自然石块直接使用，近圆形多棱面体
250	F32①：18	A型	白色石英岩	9	6.8	6.8	完整	堆积层	自然石块直接使用，椭圆形多棱面体，棱角处有敲击点
251	F32①：19	A型	白色石英岩	5	4.9	4.4	完整	堆积层	自然石块直接使用，圆形多棱面体，棱角处有敲击点
252	F32①：20	A型	白色石英岩	7.6	7.4	4.7	完整	堆积层	自然石块直接使用，圆形多棱面体，敲击点集中在棱角处
253	F32①：21	A型	浅灰色石英岩	8.39	5.83	4.9	完整	堆积层	自然石块直接使用，不规则多棱面体，棱角处有敲击点
254	F32①：22	A型	浅灰色石英岩	6.7	5.8	4.6	完整	堆积层	自然石块直接使用，三角形多棱面体，棱角处有敲击点

序号	器号	分型	质地	尺寸（厘米）			保存状况	出土位置	器物描述
				长/直径	宽	厚			
255	F32①：23	A型	白色石英岩	8.2	6.3	5.7	完整	堆积层	自然石块直接使用，多棱面体，边角处有敲击点
256	F32①：24	B型	浅灰色石英岩	5.14	4.56	3.5	完整	堆积层	自然石块直接使用，块状多棱面体，有多处敲击点
257	F32①：25	B型	白色石英岩	6.95	6.73	1.4	完整	堆积层	自然石块直接使用，近方形多棱面体，棱角处有敲击点
258	F32①：26	B型	浅灰色石英岩	6.3	4.98	4.6	完整	堆积层	自然石块直接使用，块状多棱面体，多处棱角有敲击点
259	F32①：40	A型	深灰色石英岩	5.6	4.2	2.7	完整	堆积层	自然石块直接使用，扁椭圆形，边棱处有敲击点
260	F33：62	B型	浅黄色花岗岩	11	7.5	6	完整	居住面	自然石块直接使用，多棱面体，使用边棱角敲击
261	F33：66	B型	棕红色石英岩	8.27	7.35	4.2	完整	居住面	自然石块直接使用，块状多棱面体，有多个敲击点
262	F33：70	B型	浅灰色石英岩	10.3	7.9	7.4	完整	居住面	自然石块直接使用，方形多棱面体，使用棱角敲击
263	F33：72	B型	黄色花岗岩	7.43	5.8	6.3	完整	居住面	自然石块直接使用，多棱面体，棱角处有敲击点
264	F33：76	B型	浅灰色石英岩	6	5.75	3	完整	居住面	自然石块直接使用，多棱面体，棱角处有敲击点
265	F33①：12	B型	灰色石英岩	10.3	7.6	4.5	完整	堆积层	自然石块直接使用，四棱体，使用棱边角敲击
266	F33①：13	B型	浅灰色泥质页岩	8.86	5.15	2.3	完整	堆积层	椭圆形，使用两端敲击
267	F33①：14	B型	白色石英岩	7.38	4.47	3.7	完整	堆积层	长方形多棱面体，两端棱角处有敲击点
268	F33①：32	B型	灰色石英岩	6	4.5	2	完整	堆积层	自然石块直接使用，扁长方体，使用边棱敲击
269	F34：53	B型	浅灰色石英岩	6.9	5.8	3.4	完整	居住面	自然石块直接使用，圆形有棱，棱角处有敲击点
270	F34：54	B型	浅灰色石英岩	8	7.6	4.4	完整	居住面	自然石块直接使用，椭圆形多棱面体
271	F34：57	A型	浅灰色石英岩	6.9	5.8	3.4	完整	居住面	自然石块直接使用，扁圆形，一端有敲击点

续附表3

序号	器号	分型	质地	尺寸（厘米）			保存状况	出土位置	器物描述
				长/直径	宽	厚			
272	F34①：9	B型	白色石英岩	5.7	5.2	3.6	完整	堆积层	圆形多棱面体，棱角处有敲击点
273	F34①：10	B型	白色石英岩	7	5	3.6	完整	堆积层	圆形多棱面体，棱角处有敲击点
274	F35①：6	B型	红色玄武岩	7.84	5.77	4.7	完整	堆积层	块状多棱面体，棱边角处有敲击点
275	F35①：7	B型	浅灰色石英岩	6.8	6	2.6	完整	堆积层	较扁有棱，边棱处有敲击点
276	F35①：8	B型	浅灰色石英岩	5.3	5.1	0.4	完整	堆积层	圆形多棱面体，棱边棱角处有敲击点
277	F35①：9	B型	浅灰色石英岩	5.9	3.5	3.15	完整	堆积层	自然石块直接使用，扁方形多棱面体，两端棱角处有敲击点
278	F36：43	B型	深灰色石英岩	11.6	10.6	4.1	完整	居住面	不规则块状多棱面体，棱角处有敲击点
279	F36：48	B型	黄色鹅卵石	7.19	5.13	2.5	完整	居住面	椭圆形，两侧有敲击点
280	F36：57	B型	白色石英岩	5.92	5.3	2.3	完整	居住面	平面呈长方形，块状多棱面体，棱角处有敲击点
281	F36：58	A型	深灰色石英岩				完整	居住面	不规则多棱面体，尖角处有敲击点
282	F36：59	B型	深灰色石英岩	10.72		6	完整	居住面	扁圆形多棱面体，棱角处有敲击点
283	F36：64	B型	浅灰色石英岩	7.23		5.2	完整	居住面	块状多棱面体，棱角处有敲击点
284	F36：67	B型	黄色花岗岩	9.66	7.62	2.9	完整	居住面	平面呈长方形，多棱面体，边棱处有敲击点
285	F36：81	B型	褐色石英岩	9.13		7	完整	居住面	圆形多棱面体，边棱处有敲击点
286	F36：89	A型	褐色花岗岩	9.37		6.9	完整	居住面	近球体，两尖端有敲击点
287	F36：90	B型	深灰色石英岩	7.46	4.95	5.2	完整	居住面	长方形，棱角处有敲击点
288	F36：91	A型	浅灰色石英岩	7.32	5.8		完整	居住面	不规则多棱面体，一尖角处有敲击点

序号	器号	分型	质地	尺寸（厘米）			保存状况	出土位置	器物描述
				长/直径	宽	厚			
289	F36：105	A型	深灰色石英岩	9.29	7.25	5.2	完整	居住面	不规则块状多棱面体，尖角处有敲击点
290	F36①：9	B型	浅灰色石英岩	9.2	7.5	6.2	完整	堆积层	不规则多棱面体，有多个敲击点
291	F37：33	B型	浅灰色石英岩	8.1	7.7	6.6	完整	居住面	自然石块直接使用，圆形多棱面体，棱角处敲击痕迹明显，中部有一周凹槽
292	F37：35	B型	灰色石英岩	6.8	5	3.8	完整	居住面	自然石块直接使用，多棱面体，棱角棱边处有敲击点
293	F37：37	A型	长石	8.8	6.5	4.5	完整	居住面	不规则多棱面体，尖角处有敲击点
294	F37：38	A型	深灰色石灰岩	7	6.5	5.5	完整	居住面	三角形多棱面体，尖角处有敲击点
295	F37：39	B型	棕红色花岗岩	10	7.49	5.3	完整	居住面	自然石块直接使用，多棱面体，棱角棱边处有敲击点
296	F39：45	B型	黄白色花岗岩	10.44		6.4	完整	居住面	自然石块直接使用，扁球状，有多处敲砸迹象
297	F39：95	B型	褐色花岗岩	11.67	10.22	7.7	完整	居住面	自然石块直接使用，多棱面体，有多处敲击点
298	F39：41	B型	浅灰色石英岩	8.27	6.9	3.8	完整	居住面	有多处敲砸迹象
299	F39：42	B型	灰色石英岩	9.96	9.5	4.1	完整	居住面	多棱面体，有多处敲砸迹象
300	F39：71	B型	灰色石英岩	6	3.9	3.7	完整	居住面	多棱面体，有多处敲砸迹象
301	F39：84	B型	浅灰色石英岩	10.53	10.3	4.2	完整	居住面	多棱面体，有多处敲砸迹象
302	F39：85	B型	灰色石英岩	10.02	6.04	5.8	完整	居住面	多棱面体，有多处敲砸迹象
303	F39：87	B型	灰色石英岩	10.4	7.05	4.4	完整	居住面	多棱面体，有多处敲砸迹象
304	F39：103	B型	浅灰色石英岩	6.07	5.36	4.05	完整	居住面	三棱柱体，棱角处有明显使用痕迹
305	F39：107	B型	灰色石英岩	6	4.8	4.2	完整	居住面	多棱面体，敲砸痕迹集中在两端棱角处

序号	器号	分型	质地	尺寸（厘米）			保存状况	出土位置	器物描述
				长/直径	宽	厚			
306	F39：121	B型	灰色石英岩	7.97	5.84	4.2	完整	居住面	多棱面体，有多处敲砸迹象
307	F40：50	B型	石英岩	10.5	5		完整	居住面	打制，近方柱体，砸击使用痕迹集中在棱角处
308	F40：61	B型	石英岩	5～7			完整	居住面	椭圆形多棱面体，砸击使用痕迹集中在三个棱角处
309	F40①：13	B型	石英岩	7.5	5.5	3.5	完整	堆积层	扁平状圆角方形，砸击使用痕迹集中在棱角处，两面光滑
310	F40①：18	A型	灰绿色玄武岩	6.5	4.5	2.5	完整	堆积层	长方体，砸击及使用痕迹在其中一端
311	F40①：19	A型	玄武岩	5		2.6	完整	堆积层	扁平状近三角形，尖角处有砸击使用痕迹
312	F40①：44	B型	灰白色石英岩	7	5.5	3.5	完整	堆积层	自然石块直接使用，多棱面体，棱角处有敲砸使用痕迹
313	F40①：48	B型	灰白色石英岩	8.5	7	4	完整	堆积层	自然石块直接使用，呈不规则状，两端棱角处有使用痕迹
314	F41①：11	B型	灰色河卵石	5.5	3	2	完整	堆积层	椭圆形，两端有敲击点
315	F42①：5	B型	浅灰色石英岩	6.5	5.5	4.5	完整	堆积层	自然石块直接使用，多棱面体，棱角处有敲砸使用痕迹
316	F42①：6	B型	浅灰色石英岩	7	5	2	完整	堆积层	扁平椭圆形，周边较薄且有使用痕迹
317	F42①：7	B型	红褐色玄武岩	11	9	3.5	完整	堆积层	自然石块直接使用，呈不规则状，周边有砸击痕迹
318	F42①：8	B型	浅黄色花岗岩	8	6	3	完整	堆积层	自然石块直接使用，不规则多棱面体，敲砸使用痕迹集中在周边棱角上
319	F42①：17	B型	浅灰色石英岩	6	4.5	2.5	完整	堆积层	扁平状近椭圆形，周边有打击痕迹
320	F42①：19	B型	浅灰色石英岩	7.5	7	4	完整	堆积层	不规则状，棱角处有敲砸使用痕迹
321	F42①：20	B型	浅灰色石英岩	8.5	6.8	4	完整	堆积层	圆角方形，敲砸痕迹集中在一端棱角处
322	F42①：21	B型	浅灰色石英岩	6.5	4.8	3.5	完整	堆积层	多棱面体，敲砸使用痕迹集中在棱角处

序号	器号	分型	质地	尺寸（厘米）			保存状况	出土位置	器物描述
				长/直径	宽	厚			
323	F42①：22	B型	浅灰色砾石	6	4.5	3.7	完整	堆积层	长圆形，两端有敲砸使用痕迹
324	F43：57	B型	石英岩	9.5	7	5.5	完整	居住面	自然石块直接使用，椭圆形多棱面体，棱角处敲砸痕迹明显
325	F43：60	B型	棕红色花岗岩	9	5	4.8	完整	居住面	自然石块直接使用，条块状，棱角处有敲砸痕迹
326	F43：64	B型	灰色石英岩	6		4.5	完整	居住面	自然石块直接使用，近圆形，砸击使用痕迹集中在棱角处
327	F43：68	B型	棕红色花岗岩	8	6	3.5	完整	居住面	自然石块直接使用，椭圆形多棱面体
328	F43：71	B型	棕红色玄武岩	6			完整	居住面	自然石块直接使用，近圆形，周边棱角处有使用痕迹
329	F43：81	B型		6.5	5.3	3.3	完整	居住面	自然石块直接使用，多棱面体，棱角处有敲砸痕迹
330	F45：40	B型	浅灰色石英岩	9.7	9.7	7.6	完整	居住面	自然石块直接使用，多棱面体，有多个敲击点
331	F45：44	B型	灰色石英岩	9.26	7.48	6	完整	居住面	自然石块直接使用，多棱面体，有多个敲击点
332	F45：46	B型	白色石英岩	6.77	5.98	5.2	完整	居住面	自然石块直接使用，多棱面体，有多个敲击点
333	F45：54	B型	褐色花岗岩	18.5	14	9.8	完整	居住面	自然石块直接使用，呈不规则形，有两处敲击点
334	F45：62	B型	褐色长石	16.32	12.04	9	完整	居住面	自然石块直接使用，圆角长方形，有多处敲击点
335	F45：64	B型	灰色石英岩	9.88	9.8	6.8	完整	居住面	自然石块直接使用，多棱面体，有多个敲击点
336	F45①：6		浅粉色石英岩	10.38	7.87	5.8	完整	堆积层	自然石块直接使用，多棱面体，有多个敲击点
337	F46：61	B型	棕红色花岗岩	15.14		8	完整	居住面	扁球体，有多个敲击点
338	F46：62	B型	浅灰色云母变质岩	15.42	10.13	8	完整	居住面	不规则多棱面体，有多个敲击点
339	F46：65	B型	褐色花岗岩	8.19		3	完整	居住面	形体扁平，近圆形，有多处敲击点

序号	器号	分型	质地	尺寸（厘米）			保存状况	出土位置	器物描述
				长/直径	宽	厚			
340	F46：66	B型	灰色石英岩	14.95		8.4	完整	居住面	多棱面体，有多个敲击点
341	F46：67	B型	灰色石英岩	11.79		7.6	完整	居住面	多棱面体，有多个敲击点
342	F46：79	B型	灰色石英岩	11.75	8.5	2.5	完整	居住面	扁平状多棱面体，有多个敲击点
343	F46：83	B型	棕红色花岗岩	8	6	4	完整	居住面	三棱体，棱角处有打击痕迹
344	F46：95	B型	浅灰色石灰岩	13.7		7.8	完整	居住面	扁圆形多棱面体，有多处敲击点
345	F46：96	B型	灰色石英岩	8.41	5.45	2.7	完整	居住面	不规则多棱面体，有多个敲击点
346	F46：98	B型	棕红色玄武岩	10	5.5	2.66	完整	居住面	自然石块直接使用，棱角处有敲击点
347	F46：99	B型	灰色石英岩	11.53	8.17	9	完整	居住面	不规则多棱面体，有多个敲击点
348	F46：105	B型	灰色石英岩	5			完整	居住面	近球体，敲砸使用痕迹在周边棱角处
349	F46：119	B型	浅灰色云母变质岩	10	7.94	6.9	完整	居住面	长方体，有多个敲击点
350	F46：120	B型	棕红色花岗岩	8		5	完整	居住面	自然石块直接使用，圆角方形，敲砸使用痕迹在一端棱角处
351	F46①：9	B型	灰色石英岩	9	9	4.8	完整	堆积层	有多个敲击点
352	F46①：13	B型	灰色石英岩	7.36		6.3	完整	堆积层	近球形多棱面体，有多个敲击点
353	F46①：29	B型	褐色玄武岩	8	6.5	5	完整	堆积层	多棱面体，棱角处有使用痕迹
354	F46①：30	B型	浅灰色石英岩	9	4	2.5	完整	堆积层	扁平三角形，棱角处有明显敲砸使用痕迹
355	F46①：31	B型	浅灰色石英岩	7	5	2	完整	堆积层	扁平椭圆形，敲砸使用痕迹集中在棱角处
356	F46①：32	B型	浅灰色石英岩	7	4	3	完整	堆积层	多棱面体，棱角处有使用痕迹

序号	器号	分型	质地	尺寸（厘米）			保存状况	出土位置	器物描述
				长/直径	宽	厚			
357	F46①：33	B型	灰色石英岩	6.5	5	3	完整	堆积层	棱体，敲砸痕迹集中在一端棱角处
358	F46①：34	B型	灰色石英岩	8.8		5	完整	堆积层	块状多棱面体，棱角处有使用痕迹
359	F46①：35	B型	浅灰色石英岩	8.2	6.7	2.7	完整	堆积层	扁平方形，周边有使用痕迹
360	F46①：36	B型	浅灰色石英岩	7.5	6	4	完整	堆积层	扁平三角形，敲砸使用痕迹在棱角处
361	F46①：68	B型	棕红色花岗岩	10.03		4.6	完整	堆积层	扁球体，有多个敲击点
362	F46①：70	B型	浅灰色石英岩	6.8	5.8	5	完整	堆积层	近球体，周边有使用痕迹
363	F46①：71	B型	浅灰色石英岩	6	5.3	3.5	完整	堆积层	扁圆形，周边有打击痕迹
364	F46①：72	B型	浅灰色石英岩	5.5	3.5	5.8	完整	堆积层	自然石块直接使用，三棱锥体
365	F46①：73	B型	浅灰色石英岩	7	5.5	3	完整	堆积层	多棱面体
366	F46①：74	B型	浅灰色石英岩	6.3	5.8	2.3	完整	堆积层	扁圆形，周边有敲砸使用痕迹
367	F46①：75	B型	浅灰色石英岩	7.3	4.5	5	完整	堆积层	近长方体，两端棱角处有敲砸使用痕迹
368	F46①：76	B型	浅灰色石英岩	7	5	4.5	完整	堆积层	多棱面体，两端棱角处有使用痕迹
369	F46①：90	B型	灰色石英岩	8	5.22	3.5	完整	堆积层	长方体，棱角处有敲击点
370	F46①：92	B型	棕红色石灰岩	12	5.46	3.3	完整	堆积层	扁平圆角长方形，有一处敲击点
371	F47：26	A型	灰色石英岩	11	8.5	5	完整	居住面	圆角长方形，敲砸痕迹多集中在棱角处
372	F47：29	A型	褐色长石	17.54	17.54	10.4	完整	居住面	多棱面体，有一处敲击点
373	F47：33	B型	棕红色花岗岩	12.57		6.4	完整	居住面	扁球状，有两处敲击点

续附表3

序号	器号	分型	质地	尺寸（厘米）			保存状况	出土位置	器物描述
				长/直径	宽	厚			
374	F47①：1	A型	棕红色石英岩	9	6	5	完整	堆积层	多棱面体，敲砸痕迹多集中在棱角处
375	F47①：3	A型	浅灰色石英岩	10.5	7.5	3	完整	堆积层	扁圆形，敲砸点在棱角一侧较为集中
376	F47①：4	A型	灰色石英岩	8.5	7	5.8	完整	堆积层	扁圆形，敲砸点在棱角一侧较为集中
377	F47①：6	A型	浅灰色石英岩	6		3	完整	堆积层	扁圆形，敲砸点在棱角一侧较为集中
378	F47①：8	A型	灰色石英岩	4		2.5	完整	堆积层	敲砸痕迹多集中在一处
379	F47①：30	A型	灰色石英岩	7	6	4	完整	堆积层	扁圆形，敲砸点在棱角一侧较为集中
380	F48：42	A型	灰色石英岩	9	7.5	4	完整	F48	自然石块直接使用，方形多棱面体，敲砸痕迹集中在棱角一侧
381	F48：54	A型	灰色石英岩	9.7		5.9	完整	F48	自然石块直接使用，扁球状，敲砸痕迹集中在棱角一侧
382	F48：66	A型	灰色石英岩	9.41		4.8	完整	F48	自然石块直接使用，扁球状，敲砸痕迹集中在棱角一侧
383	F49①：13	A型	灰色石英岩	8.08		4.4	完整	堆积层	扁球状，砸击使用痕迹多集中在周边
384	F49①：14	A型	浅灰色石英岩	5			完整	堆积层	近球体，敲砸痕迹集中在棱角处
385	F49①：16	A型	白色石英岩	9.92	7.96	4.6	完整	堆积层	棱体，分布有多个敲击点
386	F49①：17	A型	浅灰色石英岩	8	6	3	完整	堆积层	多棱面体，敲砸痕迹集中在一端棱角处
387	F49①：18	A型	浅灰色石英岩	6	3.5	4.3	完整	堆积层	半球体，周边分布有敲砸痕迹
388	F49①：19	A型	浅灰色石英岩	5.8	5.5	4.5	完整	堆积层	多棱面体，敲砸痕迹集中在一端棱角处
389	F49①：20	A型	浅灰色石英岩	8	6	3	完整	堆积层	扁平多棱面体，敲砸痕迹集中分布在周边棱角处
390	F49①：22	A型	灰色石英岩	5	5	1.5	完整	堆积层	扁平圆角方形，周边有多处敲砸痕迹

序号	器号	分型	质地	尺寸（厘米）			保存状况	出土位置	器物描述
				长/直径	宽	厚			
391	F50：18	A型	浅灰色石英岩	5.1	5	2.45	完整	居住面	不规则状，敲砸使用痕迹在棱角处
392	F50：36	A型	浅灰色石英岩	6.5		4	完整	居住面	方块状，使用痕迹集中在棱角处
393	F50：37	A型	浅灰色石英岩	8	5	5	完整	居住面	多棱面体，敲砸痕迹在棱角处
394	F50：38	B型	黄褐色玄武岩	9.5	5	5	完整	居住面	方棱柱体，两处棱角分布有敲砸痕迹
395	F50：39	A型	浅灰色石英岩	6.5	4.5	4	完整	居住面	三棱柱体，敲砸痕迹集中在棱角处
396	F50：40	A型	浅灰色石英岩	4.5	4.5	2.5	完整	居住面	圆角方形，敲砸痕迹在集中棱角处
397	F50：43	B型	浅灰色石英岩	9.56	7.74	5.7	完整	居住面	多棱面体，有多处敲击点
398	F50：44	A型	浅灰色石英岩	6.5	5.5	3.5	完整	居住面	扁圆形，周边有多处打击痕迹
399	F50：45	A型	浅灰色石英岩	7	6	4.5	完整	居住面	圆角菱形，棱角处有使用痕迹
400	F50：52		棕红色玄武岩	9.3		7.95		居住面	
401	F50：58	B型	浅灰色石英岩	6.5	4	3.5	完整	居住面	方柱体，两端棱角处有打击痕迹
402	F50：62	A型	浅灰色石英岩	4.5	4	3.5	完整	居住面	多棱面体，使用痕迹在棱角处
403	F50：63	A型	浅灰色石英岩	5.5	5	3.5	完整	居住面	圆角方形，敲砸痕迹在棱角处较为集中
404	F50：64	B型	浅灰色石英岩	6.5	4	3	完整	居住面	多棱面体，两端棱面有多处敲砸痕迹
405	F50：65	A型	浅灰色石英岩	5.5	5	4	完整	居住面	多棱面体，棱角处有多个敲砸痕迹
406	F50：67	A型	浅灰色石英岩	5.5		1.5	完整	居住面	扁圆形，敲砸痕迹集中在周边棱角处
407	F50①：1	A型	浅灰色石英岩	5		3.5	完整	堆积层	圆形，周边有多处使用痕迹

续附表3

序号	器号	分型	质地	尺寸（厘米）			保存状况	出土位置	器物描述
				长/直径	宽	厚			
408	F50①：2	A型	浅灰色石英岩	6.5	4.5	4	完整	堆积层	三棱柱体，棱角处有多处打击痕迹
409	F51：7	A型	棕红色花岗岩	8	5.5		完整	居住面	锥体，一端棱角处有敲砸使用痕迹
410	F51：21	B型	深灰色石英岩	6.5	4	4	完整	居住面	椭圆形多棱面体，两段棱角处有敲砸使用痕迹
411	F51：24	A型	棕红色花岗岩	15.46	14.09	6.1	完整	居住面	多棱面体，分布有多个敲击点
412	F51：25	A型	深灰色石英岩	7	7	4.5	完整	居住面	扁平椭圆形，使用痕迹在棱角处较为集中
413	F51①：4	A型	浅灰色石英岩	7	5	4	完整	堆积层	自然石块直接使用，多棱面体，敲砸点集中在棱角处
414	F52：19	A型	灰色或浅灰色石英岩	7		4	完整	居住面	自然石块直接使用，扁圆形，周边有多处打击痕迹
415	F52：24	B型	灰色或浅灰色石英岩	7.65		6	完整	居住面	自然石块直接使用，球体，有多处敲击点
416	F52：26	A型	棕红色花岗岩	10	7.5	5	完整	居住面	自然石块直接使用，多棱面体，棱角处有敲砸痕迹
417	F52：27	B型	灰色或浅灰色石英岩	6.8		5.4	完整	居住面	自然石块直接使用，球体，有多处敲击点
418	F52：28	A型	棕红色花岗岩	8		2.5	完整	居住面	自然石块直接使用，扁圆形，周边有多处使用痕迹
419	F52：29	A型	灰色或浅灰色石英岩	5.5	4.5	3	完整	居住面	自然石块直接使用，圆角方形，棱角处有多处敲砸痕迹
420	F52：30	B型	灰色或浅灰色石英岩	7	5	4	完整	居住面	自然石块直接使用，方柱体，两端棱角处有使用痕迹
421	F52：31	A型	灰色或浅灰色石英岩	6.5	4.5	3	完整	居住面	自然石块直接使用，近长方形，敲击使用点在棱角处
422	F52：34	B型	灰色或浅灰色石英岩	6.54		4.2	完整	居住面	自然石块直接使用，球形，有多处敲击点

续附表3

序号	器号	分型	质地	尺寸（厘米）			保存状况	出土位置	器物描述
				长/直径	宽	厚			
423	F52；35	B型	灰色或浅灰色石英岩	7.32	6.76	2.0~4.5	完整	居住面	自然石块直接使用，形状不规则，有多处敲击点
424	F52：40	A型	灰色或浅灰色石英岩	5.5	5	3.5	完整	居住面	自然石块直接使用，圆形多棱面体，敲砸痕迹集中在棱角处
425	F52：42	A型	灰色或浅灰色石英岩	5.5	4.5	3.5	完整	居住面	自然石块直接使用，不规则多棱面体，一端敲砸痕迹集中
426	F52①：1	A型	深灰色石英岩	5.8		3.5	完整	堆积面	自然石块直接使用，扁圆形，周边敲砸痕迹明显
427	F53：44	B型	棕红色花岗岩	12	10.4	11	残	居住面	自然石块直接使用，圆角方形，有多处敲击点
428	F53：46	B型	浅灰色石英岩	12.44	9.1	8	完整	居住面	自然石块直接使用，形状非常不规则，有多处敲击点
429	F53①：6	B型	淡黄色石英岩	7.88		2.6	完整	堆积面	扁平状圆形，有多处砍砸点
430	F53①：7	B型	灰色石英岩	7.57	7.57	5	完整	堆积面	扁平状，形状不规则，有多处敲击点
431	F53①：19	A型	浅灰色石英岩	7	5.5	4	完整	堆积面	扁平状椭圆形，周边有多个敲砸痕迹
432	F53①：20	A型	浅灰色石英岩	6	6	2	完整	堆积面	多棱面体，两端棱角处有多个敲砸痕迹
433	F53①：21	B型	浅灰色石英岩	7	4.5	2.5	完整	堆积面	多棱面体，两端棱角处有多个敲砸痕迹
434	F53①：22	A型	浅灰色石英岩	5.5		2.5	完整	堆积面	扁平多棱面体，周边使用痕迹十分明显
435	F53①：23	A型	浅灰色石英岩	7	6.5	4.5	完整	堆积面	多棱面体，敲砸痕迹集中于棱角处
436	F53①：24	A型	浅灰色石英岩	6	4.5	2	完整	堆积面	扁平状椭圆形，周边有多处打击痕迹
437	F53①：25	B型	浅灰色石英岩	8.5	4.5	3	完整	堆积面	近长方体，两端棱角处有敲砸痕迹
438	F53①：26	A型	浅灰色石英岩	5	4	3	完整	堆积面	扁平状三角形，棱角处使用痕迹明显

序号	器号	分型	质地	尺寸（厘米）			保存状况	出土位置	器物描述
				长/直径	宽	厚			
439	F53①：27	A型	灰色石英岩	7	6.5	4	完整	堆积面	略呈方形，敲砸使用痕迹多集中在棱角处
440	F53①：28	A型	浅灰色石英岩	8	5	6	完整	堆积面	自然石块直接使用，多棱面体，棱角处使用痕迹明显
441	F53①：29	A型	浅灰色石英岩	4				堆积面	近圆形，周缘敲砸痕迹明显
442	F54：38	B型	浅灰色花岗岩	12.18	6.12～8.93	3.8	完整	居住面	自然石块直接使用，较扁，有两处敲击点
443	F54：40	B型	黄色花岗岩	18.14	3.87～7.8	4.15	完整	居住面	长方体，有三处敲击点
444	F54：59	B型	棕红色花岗岩	8.6～12.18			完整	居住面	椭圆球体，共有三处敲击点
445	F54：70	A型	浅灰色石英岩	7	6	6	完整	居住面	多棱面体，敲砸使用痕迹多集中在棱角处
446	F54：85	B型	浅灰色石英岩	13.88	8.27	7.4	完整	居住面	块状多棱面体，有多处敲击点
447	F54：91	A型	浅灰色石英岩	7	6	3.5	完整	居住面	扁平状方形，敲砸痕迹集中在棱角处
448	F54：96	A型	浅灰色石英岩	8		5	完整	居住面	扁平状三角形，敲砸使用痕迹集中在棱角处
449	F54：110	A型	浅灰色石英岩	8	6	3.5	完整	居住面	扁平状近方形，敲砸使用痕迹集中在棱角处
450	F55：28	A型	石英岩	8	7.3	5.5	完整	居住面	自然石块直接使用，多棱面体，敲砸痕迹在棱角处
451	F55：55	A型	棕红色玄武岩	11.08	11.08	8.1	完整	居住面	形状非常不规则，多棱角
452	F55：56	B型	白色石英岩	12.42	7.8	5.3	完整	居住面	形状不规则，有多个棱角和多处敲击点
453	F55：64	A型	石英岩	6	5	4	完整	居住面	自然石块直接使用，多棱面体，敲砸痕迹在棱角处
454	F55：65	A型	白色石英岩	15.51	10.26	6.9	完整	居住面	形状非常不规则，有一处敲击点
455	F55：66	A型	棕红色玄武岩	12.8	10.31	6.5	完整	居住面	块状多棱面体，有一处敲击点

续附表3

序号	器号	分型	质地	尺寸（厘米）			保存状况	出土位置	器物描述
				长/直径	宽	厚			
456	F55：69	A型	石英岩	6.5	4	2	完整	居住面	自然石块直接使用，扁平棱体，敲击使用痕迹集中在一棱角处
457	F55：70	A型	石英岩自然石块	5	4	2.5	完整	居住面	扁平状近方形，敲砸使用痕迹集中在棱角处
458	F55：87	B型	浅灰色石英岩	10.56	9.33	6	完整	居住面	形状不规则，有多处敲击点
459	H14：10	A型	灰色石英岩自然石块	10.7	8.3	3.2	完整	H14	多棱面体，棱角处有敲砸使用痕迹
460	H19：1	B型	白色红斑石英岩块	8	4.3	3	完整	H19	两长端敲击痕迹明显，敲击点十分密集
461	H23：1	B型	灰色石英岩	6.9	6.6	4	完整	H23	近方形多棱面体，有两处棱角打击痕迹明显，敲击点密集
462	H33：1	A型	石灰岩自然石块	5.5	5	4	完整	H33	近正方形，棱角处有敲砸使用痕迹
463	H33：2	A型	石灰岩自然石块	7	7	6.5	完整	H33	多棱面体，棱角处有敲砸使用痕迹
464	H33：3	A型	石灰岩自然石块	6	4	4.5	完整	H33	近方锥体，棱角处有敲砸使用痕迹
465	H33：7	B型	石灰岩自然石块	4.2	3.5	3.5	完整	H33	多棱面体，有两处棱角因打击较为圆钝，敲击点密集

附表4　查海遗址出土石磨棒统计表

序号	器号	分型	质地	尺寸（厘米）		保存状况	出土位置	器物描述
				长	直径			
1	F1：35	A型	浅黄色花岗岩	18.5	4.5	残	居住面	琢制，多棱面柱状体，五个磨面
2	F1：55	B型	浅黄色花岗岩	13.4	4.7	残	居住面	琢制，近方柱体
3	F1：64	B型	棕红色花岗岩	9.9	5.24	残	居住面	琢制，圆柱体
4	F1：65	B型	浅黄色花岗岩	8.59	4.41	残	居住面	琢制，四棱柱体
5	F2：12	A型	浅黄色花岗岩	15.2	8.7	残	居住面	琢制，圆柱体
6	F2：18	B型	浅黄色花岗岩	13.8	7	残	居住面	琢制，圆柱体
7	F2：19	B型	浅黄色花岗岩	11.2	4.6	残	居住面	琢制，圆柱体
8	F2：20	B型	浅黄色花岗岩	10.6	6	残	居住面	琢制，圆柱体
9	F3：2	B型	花岗岩	14.5	4.4～5.4	残	居住面	琢制，四棱柱体
10	F3：15	A型	灰色花岗岩	19.45	3.76～3.85	残	居住面	琢制，四棱柱体
11	F3：19	B型	浅黄色花岗岩	8.65	6	残	居住面	琢制，长圆柱体
12	F3：20	B型	黄色花岗岩	9.35	5.8～7	残	居住面	琢制，四棱柱体
13	F3：28	B型	浅黄色花岗岩	13.25	5.6	残	居住面	残段，琢制，长圆柱体
14	F3：33	B型	花岗岩	12.4	6.5	完整	居住面	短圆柱体，两端也有使用麻面
15	F4：27	A型	浅黄色花岗岩	15.5	5.4	残	居住面	琢制，圆柱体
16	F5：22	A型	浅黄色花岗岩	17	7	残	居住面	琢制，圆柱体，中部较粗
17	F5：23	A型	浅黄色花岗岩	18.1	8.2	残	居住面	琢制，圆柱体，中部较粗
18	F6：5	A型	浅黄色花岗岩	17	6.9	残	居住面	多棱面柱状体
19	F6：17	A型	灰绿色石灰岩	23.5	5.9	残	居住面	多棱面柱状体

序号	器号	分型	质地	尺寸（厘米）		保存状况	出土位置	器物描述
				长	直径			
20	F6：18	B型	棕红色花岗岩	14	5.8	残	居住面	琢制，圆柱体
21	F6：19	B型	棕红色花岗岩	14.4	6.9	残	居住面	琢制，圆柱体
22	F7：27	B型	浅黄色花岗岩	12.1	4.5	残	居住面	琢制，圆柱体
23	F7：28	B型	灰色花岗岩	12.1	4.1	残	居住面	琢制，圆柱体
24	F7：29	B型	浅黄色花岗岩	11.3	5.6	残	居住面	琢制，圆柱体
25	F7：30	A型	灰色花岗岩	18.3	6.5	残	居住面	琢制，多棱面柱状体，三个使用面
26	F7：31	B型	灰色花岗岩	9.6	4.9	残	居住面	琢制，圆柱体
27	F7：32	A型	浅黄色花岗岩	18.4	4.8	残	居住面	琢制，圆柱体
28	F7：33	A型	浅黄色花岗岩	15.1	8.8	残	居住面	琢制，多棱面柱状体
29	F8：11	A型	浅黄色花岗岩	15.4	5.2	残	居住面	琢制，圆柱体
30	F8：12	B型	浅黄色花岗岩	4.8	5	残	居住面	琢制，圆柱体，一端磨平
31	F8：13	B型	浅黄色花岗岩	8	4.6	残	居住面	琢制，圆柱体
32	F9：15	B型	棕红色花岗岩	13	6.6～6.8	完整	居住面	琢制，短粗圆柱体
33	F9：16	B型	灰褐色花岗岩	10	5.7	残	居住面	琢制，圆柱体
34	F9：17	A型	浅黄色花岗岩	17.5	4.8	残	居住面	琢制，四棱柱体
35	F9：18	B型	灰色泥质页岩	7.5	3.8	残	居住面	琢制，多棱面柱状体
36	F11：18	B型	白色花岗岩	10.6	4.2	残	居住面	琢制，椭圆柱体
37	F13：1	A型	浅黄色花岗岩	15.45	4.05～5	残	居住面	琢制，圆柱体，经使用，中间细，两端粗
38	F14：6	A型	灰色花岗岩	16.8	4.7	残	居住面	琢制，细长圆柱体
39	F14：7	B型	黄白色花岗岩	11.7	7.6	残	居住面	琢制，短粗圆柱体
40	F14：8	B型	黄白色花岗岩	6	5.2	残	居住面	琢制，圆柱体
41	F15：4	B型	棕红色花岗岩	14.5	4.4～5.2	残	居住面	琢制，圆柱体，一面经推磨较平
42	F15：5	B型	黄色花岗岩	12.5	4～4.5	残	居住面	琢制，棱柱体
43	F15：6	B型	黄色花岗岩	7	5.3	残	居住面	琢制，三棱柱体
44	F16：26	B型	浅灰色石灰岩	9.1	5.5	残	居住面	琢制，圆柱体，单侧有较平磨面

序号	器号	分型	质地	尺寸（厘米）		保存状况	出土位置	器物描述
				长	直径			
45	F16：28	B型	灰色花岗岩	5	4.5	残	居住面	琢制，圆柱体
46	F17：25	B型	黄色花岗岩	11.4	5.4	残	居住面	琢制，圆柱体
47	F17：26	B型	浅粉色花岗岩	10.7	6.2	残	居住面	琢制，圆柱体
48	F17：29	B型	黄色花岗岩	7.4	4.6	残	居住面	琢制，圆柱体
49	F18：29	A型	灰色花岗岩	17.4	5.2	残	居住面	琢制，圆角五棱柱体
50	F18：30	B型	红褐色玄武岩	8.2	4.8 ~ 6.2	残	居住面	琢制，椭圆柱体
51	F18：31	B型	浅黄色花岗岩	14.3	5	残	居住面	琢制，圆角方柱体
52	F19①：26	B型	棕红色花岗岩	5.5	8.9	残	堆积层	琢制，短粗圆柱体
53	F19①：28	B型	棕红色花岗岩	14,3	10.3	残	堆积层	
54	F20：8	A型	黄灰色花岗岩	29.8	3.5 ~ 3.8	完整	居住面	琢制，棱柱体，五个磨面
55	F20：14	B型	浅灰色花岗岩	5.7	5.3	残	居住面	琢制，椭圆柱体
56	F20：15	B型	浅黄色花岗岩	6	3.8	残	居住面	残段，琢制，圆柱体
57	F21：45	A型	黄黑色花岗岩	16.36	6.6 ~ 7.02	完整	居住面	琢制，椭圆柱体
58	F21：46	A型	棕红色花岗岩	15.65	6.44	残	居住面	圆角方柱体，残段
59	F21：47	B型	黄黑色花岗岩	6.4	4.78	残	居住面	琢制，圆柱体，残段
60	F21：48	B型	棕红色花岗岩	5.08	6.27	残	居住面	残段，琢制，多棱面柱状体
61	F21：49	B型	黄白色花岗岩	11.1	5.4	残	居住面	残段，琢制，圆柱体
62	F21：51	B型	黄色花岗岩	11.15	4.36 ~ 5.38	残	居住面	残段，琢制，棱柱体
63	F21：52	A型	浅灰色花岗岩	17.68	4.3 ~ 4.67	残	居住面	残段，琢制，椭圆柱体
64	F21：53	A型	黄色花岗岩	27.74	4.28 ~ 4.64	残	居住面	方棱柱体，一端粗、一端细
65	F21：54	B型	黄色花岗岩	14	5.1 ~ 6.4	残	居住面	残段，琢制，椭圆柱体，中间较粗
66	F22：11	A型	浅黄色花岗岩	27.4	6.7	完整	居住面	琢制，圆柱体
67	F23：11	B型	灰绿色石灰岩	9.1	5.2	残	居住面	残段，琢制，圆柱体

序号	器号	分型	质地	尺寸（厘米）		保存状况	出土位置	器物描述
				长	直径			
68	F24：15	B型	黄褐色花岗岩	10.83	5.48	残	居住面	残段，琢制，圆柱体
69	F24：16	B型	黄褐色花岗岩	7.1	4.3	残	居住面	残段，琢制，圆柱体
70	F25：29	B型	浅灰色花岗岩	7.8	6.2	残	居住面	残段，琢制，圆柱体
71	F25：37	A型	黄灰色花岗岩	17.8	7.2	残	居住面	残段，琢制，圆柱体，中部略粗
72	F25①：1	B型	浅黄色花岗岩	11.3	4.8	残	堆积层	残段，琢制，圆柱体
73	F26：29	A型	棕红色花岗岩	28.13	5 ~ 6.57	完整	居住面	磨制，圆柱体，中部略细
74	F26：39	B型	黄色花岗岩	13.6	7.3	完整	居住面	磨制，圆柱体，两端较圆
75	F27：38	B型	白色花岗岩	14.6	5.3	完整	居住面	琢制，圆柱体
76	F27：39	B型	花岗岩	14.5	5.7	完整	居住面	圆角方柱体，两端细、中间粗
77	F27：41	A型	黄白色花岗岩	29	4.4 ~ 5.2	残	居住面	琢制，椭圆柱体
78	F27：42	B型	黄色花岗岩	11.1	4.6	残	居住面	残段，中部略细
79	F28：34	B型	黄色花岗岩	12	7.5	残	居住面	琢制，圆柱体
80	F28：35	B型	黄色花岗岩	7.38	6.63	残	居住面	琢制，圆柱体
81	F29：38	A型	浅黄灰色花岗岩	22	4.2 ~ 4.7	完整	居住面	琢制，经使用呈多棱面圆柱体，两端面略残
82	F30：68	B型	棕红色花岗岩	14.3	4.6	残	居住面	残段，琢制，圆柱体
83	F30：69	B型	浅色花岗岩	12.2	5.1	残	居住面	残段，琢制，四棱柱体，中间较细
84	F30：70	B型	浅色花岗岩	14.15	6 ~ 7.5	残	居住面	残段，琢制，四棱柱体
85	F30：71	B型	黄白色花岗岩	13	6.4	残	居住面	残段，琢制，多棱面柱状体
86	F30：72	A型	浅灰色花岗岩	20.2	4 ~ 5.4	完整	居住面	残段，琢制，椭圆柱体
87	F30：73	B型	浅灰色花岗岩	7.5	4.3 ~ 5.2	残	居住面	残段，琢制，椭圆柱体
88	F31：31	A型	黄色花岗岩	22.3	5.1	完整	居住面	琢制，圆柱体
89	F31：32	B型	黄白色花岗岩	14.6	8	残	居住面	琢制，圆柱体
90	F31：33	B型	黄白色花岗岩	12.26	4.3 ~ 5.75	残	居住面	琢制，椭圆柱体

续附表4

序号	器号	分型	质地	尺寸（厘米）		保存状况	出土位置	器物描述
				长	直径			
91	F31①：2	B型	浅灰色花岗岩	13.4	4.4	残	堆积层	琢制，圆柱体
92	F31①：3	B型	褐色花岗岩	7	6.6	残	堆积层	琢制，圆柱体
93	F32：50	B型	浅黄色花岗岩	7.4	4.2～4.6	残	居住面	琢制，多棱面圆柱体，五个平磨面
94	F32：51	B型	黄色花岗岩	12.9	4.4	残	居住面	琢制，圆柱体，单平磨面
95	F32：52	B型	黄色花岗岩	12	5～6	残	居住面	琢制，多棱面圆柱体，双平磨面
96	F32：63	B型	黄色花岗岩	6.8	5.3	残	居住面	琢制
97	F32①：3	B型	黄色花岗岩	9.3	5.2～5.4	残	堆积层	琢制，方柱体
98	F32①：4	B型	浅灰色花岗岩	8.5	6.2	残	堆积层	琢制，圆柱体
99	F32①：5	B型	红白色花岗岩	9	5.7	残	堆积层	琢制，多棱面圆柱体
100	F33①：8	B型	黄色花岗岩	8.6	4.8	残	堆积层	残段，琢制，圆柱体
101	F34：67	A型	黄灰色花岗岩	27.5	4.65	残	居住面	琢制，圆柱体，中部略细
102	F34①：4	B型	黄灰色花岗岩	9.3		残	堆积层	琢制，圆柱体，一平磨面
103	F34①：12	B型	黄灰色花岗岩	14.5	5	残	堆积层	琢制，方柱体，中部有一周凹槽
104	F35①：1	A型	黄色花岗岩	16.1		残	堆积层	琢制，椭圆柱体
105	F36：33	B型	黄色花岗岩	13.95	4.35～4.64	残	居住面	琢制，方柱体
106	F36：34	B型	浅黄色花岗岩	7.26		残	居住面	琢制，圆柱体
107	F39：36	A型	黄灰色花岗岩	16.62		残	居住面	略琢制，圆柱体
108	F39：37	B型	灰色花岗岩	10		残	居住面	琢制，圆柱体
109	F39：38	B型	黄白色花岗岩	9.63		残	居住面	琢制，椭圆柱体
110	F39：90	B型	棕红色花岗岩	14.93		残	居住面	琢制，椭圆柱体
111	F40：59	B型	花岗岩	8		残	居住面	琢制，椭圆柱体
112	F40①：17	B型	花岗岩	9.25	4.18	残	堆积层	琢制，使用面凹陷
113	F41：23	A型	灰褐色花岗岩	20		残	居住面	琢制，方柱体
114	F41：24	A型	灰褐色花岗岩	20		残	居住面	琢制，方柱体
115	F41①：2	B型	灰褐色花岗岩	13.5		残	堆积层	琢制，方柱体

续附表4

序号	器号	分型	质地	尺寸（厘米）		保存状况	出土位置	器物描述
				长	直径			
116	F41①：10	A型	灰褐色花岗岩	15.6	4.4	残	堆积层	琢制，椭圆柱体，一端残断，一端粗、一端细
117	F43：25	A型	灰褐色花岗岩	22.5		完整	居住面	琢制，多棱面柱状体
118	F45：43	B型	浅黄色花岗岩	8.5		完整	居住面	琢制，圆柱体
119	F46：50	A型	黄色花岗岩	24.08		残	居住面	琢制，棱柱体，两端细、中间粗
120	F46：51	B型	棕红色花岗岩	12.51		残	居住面	琢制，圆柱体
121	F46①：16	B型	白色花岗岩	4.06		残	堆积层	琢制，椭圆柱体
122	F46①：85	B型	浅黄色花岗岩	6.5		残	堆积层	琢制，椭圆柱体
123	F46①：86	A型	浅黄色花岗岩	23.52		完整	堆积层	琢制，多棱面柱状体
124	F47：28	B型	黄色花岗岩	13.63	4.45	残	居住面	椭圆形，其上有琢制痕迹
125	F47：31	A型	黄白色花岗岩	37.88	4.67	残	居住面	略琢制，椭圆柱体，粗细不均匀，两段经常使用，形成瘤状疙瘩
126	F47：34	B型	浅灰色云母变色岩	15.51	5.33	残	居住面	椭圆柱体，其上琢制痕迹明显
127	F48：39	A型	黄白色花岗岩	32.55	4.5	完整	F48	琢制，圆柱体，器表熏黑，一侧磨平
128	F48：44	B型	浅黄色花岗岩	9	5	残	F48	琢制，圆柱体，器表熏黑，一侧磨平
129	F48：63	B型	黄色花岗岩	17.63	7.06	完整	F48	琢制，圆柱体，器表熏黑，一侧磨平，一端粗、一端细
130	F48：64	B型	黄白色花岗岩	11.92	4.57	残	F48	琢制，多棱面柱状体
131	F49：33	B型	棕红色花岗岩	11.89	7.2	残	居住面	琢制，椭圆柱体
132	F49①：15	B型	黄色花岗岩	8.26	5.03	残	堆积层	琢制，圆柱体
133	F50：31	B型	红褐色花岗岩	5	4.5	残	居住面	琢制，扁圆柱体，两面磨面略凹
134	F51：11	B型	棕红色花岗岩	6.56	3.2～4.5	残	居住面	琢制，椭圆柱体
135	F51：12	B型	黄色花岗岩	7.53	5.1	残	居住面	琢制，圆柱体
136	F53：35	B型	黄色花岗岩	10.72	4～4.9	残	居住面	琢制，椭圆柱体，中部较粗
137	F53：36	B型	绛红色花岗岩	11.1	4.89	残	居住面	琢制，圆柱体

序号	器号	分型	质地	尺寸（厘米）		保存状况	出土位置	器物描述
				长	直径			
138	F53：37	B型	黄色花岗岩	7.02	4.28	残	居住面	琢制，棱柱体
139	F53①：5	B型	黄色花岗岩	6.76	5.7	残	堆积层	琢制，圆柱体
140	F54：57	B型	棕红色花岗岩	12.89	6.15	残	居住面	一侧经研磨，使用痕迹明显
141	F54：58	B型	黄色花岗岩	9.24	4.2	残	居住面	一侧残断
142	F55：63	B型	黄色花岗岩	10.74	5.4	残	居住面	琢制，圆柱体，一端残裂
143	F55：73	B型	黄色花岗岩	10.36	5	残	居住面	琢制，棱柱体
144	F55：80	B型	黄色花岗岩	9.94	4.15～4.34	残	居住面	琢制，圆角方柱体，两端残断，磨面上有窝坑
145	H2：3	B型	花岗岩材质	11	5	残	H2	琢制，柱状体，截面呈圆角方形，有四个磨制光滑的使用面
146	H11：3	B型	淡红色花岗岩	8	4.5～5	残	H11	琢制，柱状体，截面近圆角方形

附表5　查海遗址出土石磨盘统计表

序号	器号	质地	尺寸（厘米）			保存状况	出土位置	器物描述
			长	宽	厚			
1	F1：46	浅黄色黄岗岩	11	8	5	残	居住面	琢制，扁平长方形
2	F1：58	浅黄色黄岗岩	19.1	12	2.2	残	居住面	体扁平，磨面略凹
3	F2：14	浅黄色黄岗岩	18.5	28.9	4.1	残	居住面	琢制，体扁平，圆角，使用面略凹
4	F2：21	灰色黄岗岩	17	14.3	6	残	居住面	琢制，体扁平，使用面略凹
5	F2：22	棕红色黄岗岩	29.0	22	4.6	残	居住面	琢制，扁平圆角长方形，使用面略凹
6	F2：23	浅黄色黄岗岩	13.4	22.8	5.4	残	居住面	琢制，扁平圆角方形，使用面略凹
7	F2：29	浅黄色黄岗岩	9.3	10	2.8	残	居住面	琢制，体扁平，使用面略凹
8	F3：17	黄色花岗岩	18.3	5.5		残	居住面	琢制，磨面微凹
9	F4：28	棕红色花岗岩	12.7	9.7	2.7	残	居住面	琢制，磨面微凹
10	F5：20	浅黄色花岗岩	16.2	28.2	4.6	残	居住面	琢制，扁平圆角长方形，使用面略凹
11	F5：34	浅黄色花岗岩	25	26.7	5.6	残	居住面	琢制，扁平圆角长方形，使用面略凹
12	F5：35	浅黄色花岗岩	25.6	22.6	4.2	残	居住面	琢制，扁平圆角长方形，使用面略凹
13	F6：21	浅黄色花岗岩	21	32	3.5	残	居住面	圆角长方形，使用面光滑略凹，底面弧平
14	F6：29	浅黄色花岗岩	15.1	18	3.1	残	居住面	体扁平，圆角，使用面较平
15	F7：19	浅灰色花岗岩	14.8	22	4.9	残	居住面	琢制，体扁平，仅存一端，圆角，使用面粗糙
16	F7：20	浅黄色花岗岩	22.8	22	7.2	残	居住面	琢制，体扁平，仅存一角，使用面略凹
17	F7：22	赭红色花岗岩	17.7	9.3	4.5	残	居住面	两面使用，中部有窝坑

序号	器号	质地	尺寸（厘米）			保存状况	出土位置	器物描述
			长	宽	厚			
18	F7：24	浅黄色花岗岩	31	30	5	残	居住面	琢制，体扁平，圆角长方形，使用面略凹
19	F7：25	浅黄色花岗岩	23.8	13.3	5	残	居住面	琢制，体扁平，仅存一角，使用面略凹
20	F8：9	浅灰色花岗岩	28.3	27.6	6.3	残	居住面	扁平状，圆角，一使用面磨痕明显
21	F9：14	浅黄色花岗岩	13.6	17.8	3.7	残	居住面	琢制，扁平状，圆角，使用面略凹且磨痕明显，另一面有凹坑
22	F10：11	浅黄色花岗岩	21	32	6.4	残	居住面	琢制，扁平状，圆角，磨面略凹
23	F10：12	浅黄色花岗岩	23	34.8	5.2	残	居住面	琢制，扁平状，圆角，磨面略凹
24	F10：13	浅黄色花岗岩	18.7	21	4.5	残	居住面	琢制，扁平状，圆角，磨面略凹
25	F11：11	黄白色花岗岩	23.5	26.2	5.7	残	居住面	琢制，长方形，弧端，弧底，磨面略凹
26	F11：12	黄白色花岗岩	13.3	10	3.7	残	居住面	琢制，体扁平，有一个磨面，磨痕明显
27	F15：37	棕红色花岗岩	9.5	6	5.1	残	居住面	磨面凹平
28	F16：20	灰色石灰岩	8.4	7.7	3.8	残	居住面	琢制，体扁平，有一个磨面，磨痕明显
29	F17：30	黄白色花岗岩	18.2	18.8	4.5	残	居住面	琢制，体扁平，圆角长方形，磨面微下凹，底面平弧
30	F17：31	浅灰色石灰岩	12	9.6	2.8	残	居住面	琢制，磨面略凹，平弧背
31	F19①：27	浅黄色花岗岩	24.7	12.3	6.3	残	堆积层	琢制，使用面略凹
32	F20：9	黄灰色花岗岩	51.4	26	2.7～6.3	残	居住面	琢制，腰部略残，椭圆形，弧背，端部上翘，磨面略凹
33	F21：28	浅黄色花岗岩	26.7	24	9.32	残	居住面	残块，琢制，体扁平，圆角长方形，磨面略凹，底面较平
34	F21：29	黄白色花岗岩	11.64	11.56	2.64	残	居住面	残块，琢制，体扁平，磨痕明显
35	F21：68	黄色花岗岩	29.8	12.75	2.78	残	居住面	残块，琢制，体扁平，圆角长方形，磨面略凹
36	F21：69	黄白色花岗岩	14.28	9.11	5.74	残	居住面	残块，琢制，体扁平，磨面略凹
37	F24：17	黄褐色花岗岩	28	30	4.25	残	居住面	琢制，扁平椭圆形，磨面平弧，底部平弧
38	F25：21	黄色花岗岩	24.8	30.9	5.1	残	居住面	琢制，扁平状，圆角，磨面略凹

序号	器号	质地	尺寸（厘米）			保存状况	出土位置	器物描述
			长	宽	厚			
39	F25：43	浅黄色花岗岩	9	8.3	3.7	完整	居住面	利用自然石块简单修琢而成，扁平状近圆形，磨面略凹
40	F26：28	棕红色花岗岩	48.18	25.46	3.2 ~ 6	完整	居住面	琢制，扁平圆角长方形，磨面略凹
41	F27：40	浅黄色花岗岩	10	6	3.3	残	居住面	残块，琢制
42	F27：43	黄色花岗岩	24.7	20.4	2 ~ 5.7	残	居住面	椭圆形，磨面略凹
43	F27：47	花岗岩	9.8	7.8	3.3	残	居住面	
44	F27：49	白色花岗岩	23.2	10.6	2.8 ~ 5.3	残	居住面	体扁平，一平一凹双磨面
45	F27：70	棕红色花岗岩	12.3	11.6	1.8 ~ 4.6	残	居住面	扁平状，圆角，单磨面略凹
46	F27：75	黑白色花岗岩	11.4	6.4	5.3	残	居住面	扁长方体，单磨面略凹
47	F31：39	浅黄色花岗岩	25.4	25	5.8	残	居住面	琢制，体扁平，圆角长方形，磨面略凹
48	F32：74	白色花岗岩	15.04	11.03	5.2	残	居住面	单磨面
49	F32①：16	浅灰色花岗岩	10	8	5.2	残	堆积层	琢制，磨面略凹
50	F35：28	黄色花岗岩	19.9	19.5	6.75	残	居住面	残段，琢制，扁长方体，弧端，磨面略凹
51	F35：29	黄色花岗岩	19.5	10.8	4.1	残	居住面	残段，琢制，扁长方体，弧端，磨面略凹
52	F36：40	黄色花岗岩	11.07	10.51	4.9	残	居住面	残块，琢制，长方形，平磨面，底面有窝点
53	F38：14	浅黄色花岗岩	10.6	7.7	2	残	居住面	琢制，使用面略凹
54	F39：72	黄色花岗岩	28.37	36.35	2.4 ~ 7.6	残	居住面	残块，琢制，体扁平，长方形，磨面略凹
55	F39：74	黄白色花岗岩	25.77	23.12	2.8 ~ 7.4	残	居住面	残块，琢制，体扁平，圆角长方形
56	F39：75	黄色花岗岩	14.41	10.98	4.2	残	居住面	残块，琢制，体扁平
57	F39：76	灰色花岗岩	23.76	41.05	4 ~ 8.8	残	居住面	残块，琢制，体扁平
58	F39：77	黄褐色花岗岩	48.37	23.76	2 ~ 4.2	残	居住面	残块，琢制，体扁平，圆角长方形

续附表5

序号	器号	质地	尺寸（厘米）			保存状况	出土位置	器物描述
			长	宽	厚			
59	F41：27	灰褐色花岗岩	28	15.3	11.6	残	居住面	残块，琢制，长方体，磨面略凹
60	F42①：15	浅黄色花岗岩	8.7	5		完整	堆积层	琢制
61	F42①：23	灰色花岗岩	10.7		4.5	残	堆积层	琢制，有一使用磨面
62	F43：26	褐色花岗岩	40.5	20	4.5	完整	居住面	琢磨兼制，扁平长方体，底部平整，磨面微凹
63	F45：31	黄白色花岗岩	10.62	9.4	5.6	残	居住面	琢制，磨面略凹
64	F45：32	黄褐色花岗岩	10.8	10.3	5.2	残	居住面	琢制，单磨面
65	F45：33	棕红色花岗岩	10	9	6	残	居住面	琢制，磨面使用痕迹明显
66	F45：63	黄色花岗岩	11.23	10.97	2.8	残	居住面	琢制，体扁平
67	F46：52	棕红色玄武岩	34.7	30.06	4～10	残	居住面	琢制，体扁平，圆角长方形，磨面略凹
68	F46：53	灰色砂岩	21.54		6.9	完整	居住面	琢制，体扁平，圆角长方形，磨面略凹
69	F46：55	黄白色花岗岩	30.17	27.34	4.4～7.4	残	居住面	琢制，圆角长方形，磨面略凹
70	F46：57	黄色花岗岩	13.21	11.4	4.5	残	居住面	琢制，磨面略凹
71	F47：21	黄色花岗岩	45	25	4.5	完整	居住面	琢制，长方形，底面平整，磨面较凹
72	F47：22	黄色花岗岩	11.09	7.43	3.2～5.2	残	居住面	琢制，体扁平，圆角长方形，磨面里有一凹窝
73	F47：32	黄色花岗岩	45	25	4.5	完整	居住面	琢制，长方形，底面平整，磨面较凹
74	F47①：2	黄色花岗岩	10	6.66	1～2.6	残	堆积层	琢制，磨面略凹
75	F48：37	浅黄色花岗岩	21		2.7	残	F48	琢制，磨面略凹
76	F48：43	棕红色花岗岩	18.08	12.44	5.8	残	F48	琢制，磨面略凹
77	F48：47	黄白色花岗岩	20.22	20.97	5.3	残	F48	琢制，圆角长方形，磨面略凹，磨面中间有凹窝，平底
78	F48：52	黄色花岗岩	19.2	18.74	2.4～3.6	残	F48	琢制，磨面略凹
79	F48：53	黄灰色花岗岩	22.08	27.6	3.8	残	F48	琢制，磨面略凹
80	F48：60	黄色花岗岩	22.1	22.46	2～3.6	残	F48	琢制，磨面略凹

序号	器号	质地	尺寸（厘米）			保存状况	出土位置	器物描述
			长	宽	厚			
81	F48：62	黄色花岗岩	18.56	21.57	1.6 ~ 3.6	残	F48	琢制，磨面略凹
82	F49①：12	黄色花岗岩	11.43	9.16	1.8 ~ 2.7	残	堆积层	琢制，磨面略凹
83	F50：32	浅灰色花岗岩	17.4	12	0.92 ~ 3.5	残	居住面	琢制，磨面略凹
84	F50：33	浅灰色花岗岩	10.09	8.73	3.7	残	居住面	琢制，磨面略凹
85	F50：51	红褐色花岗岩	8.55		2.65	残	居住面	琢制，磨面略凹
86	F51①：6	棕红色花岗岩	12.4		3.95	残	堆积层	琢制，磨面略凹
87	F52：20	黄色花岗岩	15.74	15.24	1.8 ~ 3.2	残	居住面	琢制，磨面略凹
88	F52：32	黄色花岗岩	16.62	9.93	3.3	残	居住面	琢制，磨面略凹
89	F53①：1	白色石灰岩	6.72	9.61	1.4	残	堆积层	琢制，体扁平，长方形，单磨面略凹
90	F53①：2	黄色或红褐色花岗岩	14.43	7.16	2.1	残	堆积层	长方形，单磨面略凹
91	F53①：3	黄色或红褐色花岗岩	6.04	5.5	2.9	残	堆积层	长方形，单磨面略凹
92	F53①：4	黄色或红褐色花岗岩	10.22	7.7	2.8	残	堆积	长方形，单磨面略凹
93	F53①：9	黄色或红褐色花岗岩	9	8	2	完整	堆积层	琢制，不规则扁平状，双磨面
94	F54：50	浅灰色石灰岩	21.2	18.4	2.8 ~ 6	残	居住面	琢制，体扁平，磨面略凹
95	F54：51	黄色花岗岩	17.47	15.47	4.3	残	居住面	琢制，体扁平，磨面略凹
96	F54：54	黄色花岗岩	12.54	10.53	3.23 ~ 5.45	残	居住面	琢制，体扁平，磨面略凹
97	F54：55	黄色花岗岩	11.48	8.7	4.7	残	居住面	琢制，体扁平，磨面略凹
98	F54：56	黄色花岗岩	15.46	8.38	1.8	残	居住面	琢制，体扁平，磨面略凹
99	F54：68	黄色花岗岩	27.3	13.71	0.3 ~ 2.6	残	居住面	琢制，体扁平，磨面略凹
100	F55：29	黄色花岗岩	20.35	35.43	4	残	居住面	琢制，体扁平，圆角长方形，薄厚不均，单磨面略凹
101	F55：62	灰色石灰岩	14.39	13.5	4.3	残	居住面	单磨面

续附表5

序号	器号	质地	尺寸（厘米）			保存状况	出土位置	器物描述
			长	宽	厚			
102	F55：75	红色花岗岩	20.3	31.34	5.4	残	居住面	单磨面略凹
103	F55：84	黄色花岗岩	25.59	27.02	3.2	残	居住面	单磨面略凹
104	H14：8	浅黄色花岗岩	10.7	8.3	3.2	残	H14	琢制
105	H33：5	花岗岩			2～4.5	残	H33	琢制，一面平，一面中凹，周缘未残处有修整，薄厚不一

附表6　查海遗址出土研磨器统计表

序号	器号	分型	质地	尺寸（厘米）			保存状况	出土位置	器物描述
				长/直径	宽	厚			
1	F6：4	A型	浅黄色花岗岩	8.3～10		4.4	完整	居住面	椭圆形，两使用面光滑
2	F6：10	A型	浅黄色花岗岩	5		3.4	完整	居住面	琢制，圆形，使用面较平滑
3	F8：14	A型	浅黄色花岗岩	10		8.3	完整	居住面	琢制，扁圆形，两端为使用面
4	F9：9	A型	灰褐色花岗岩	7.1～7.3		4	完整	居住面	琢制，扁圆形，使用面有凹窝
5	F15：13	A型	浅黄色花岗岩	7.48	3.55	5	残	居住面	琢制，椭圆形，端部略残
6	F15：17	A型	浅灰色石灰岩	2.3～4.8		2.5	残	居住面	琢制，椭圆形，端部略残
7	F16：24	A型	浅绿色云母变质岩	9.8	6.1	4	残	居住面	琢制，较短粗，椭圆形
8	F16：25	A型	浅绿色云母变质岩	10.4	4.1	3.4	残	居住面	琢制，短扁圆形
9	F16：32	A型	黄灰色花岗岩	7.5～7.8		4	残	居住面	较扁，近椭圆形，中部有琢制窝坑，磨痕明显
10	F23：10	A型	灰褐色花岗岩	10.8	8.1	7.3	完整	居住面	琢制，椭圆形，单平磨面
11	F23：12	A型	灰褐色花岗岩	14.3	7.7	7.2	完整	居住面	琢制，椭圆形，单平磨面
12	F23：23	A型	天然砾石	5.2	4.7	4.5	完整	居住面	天然砾石直接使用，多棱面体，有多个平滑磨面
13	F24：19	A型	灰褐色花岗岩	6.6	6.58	4.5	残	居住面	体扁平，圆边角，平磨面
14	F27：64	B型	黄色花岗岩	8.2	8	4.2	完整	居住面	通体磨制，圆角方形
15	F30：42	A型	黄色花岗岩	11.7	11.7	7.8	完整	居住面	圆球状
16	F31①：10	A型	浅灰色花岗岩	6.9	5		完整	堆积层	琢制，扁圆形，单平磨面
17	F32①：31	B型	浅灰色石灰岩	5.3	4.2	1.9	残	堆积层	通体磨光，梯形，单磨面，磨面微凸
18	F39：100	A型	褐色玄武岩	11			完整	居住面	打制，一面较平

续附表6

序号	器号	分型	质地	尺寸（厘米）			保存状况	出土位置	器物描述
				长/直径	宽	厚			
19	F39：112	A型	浅红灰色麻岩	10.9		3.1	完整	居住面	琢制，较扁，椭圆形
20	F45：53	B型	灰色石灰岩	9.93	9.31	5.6	完整	居住面	扁平圆角方形，有三个磨面
21	F46①：77	B型	紫红色砾石	4	2.5	2	完整	堆积层	通体光滑
22	F46①：78	B型	浅黄色花岗岩	4.5		2.8	完整	堆积层	方形，有多个磨面，较为光滑
23	F50：53	B型	灰色河卵石	2.5	2	3.5	完整	居住面	多棱面，有多个使用面
24	F51①：3	B型	流纹岩	2.6	2.6	2	完整	堆积层	不规则状，有磨制痕迹
25	F54：60	A型	黄色	9.02		4.8	完整	居住面	琢制，半球体
26	M8：9	A型	青灰色河卵石	3.6	4.2	3.7	完整	M8	形状不规则，有一个光平研磨面，尖角处有敲击点
27	M8：16	A型	黄白色花岗岩	4.1	3.3	1.7	完整	M8	打制，椭圆形，有两个光平研磨面
28	M8：21	A型	黄白色花岗岩	5.7	3.6	2	完整	M8	椭圆形

附表7　查海遗址出土石刀统计表

序号	器号	质地	尺寸（厘米）			保存状况	出土位置	器物描述
			长	宽	厚			
1	F2：1	灰色页岩	20	6.5	2.2	完整	居住面	打制，剖面呈三角形，直背，弧刃，刃部崩疤明显
2	F3：32	灰色页岩	11.2	12.6	1.6	完整	居住面	打制，弧背，直刃
3	F8：26	灰色页岩	9.1	8	0.6	残	居住面	打制，弧背，直刃
4	F15：9	褐色长石	16.2	4.1	2.1	残	居住面	打制，三角形截面，直背，弧状刃，刃部有崩疤
5	F26：57	浅灰色石灰岩	11.71	17	1.1	完整	居住面	薄石片，弧状利边为刃，有崩痕
6	F32：79	浅灰色石灰岩	13	8.6	1.6	残	居住面	打制，椭圆形，器身扁平，弧状刃，刃部有崩痕
7	F32：80	灰色页岩	14.6	11.5	2.3	完整	居住面	自然石片，两薄边为刃，有使用崩痕
8	F32：82	灰色页岩	10.4	12.3	1.2	残	居住面	自然石片，弧薄刃，锋利，有使用崩痕
9	F32：83	红褐色页岩	7	10	2.2	完整	居住面	打制，截面呈三角形，弧背，直刃，刃部精细修理，较锋利
10	F33：64	深灰色页岩	11	15.1	1.5	残	居住面	打制，刀身扁平，直背，弧状刃，一面磨痕明显，有崩疤
11	F35：37	灰色石灰岩	13.9	9.4	2.1	残	居住面	刃部残片，打制，弧状刃
12	F35①：11	深灰色页岩	6	4	0.8	残	堆积层	自然石片，薄边为刃，有一打制穿孔
13	F36：100	浅灰色页岩	16.55	7.69	1.3	完整	居住面	体扁平，薄边为刃，有崩疤
14	F36：101	浅灰色石灰岩	17.59	6.47	0.2~1.4	完整	居住面	较平，薄边为刃
15	F36：102	浅灰色石灰岩	13.74	10.16	1.3	完整	居住面	较平，薄边为刃
16	F39：108	黄灰色页岩	24	9.6	0.4	完整	居住面	打制，长椭圆形，形体扁平，周边有刃

序号	器号	质地	尺寸（厘米）			保存状况	出土位置	器物描述
			长	宽	厚			
17	F39：110	浅灰色石英岩	13	6	0.3	完整	居住面	自然石块直接使用，近长方体，背厚刃薄，直刃
18	F40①：46	沉积岩	11.25	3.7	2.5	完整	堆积层	打制，直背，弧状刃
19	F43：46	灰绿色页岩	9.8	19	0.7	完整	居住面	打制，近长圆形扁薄体，直背，弧状刃
20	F43：53	灰色页岩	8	4	1	完整	居住面	打制，近长圆形扁薄体，直背，弧状刃
21	F43①：12	灰褐色花岗岩	10.5	9.5	2	完整	堆积层	自然有形石块直接使用，平面近圆角方形，薄边为刃
22	F46①：15	浅灰色石灰岩	8.61	8.61	2.2	完整	堆积层	打制，扁体，弧背，弧状刃，正锋，刃部有破碴
23	F47：30	白色石灰岩	21.13	19.09	3.4～5.6	完整	居住面	自然石片，薄边为刃，应该为使用过的器物，刃锋利且厚度不一
24	F47①：29	灰色石灰岩	13.64	8.61	2.2	完整	堆积层	体扁平，整体呈椭圆形，背部有弧度，刃部较弧
25	F49：46	灰色页岩	8	4.5	0.5	完整	居住面	自然石片，薄片状，薄边为刃
26	F55：86	浅黄色石英岩	9.81	6.6	3.4	残	居住面	打制，呈扁平状扇形，刀刃疤痕明显
27	H26：1	灰色页岩	11.28		1.58	残	H26	薄石片，刃部打制，有崩痕
28	H33：4	页岩	9	7.5	2	完整	H33	打制，体扁平，背厚刃薄，刃部有使用崩痕
29	M8：13	青色页岩	8.2	11	0.9	完整	M8	打制，形状不规则，弧状刃，正锋，有破碴

附表8　查海遗址出土石球统计表

序号	器号	质地	尺寸（厘米）			保存状况	出土位置	器物描述
			长/直径	宽	厚			
1	F1：39	黄褐色玄武岩	9.3			完整	居住面	打制，周边敲击痕迹明显
2	F5：29	褐色砾石	4.2	3.7	2.6	完整	居住面	打制，周边敲击痕迹明显
3	F5：30	红褐色砾石	3.8	2.7	2.53	完整	居住面	打制，周边敲击痕迹明显
4	F9：20	红褐色玄武岩	5.1～7.1			完整	居住面	打制，周边敲击痕迹明显
5	F33：46	黄褐色河卵石	2.5			残	居住面	半球状，表面光滑，周边使用痕迹不明显
6	F33：60	棕红色花岗岩	5.4			完整	居住面	打制，椭球状
7	F39：63	棕红色花岗岩	23.25	16.49	9.2	完整	居住面	球状，器身有多处敲砸迹象
8	F39：66	褐色花岗岩	20	15.1	6.8	完整	居住面	球状，器身有多处敲砸迹象
9	F46①：69	红褐色玄武岩	11.5	7.9	5.2	完整	堆积层	扁球状
10	F50：48	扁圆形砾石	3.5		2	完整	居住面	扁圆形，有一道绳索痕迹
11	M8：2	红褐色河卵石	3.4	3.9	2.5	残	M8	两端残断
12	M8：3	红褐色河卵石	4.3	4.8	3.3	完整	M8	近球状
13	M8：15	红褐色河卵石	4.6	4.3	4.2	完整	M8	一个光平研磨面，尖角处有敲击点

附表9 查海遗址出土铲形石器统计表

序号	器号	分型	质地	尺寸（厘米）			保存状况	出土位置	器物描述
				长	宽	厚			
1	F1：36	A型	黑灰色泥质页岩	16.2	18.8	3.7	完整	居住面	扁柄，亚腰，翘肩，弧状刃，刃部一侧使用痕迹明显
2	F1：38	A型	浅黄色页岩	16.5	12	2.7	残	居住面	打制，长直柄
3	F1：44	A型	浅黄色页岩	18.3	13.3	2.25	残	居住面	打制，束腰不显，短直柄，斜肩，短身一侧残缺，弧状刃
4	F1：48	A型	深灰色页岩	9	13.6	1.4	残	居住面	刃部残片，弧状刃，刃部有使用崩痕
5	F1：53	A型	黑灰色页岩	15.2	14	1.28	完整	居住面	整体呈扇形，周边较薄，柄端圆弧，束腰，铲身椭圆，一面琢击痕迹明显，正锋，弧状刃
6	F1：54	A型	深灰色页岩	10.9	7.4	1.4	残	居住面	打制，体扁平，窄长柄，直身，不显腰，刃部残缺
7	F1：57	A型	浅灰色页岩	16.6	15.8	1.6	完整	居住面	整体呈扁平扇形，束腰，弧状单面刃，刃部单面有使用磨痕，一侧刃角有明显的崩疤
8	F1：59	A型	淡红色花岗岩	12.3	17.5	1.2	残	居住面	打制，束腰，短柄，圆身，弧状刃，刃部有崩疤
9	F2：13	A型	灰色页岩	13	7.3	1.5	残	居住面	柄部残，打制，刃部有使用磨痕
10	F2：15	A型	浅黄色泥质页岩	10.5	16.8	2.8	残	居住面	柄部残，打制，刃部有使用磨痕
11	F2：17	A型	深灰色页岩	18.4	8.1	2.5	残	居住面	打制，刃部有崩痕，两侧刃角残缺
12	F2：35	B型	深灰色页岩	24.7	13.2	1.8	完整	居住面	打制，呈扁平长条形，长直柄，斜弧状刃，刃锋宽厚，一面有明显的使用磨痕，柄部及铲身各对钻一圆形穿孔
13	F3：21	A型	灰色页岩	11.55	7	1.3	完整	居住面	打制，弧状刃，侧棱斜直

序号	器号	分型	质地	尺寸（厘米）			保存状况	出土位置	器物描述
				长	宽	厚			
14	F3：25	A型	灰色页岩	17.72	16.28	2.3	完整	居住面	打制，短柄，圆身，弧状刃
15	F3：34	A型	灰色页岩	7.2	7.7	1.4	残	居住面	打制，弧状刃，侧棱斜直
16	F4：23	A型	淡红色花岗岩质	15.5	13.5	2.2	完整	居住面	呈"凸"字形，短柄，宽身，弧状刃
17	F4：24	A型	灰色泥质页岩	12.1	16.4	2.15	残	居住面	打制，短柄，束腰，扇状铲身，弧状刃，刃部有使用崩痕
18	F4：25	A型	灰色页岩	6.9	7.2	1	残	居住面	打制，刃部有使用磨痕
19	F4：26	A型	浅黄色页岩	16	9	2.7	完整	居住面	打制，长直柄，束腰不显，圆身，弧状刃，有使用崩痕
20	F4：35	A型	灰色页岩	13.3	11.1	2.05	完整	居住面	打制，长直柄，束腰不显，圆身，弧状刃，有使用崩痕
21	F5：19	A型	灰绿色页岩	17.4	12.4	1.8	残	居住面	打制，宽长直柄，圆身，弧状刃，刃部有使用磨痕
22	F6：2	B型	深灰色页岩	21.2	19.6	1.6	完整	居住面	打制，扁平不规则形，束腰，弧状刃，刃部宽厚，双面有明显的使用磨痕
23	F6：3	B型	深灰色页岩	19.5	19.3	1.6	完整	居住面	打制，扁平圆盘状，对凿椭圆形双孔，弧状刃，刃部宽厚，一面磨痕明显
24	F6：9	A型	灰色泥质页岩	16.7	13	1.5	完整	居住面	打制，束腰不显，近长直身，弧状刃，有使用磨痕
25	F6：14	A型	灰色泥质页岩	18.7	34.3	1.1～3	完整	居住面	打制，短柄，束腰、长弧状刃，刃部有明显使用痕
26	F6：15	A型	淡绿色细砂岩质	18	8	2	完整	居住面	打制，体略长，长直柄，束腰不显
27	F6：16	A型	淡红色花岗岩	13.7	22.4	2.5	完整	居住面	打制，束腰，短柄，椭圆身，长弧状刃，刃部有明显使用痕迹
28	F6①：9	A型	灰色泥质页岩	16.7	13	1.5	残	堆积层	打制，束腰不显，近长直身，弧状刃，有使用磨痕
29	F7：16	B型	灰色页岩	14.7	10.07	1.4	残	居住面	打制，扁平梯形，直柄，束腰不显，直刃，刃部有崩痕
30	F7：17	B型	黑色泥质岩	20.1	13.2	2.3	残	居住面	上部残缺，中部钻双孔

序号	器号	分型	质地	尺寸（厘米）			保存状况	出土位置	器物描述
				长	宽	厚			
31	F7：18	A型	灰色泥质页岩	19.6	9.7	9.7	完整	居住面	打制，扁平梯形，直柄，束腰不显，直刃，刃部有崩痕
32	F9：7	A型	深灰色页岩	13	16.7	2	残	居住面	打制，短宽直柄，束腰明显，短身，宽弧状刃，一侧刃角残断，有使用磨痕
33	F9：8	A型	花岗岩	14.5	18	3.1	残	居住面	打制，直柄短宽，双肩斜平，短身长刃，刃中部用凹，有崩疤
34	F9：10	A型	深灰色页岩	6	8.4	1.5	残	居住面	束腰，打制
35	F9：11	A型	深灰色页岩	6.8	5.2	0.6	残	居住面	棱面有明显磨痕
36	F10：14	A型	灰色泥质页岩	13	17.3	2	残	居住面	刃部残片，打制，弧状刃，有使用崩痕
37	F10：15	A型	灰绿色页岩	14.2	12	1.7	残	居住面	弧状刃，刃角残缺，有崩痕
38	F10：16	A型	灰色泥质页岩	12	8	1	残	居住面	柄部残片，扁平长圆形
39	F10：17	A型	灰色泥质页岩	15.6	13.7	3.1	残	居住面	刃部残片，弧状刃，刃部有使用崩痕
40	F11：8	B型	深灰色页岩	7.5	16.6	2.1	残	居住面	上端残片，打制，体扁平，对钻孔
41	F11：9	A型	灰色石灰岩	6.78	11.2	0.86	残	居住面	打制，体扁平
42	F13：2	A型	灰色泥质页岩	8.2	8.84	1.6	残	居住面	打制，有使用磨痕
43	F13：3	A型	灰绿色泥质页岩	9.44	14.96	1.72	残	居住面	打制，弧状刃，有使用崩痕
44	F14：19	A型	灰色石灰岩	10.5	8.5	1.5	残	居住面	打制，体扁平
45	F14：20	A型	灰色石灰岩	7.5	9.8	1	残	居住面	打制，体扁平
46	F15：7	A型	浅红色石灰岩	10.5	9	2.1	完整	居住面	打制，体扁平，弧状刃，正锋，刃部有崩疤
47	F15：8	A型	深灰色页岩	10.5	7.3	1.5	残	居住面	打制，体扁平
48	F15：14	A型	灰色石灰岩	7.9	7.1	1.8	残	居住面	打制，体扁平
49	F15：16	A型	浅灰色页岩	7.3	10.6	1.8	残	居住面	打制，体扁平
50	F16：9	A型	浅灰色石灰岩	11.5	9.2	1.8	残	居住面	柄部残片，打制，体扁平，窄柄，有肩，铲身残断
51	F16：10	A型	浅灰色石灰岩	16.5	8	1.9	残	居住面	打制，体扁平
52	F16：17	A型	浅灰色页岩	16.6	8.1	2.4	完整	居住面	弧顶，窄柄，略溜肩，弧状刃，正锋

序号	器号	分型	质地	尺寸（厘米）			保存状况	出土位置	器物描述
				长	宽	厚			
53	F16：18	A型	灰色页岩	7.1	4.9	1.4	残	居住面	柄部残片，打制，体扁平，窄柄，有肩，铲身残断
54	F16：27	A型	浅灰色页岩	8.2	12	1.7	残	居住面	打制，体扁平，弧状刃，正锋
55	F16：29	A型	灰色石灰岩	6.4	8	2	残	居住面	打制，体扁平
56	F16：30	A型	灰色页岩	11.2	12	1.1	残	居住面	打制，体扁平，弧状刃，有崩疤
57	F16：31	A型	深灰色页岩	8.7	10	1.4	残	居住面	打制，体扁平
58	F17：21	A型	浅灰色石灰岩	12.7	17.8	1	残	居住面	打制，体扁平，弧状刃，有使用磨痕
59	F18：10	A型	灰色页岩	20	9.4	2.7	完整	居住面	扁平窄身，直柄，束腰不显，弧顶，平刃
60	F18：11	A型	灰色泥质页岩	13	6.2	2.9	残	居住面	短柄，圆身，显腰，弧状刃
61	F18：12	B型	深灰色页岩	15.4	9.1	2.7	残	居住面	残块，有一琢孔
62	F18：25	A型	深灰色页岩	16	10	2	完整	居住面	长直柄，器身近方形，束腰不显，直刃
63	F18：26	A型	深灰色页岩	14.4	7.7	1.8	残	居住面	刃部使用痕迹明显
64	F18：27	A型	深灰色页岩	7.1	12.7	2	残	居住面	刃部有使用崩痕
65	F19：5	A型	灰色页岩	9.8	10	2.1	残	居住面	残块
66	F19①：22	A型	灰色页岩	11	8.2	2.2	残	堆积层	刃部残片
67	F19①：29	A型	灰色页岩	13	7	1.2	残	堆积层	打制，刃部残缺
68	F20：21	A型	赭色石灰岩	11.46	14.46	2.5	完整	居住面	打制，体扁平，束腰不显，弧状刃，正锋
69	F21：30	A型	灰色泥质页岩	19.2	16.9	3.3	完整	居住面	打制，柄部圆弧，压腰，扇状器身，正锋，弧状刃，刃部一侧使用痕迹明显
70	F21：31	A型	深灰色页岩	17.6	6.75	1.66	残	居住面	打制，体扁平，扁长方形，一侧束腰，平刃，正锋
71	F21：39	A型	浅灰色石灰岩	8.82	11.34	3	残	居住面	打制，体扁平
72	F21：55	A型	浅灰色石灰岩	11.74	10	1.5	残	居住面	打制，体扁平
73	F21：56	A型	浅红色石灰岩	8.4	17.5	2.86	残	居住面	打制，体扁平，弧状刃，刃部有崩疤

序号	器号	分型	质地	尺寸（厘米）			保存状况	出土位置	器物描述
				长	宽	厚			
74	F21：57	A型	浅灰色石灰岩	6.63	10.89	2.6	残	居住面	打制，体扁平，弧状刃，刃部有崩疤
75	F21：58	A型	灰色石灰岩	16	15.55	2.1	完整	居住面	打制，体扁平，束腰，弧状刃，刃部有崩疤
76	F21：59	A型	浅灰色页岩	14.7	18.16	1.64	残	居住面	打制，体扁平，束腰，柄部一角残，弧状刃，刃部有崩疤
77	F21：60	A型	灰色石灰岩	13.56	13.56	3.06	完整	居住面	打制，体扁平，束腰，短柄，椭圆身，弧状刃，刃部有崩疤
78	F21：61	A型	浅红色石灰岩	7.9	11.79	1.54	残	居住面	打制，体扁平，刃部崩痕明显
79	F21：62	A型	浅灰色石灰岩	18.78	10.61	2.9	残	居住面	打制，体扁平，长柄，短身，弧状刃，刃部有崩疤，一面磨痕明显
80	F21：63	A型	浅红色页岩	9.38	12.46	1.59	残	居住面	打制，体扁平，弧状刃，一面磨痕明显
81	F21：64	A型	深灰色页岩	12.58	12.19	2.32	残	居住面	打制，体扁平
82	F21：77	A型	浅灰色石灰岩	9	8.4	1.8	残	居住面	打制，体扁平，弧状刃，刃部有崩疤
83	F24：18	A型	浅灰色页岩	11.6	10.5	0.9	残	居住面	打制，局部残，扁且薄，短柄，束腰，弧状刃
84	F24：22	A型	浅灰色页岩	10.7	11.9	1.7	残	居住面	打制，弧状刃
85	F25：35	A型	浅灰色石灰岩	14.6	13.3	3.2	完整	居住面	打制，体扁平，呈"凸"字形，短柄，圆刃，刃部有崩疤
86	F25①：4	A型	灰绿色页岩	13.8	15.7	2.3	完整	堆积层	打制，圆弧柄，束腰，斜肩，弧状刃
87	F26：37	A型	灰色页岩	13.94	23.4	2.2	残	居住面	打制，柄残，器身扁平，束腰，弧状刃，有崩疤
88	F26：52	A型	黄灰色页岩		24.4	2.2	残	居住面	打制，束腰
89	F26：53	A型	灰色页岩	18.4	12.4	2.1	完整	居住面	刃部有崩痕
90	F26：54	A型	浅灰色页岩	13.2	17.1	1.5	残	居住面	弧状刃
91	F26：60	A型	浅灰色页岩	17.6	19.4	2	完整	居住面	打制，体扁平，束腰不显，斜弧状刃，刃部单面有使用磨痕
92	F26：61	A型	深灰色页岩	15	22	1.5	残	居住面	圆柄，束腰明显，腰部有琢痕，平肩，横长身，宽弧状刃，一侧身略微残，刃部有使用磨痕

序号	器号	分型	质地	尺寸（厘米）			保存状况	出土位置	器物描述
				长	宽	厚			
93	F26①：4	A型	灰色页岩	14.8	5.6	1.8	残	堆积层	打制，体扁平，弧状刃
94	F27：44	A型	浅灰色石灰岩	16.5	14.1	1.9	残	居住面	打制，直柄，柄部残损，圆身，弧状刃
95	F27：46	A型	棕红色花岗岩	7.97	7.9	1.8	残	居住面	打制，体扁平
96	F27：95	A型	浅灰色石灰岩	12.05	20.78	1.5	完整	居住面	打制，体扁平，"凸"字形，弧状刃，有崩疤
97	F29：12	A型	深灰色页岩	10	5.22	3.37	残	居住面	打制，直背，直刃，刃部有崩疤
98	F30：135	A型	灰色石灰岩	17.7	12.2	1.2	残	居住面	打制，体扁平，弧状刃
99	F30：41	A型	浅灰色石灰岩	13	12.4	2.5	残	居住面	打制，体扁平，弧状刃
100	F30：43	A型	灰色石灰岩	12.6	9.3	1.8	残	居住面	打制，体扁平，弧状刃
101	F30：44	A型	浅灰色石英岩	11.62	8.6	2.5	残	居住面	打制
102	F30：48	A型	深灰色页岩	11.54	7.37	1.45	残	居住面	打制，体扁平
103	F30：50	A型	黄灰色页岩	19.5	14.8	1.8	完整	居住面	打制，呈扁扇形状，束腰，弧状刃，有崩疤
104	F30：51	B型	深灰色页岩	16.4	22.2	2.25	完整	居住面	打磨兼制，扁平圆盘状，对钻双孔，弧状刃，侧锋，使用磨痕明显
105	F30：52	A型	浅灰色石灰岩	10	9.2	2.15	残	居住面	打制，体扁平，束腰，弧状刃，刃部有崩痕
106	F30：53	A型	浅灰色石灰岩	17.4	14.45	2.1	完整	居住面	打制，体扁平，短柄，束腰，斜肩，器身近方形，直刃，刃部有崩疤
107	F30：55	A型	浅灰色油质页岩	18.7	9.8	1.9	残	居住面	打制，体扁平，亚腰
108	F30：66	A型	灰色页岩	6.9	9.8	1.9	残	居住面	打制，体扁平，弧状刃
109	F30：86	A型	浅灰色石灰岩	15	9.4	1	残	居住面	打制，体扁平
110	F30：101	A型	深灰色页岩	16.6	8.4	1.9	残	居住面	打制，直柄，圆身，弧状刃厚钝
111	F30：134	A型	黄灰色页岩	19.1	23.5	2.66	完整	居住面	打制，呈扁平状，"凸"字形，束腰，弧状刃，刃中部因使用下凹
112	F31：35	A型	浅灰色石灰岩	20.3	12	5	完整	居住面	打制，体扁平，窄长柄，不显肩，弧状刃，有崩疤

序号	器号	分型	质地	尺寸（厘米）			保存状况	出土位置	器物描述
				长	宽	厚			
113	F31：36	B型	深灰色页岩	15.8	9.4	2	残	居住面	刃部残片，器身扁平，双孔，弧状刃，有崩疤
114	F31：37	B型	深灰色页岩	22.6	7.7	1.6	残	居住面	打制
115	F31：81	A型	浅灰色花岗岩	11.7	8.2	1.2	完整	居住面	打制，扁且薄，直柄，圆身，弧状刃，有崩疤
116	F32：53	A型	浅灰色石灰岩	12.7	10.3	2.3	残	居住面	打制，体扁平，弧状刃
117	F32：81	A型	浅灰色石灰岩	7.9	11	2.1	残	居住面	打制，体扁平，磨痕明显
118	F32：84	A型	灰绿色页岩	11.5	11	1.7	残	居住面	
119	F32：86	A型	棕红色玄武岩	10.9	15.3	1.9	残	居住面	弧状刃，有崩疤
120	F32：87	A型	浅灰色石灰岩	13.8	8.7	1.4		居住面	刃部残片，经琢磨，器身扁平，弧状刃，刃部一面磨痕明显
121	F32①：6	A型	灰色页岩	8.1	12.2	1.3	残	堆积层	
122	F32①：7	A型	浅灰色石灰岩	14	10.3	2.5	残	堆积层	打制，体扁平，直柄，微束腰，弧状刃，刃部一面使用磨痕明显
123	F32①：8	A型	浅灰色石灰岩	11.6	10.5	1.6	残	堆积层	打制，短直柄，宽直身，弧状刃
124	F32①：13	A型	浅灰色石灰岩	8.4	5	1.6	残	堆积层	打制，体扁平，弧状刃，刃部有崩痕
125	F32①：14	A型	浅灰色石灰岩	4.5	8.8	1.9	残	堆积层	打制，弧状刃
126	F32①：17	A型	浅灰色石灰岩	12.2	12	2.4	残	堆积层	打制，体扁平，弧状刃，刃部有崩痕
127	F32①：27	A型	浅灰色页岩	5.4	5	0.9	残	堆积层	打制，体扁平，弧状刃
128	F32①：30	A型	灰色石灰岩	13.7	19.2	2.7	残	堆积层	打制，束腰，溜肩，微弧状刃
129	F32①：41	A型	灰色泥质页岩	12	11	1.4	残	堆积层	打制，体扁平，弧状刃
130	F33：38	A型	浅灰色页岩	20.4	18.8	2.1	完整	居住面	打制，似扇状，体扁平，束腰，弧状刃，刃部有崩疤
131	F33：39	A型		18	18.3	1.9	残	居住面	打制，近扇形较扁，束腰，弧状刃，刃部有崩疤，柄部有残缺
132	F33：41	A型	浅灰色页岩	11.5	8.6	1.3	残	居住面	打制，体扁平，柄部残断，弧状刃

序号	器号	分型	质地	尺寸（厘米）			保存状况	出土位置	器物描述
				长	宽	厚			
133	F33：42	A型	灰色页岩	16.4	18	1.5	残	居住面	打制，直扁体，短柄，束腰不显，刃残
134	F33：44	A型	灰色石灰岩	18.1	15.75	1.1	残	居住面	打制，直扁体，短柄，束腰不显，刃角残
135	F33：55	B型	深灰色页岩	21.4	15.5	2.6	完整	居住面	打制，呈圆盘状，对琢磨椭圆形双孔，弧状刃，刃部经修磨，一面磨痕明显
136	F33：58	B型	深灰色页岩	17	20.2	2.1	完整	居住面	打制，呈圆盘状，对琢磨椭圆形双孔，弧状刃，刃部经修磨，一面磨痕明显
137	F33：59	B型	深灰色页岩	19.3	19.36	2.3	完整	居住面	打制，呈圆盘状，对琢磨椭圆形双孔，弧状刃，刃部经修磨，一面磨痕明显
138	F33：63	A型	灰色石灰岩	10.64	10	1.8	残	居住面	柄部残片，打制，体扁平
139	F33：65	A型	灰色页岩	11.5	5.8	0.7	残	居住面	打制，体扁平
140	F33：74	A型	浅灰色石灰岩	11.1	10.9	2.5	残	居住面	柄部残片，打制，体扁平
141	F33：77	A型	浅灰色石灰岩	10.15	6.1	2.2	残	居住面	柄部残片，打制，体扁平
142	F33：78	A型	灰色页岩	15.6	12.8	2.2	残	居住面	打制，体扁平，弧状刃
143	F33①：3	A型	棕红色石灰岩	8.4	10.5	1.9	残	堆积层	体扁平，弧状刃，刃部有崩疤
144	F33①：5	A型	深灰色页岩	8.4		1.3	残	堆积层	打磨，体扁平，弧状刃，刃部有崩疤，一面磨痕明显
145	F33①：6	A型	深灰色页岩	11.8	9.9	1.15	残	堆积层	刃角残片，体扁平，弧状刃，有崩疤
146	F33①：9	A型	浅灰色石灰岩	7.6	10.93	2.3	残	堆积层	柄部残片，体扁平
147	F33①：10	A型	浅灰色石灰岩	8.33	8.16	1.2	残	堆积层	刃部残片，呈扁平状较薄，弧状刃，单面有使用磨痕
148	F33①：18	B型	深灰色页岩	5.4	11.6	1.1	残	堆积层	打磨，体扁平，对琢磨双孔，经二次使用
149	F34：39	A型	灰色页岩	15.2	19	2.3	残	居住面	体扁平，柄略残，束腰，器身呈扇形，弧状刃，刃部有崩疤
150	F34：40	A型	浅灰色石灰岩	13.1	15.6	1.6	残	居住面	打制，体扁平，器身呈扇形，弧状刃，刃部一侧使用磨痕明显
151	F34：41	A型	浅灰色页岩	19.3	25.3	1.4	残	居住面	打制，体扁平，束腰，翘肩，弧状刃，刃部残一角，有崩疤

序号	器号	分型	质地	尺寸（厘米）			保存状况	出土位置	器物描述
				长	宽	厚			
152	F34：52	A型	青灰色页岩	17	12	1	残	居住面	刃部残片，呈薄片状
153	F34：55	A型	浅灰色石灰岩	8	14	1.1	残	居住面	打制
154	F34：74	A型	浅灰色石灰岩	12.5	9.1	2.7	残	居住面	刃部两面有使用磨痕
155	F34：76	A型	浅灰色石灰岩	9.5	8.5	2.2	残	居住面	
156	F34：80	A型	浅灰色石灰岩	7.4	11.4	1.9	残	居住面	
157	F34①：1	A型	浅灰色石灰岩	18.5	18.7	3.3	残	堆积层	打制，短柄，呈扇形，弧状刃，一侧刃角残，刃部有磨痕
158	F34①：2	A型	浅灰色石灰岩	14	7.2	1.2	完整	堆积层	打制，较扁薄且窄，弧状刃，有崩疤
159	F34①：11	A型	浅灰色石灰岩	10.4	12	1.6	残	堆积层	刃部残片，打制，较扁薄，弧状刃
160	F35：30	A型	灰色页岩	11.5	6.5	1.4	残	居住面	刃部残片，打制
161	F35：32	A型	灰色页岩	13.1	12.2	0.9	残	居住面	刃部残片，打制
162	F35：34	A型	浅灰页岩	13.8	17.1	1.5	完整	居住面	打制，较扁薄，直柄，直刃
163	F35：35	A型	浅灰色白云母质页岩	14.7	13	1.8	残	居住面	打制，体扁平，直柄，束腰不显，弧状刃
164	F35：36	A型	深灰色页岩	17.8	16	1.1	完整	居住面	打制，短直柄，圆身，弧状刃
165	F35：38	A型	浅灰色页岩	17.4	18.1	2.7	完整	居住面	打制，短柄，椭圆身，弧状刃
166	F35①：2	A型	浅灰色石灰岩	21.7		2.6	残	堆积层	打制，体扁平，长柄，圆身，弧状刃
167	F36：41	A型	浅灰色石灰岩	13	16.4	1.4	残	居住面	刃部残片，打制，圆身，弧状刃，有崩疤
168	F36：42	A型	浅灰色石英岩	12.35	7.6	1.6	残	居住面	刃部残片，打制，刃部有崩疤
169	F36：51	A型	浅灰色石灰岩	6.73	14	1.4	残	居住面	刃部残片，打制，弧状刃
170	F36：85	A型	浅灰色页岩	16.75	9.04	1.1	残	居住面	刃部残片，打制，体扁平，弧状刃
171	F36：96	A型	深灰色页岩	13.5	21	1.9	完整	居住面	打制，短柄，束腰，弧状刃，刃部的一面使用明显，有崩疤
172	F36：97	A型	浅灰色石灰岩	21.3	11.5	2.8	完整	居住面	正面凹，背面凸，长直柄，圆身
173	F36：98	A型	深灰色石灰岩	13.53		2.7	残	居住面	柄部残片

序号	器号	分型	质地	尺寸（厘米）			保存状况	出土位置	器物描述
				长	宽	厚			
174	F36①：5	A型	深灰色页岩	16.75	9.04	1.1	残	堆积层	打制，体扁平，侧棱较为平直，弧状刃，正锋
175	F39：43	A型	灰色石灰岩	11.21	10.22	2.1	残	居住面	刃部残片，打制，体扁平，梯形，弧状刃
176	F39：44		深灰色页岩	5.42	6.93	0.7	残	居住面	刃部残片，打制，体扁平，弧状刃，偏锋
177	F39：61	A型	浅灰色页岩	11.81	12.06	1.9	残	居住面	打制，窄柄，柄顶平直，有肩，弧状刃，正锋
178	F39：70	A型	灰色页岩	8.84	5.26	1	残	居住面	打制，体扁平，短柄，束腰，短身，长弧状刃，刃残一角
179	F39：109		浅灰色石灰岩	8.75	7.3	0.4	残	居住面	打制，呈扁平状，仅存弧状刃，正锋
180	F40：46		沉积岩	19		2.4	残	居住面	打制，体扁平，弧状刃
181	F40：48	B型	深灰色页岩	9.5	9.8	1.4	残	居住面	刃部残片，双孔盘状
182	F40①：5		灰色页岩	9.5	14	0.6	残	堆积层	刃部残片，束腰，弧状刃，刃部有崩痕
183	F40①：7	B型	深灰色页岩	8	5.5	1.2	残	堆积层	刃部残片，打制
184	F40①：12		灰色页岩	10		1.5	残	堆积层	刃部残片，弧状刃，刃部有崩痕
185	F41①：4	A型	红褐色页岩	14.5	14	1.8	完整	堆积层	打制，体扁平，弧顶，直柄，斜肩，束腰不显弧状刃，刃部两侧使用磨痕明显
186	F41①：5	A型	灰绿色页岩	15	19.2	2.3	完整	堆积层	打制，体扁平，弧顶，直柄，斜肩，束腰不显长圆身，平直刃，刃部一面使用磨痕明显
187	F42①：9		浅灰色页岩	7	6.5	0.2	残	堆积层	刃部残片，弧状刃
188	F42①：11		灰色页岩	10.1		1.5	残	堆积层	柄部残片，打制
189	F42①：12		灰色泥质页岩	9.4		1.25	残	堆积层	刃部残片，打制，弧状刃，崩痕
190	F42①：13		灰色页岩	14.25		1.15	残	堆积层	残片
191	F42①：16		灰色页岩	7.8	16.2	2.2	残	堆积层	刃部残片，打制，弧状刃
192	F43：24		浅灰色页岩				残	居住面	刃部残片，呈薄片状

序号	器号	分型	质地	尺寸（厘米）			保存状况	出土位置	器物描述
				长	宽	厚			
193	F43：39	A型	红褐色页岩	12	15.5	0.5	完整	居住面	打制，较扁薄，柄部较厚，圆顶，直柄，斜肩，长圆身，直刃
194	F43：41		浅灰色页岩	10	9.5	1.7	残	居住面	刃部残片，打制，体扁平，弧状刃
195	F43：42	A型	浅灰色页岩	16.5			残	居住面	打制，体扁平，短直柄，一侧残，弧状刃
196	F43：43		红褐色页岩	12.5			残	居住面	柄部残片，打制，体扁平
197	F43：47		灰绿色页岩	11.3	9		残	居住面	刃部残片，打制，体扁平
198	F43：48		泥质页岩	12	6	0.3	残	居住面	刃部残片，打制
199	F43：52		红褐色页岩	12.5	9.3		残	居住面	残片，打制，体扁平
200	F43：66		浅灰色页岩				残	居住面	刃部残片，较扁薄
201	F43：70	B型	深灰色泥质页岩	14.5	17.5	1.5	残	居住面	打制，体扁平，近方形，顶部残，琢出椭圆形双孔，平刃，一面使用磨痕明显
202	F45：35		深灰色页岩	10.67	12.89	1.1	残	居住面	刃部残片，打制，体扁平，弧状刃
203	F45：36	A型	深灰色页岩	15.11	9.95	1	残	居住面	打制，体扁平，弧顶，束腰，弧状刃，正锋
204	F45：52	A型	浅灰色石灰岩	12.87	9.23	1.8	残	居住面	略残，打制，体扁平，窄顶宽刃，略束腰，弧状刃，正锋，顶部有使用磨痕
205	F45：61		深灰色页岩	8.35	10.31	0.7	残	居住面	刃部残片，打制，体扁平，弧状刃
206	F45：68		浅灰色石灰岩	7.6	10.76	1.3	残	居住面	刃部残片，打制，体扁平，弧状刃
207	F46：46	A型	褐色页岩	13.2	26.8	1.7	完整	居住面	打制，窄柄宽身，有肩，束腰，弧状刃，正锋
208	F46：47	A型	浅灰色石灰岩	26.3	34.31	1.7	完整	居住面	打制，柄部残断，窄柄宽身，有肩，束腰，弧状刃，正锋
209	F46：48	A型	棕红色花岗岩	16.4	16.2	1.8	完整	居住面	打制，窄柄宽身，顶部平直，略束腰，弧状刃，正锋
210	F46：49	A型	浅灰色石灰岩	13	20.5	1.6	完整	居住面	打制，窄柄宽身，有肩，束腰，弧状刃，正锋
211	F46：59		棕红色石灰岩	10.18	8	2.3	残	居住面	打制，体扁平

续附表9

序号	器号	分型	质地	尺寸（厘米）			保存状况	出土位置	器物描述
				长	宽	厚			
212	F46：60		浅灰色石灰岩	14.23	10.89	0.7～1.6	残	居住面	打制，体扁平
213	F46：97		浅灰色石灰岩	11.38	15.53	2.1	残	居住面	打制，体扁平
214	F46：102	A型	深灰色页岩	13.72	12.45	1.3	残	居住面	打制，窄柄宽身，有肩，顶部不平，弧状刃，正锋，有崩疤
215	F46：106		浅灰色石灰岩	10.61	8.25	2.4	残	居住面	打制，体扁平
216	F46：121	A型	浅灰色石灰岩	25.45	28.47	3.7	完整	居住面	打制，窄柄宽身，有肩，束腰，弧状刃，正锋
217	F46①：3		浅灰色石灰岩	14.05	14.85	1～2.1	残	堆积层	打制，体扁平，弧状刃，正锋
218	F46①：4		浅灰色石灰岩	8.86	12.8	2	残	堆积层	刃部残片，体扁平，弧状刃，正锋，有崩疤
219	F46①：5		深灰色页岩	13.25	7.74	1.5	残	堆积层	刃部残片，体扁平，局部磨光，弧状刃
220	F46①：6		深黑色页岩	16.11	6.9	1.3	残	堆积层	刃部残片，体扁平，磨光，弧状刃，正锋，锋刃锐利，有崩疤
221	F46①：14		浅灰色石灰岩	5.77	11.2	2.6	残	堆积层	刃部残片，体扁平，弧状刃，正锋
222	F46①：27		浅灰色页岩	6.5	10.5		残	堆积层	刃部残片，弧状刃
223	F46①：87		浅黄色页岩	13.7		1.8	残	堆积层	身残，弧顶，直柄，束腰不显
224	F46①：88		灰色泥质页岩	5.6	9.7	1.8	残	堆积层	柄部残片
225	F47：19	A型	深灰色页岩	16.73	10.73	1.3	残	居住面	打制，顶部斜平，略束腰，弧状刃，正锋，刃部残缺
226	F47①：28	A型	深灰色页岩	17.11	11.05	1.6	残	堆积层	打制，残，窄柄宽身，斜肩，正锋，刃部磨损较为严重
227	F48：40	A型	灰色石灰岩	18.39	14.7	2.1	完整	F48	打制，体扁平，椭圆柄，束腰，斜肩，弧状刃，刃有崩疤
228	F48：46	A型	浅灰色页岩	16.08	18	1.5	完整	F48	打制，体扁平，刃部微弧，正锋，刃部有崩疤
229	F48：55	A型	灰色石灰岩	15.9	21.06	1.8	完整	F48	打制，体扁平，束腰，弧状刃，正锋，刃部一面使用痕迹明显
230	F48：58	A型	灰色石灰岩	15.7	6.7	2.1	残	F48	打制，残，体扁平，束腰，弧状刃，正锋，刃部一面使用痕迹明显

序号	器号	分型	质地	尺寸（厘米）			保存状况	出土位置	器物描述
				长	宽	厚			
231	F48：61	A型	浅灰色页岩	12.42	7.3	1.8	残	F48	打制，体扁平，刃部微弧，正锋，刃部有崩疤
232	F49：23	A型	浅灰色石灰岩	14.52	10.53	2.7	残	居住面	打制
233	F49：24	A型	棕红色花岗岩	13.95	9.9	1.1	残	居住面	打制，弧状刃，刃部磨痕明显
234	F49：40	A型	浅灰色石灰岩	17.3	19.47	2.6	残	居住面	体扁平，束腰，柄、身呈椭圆形，刃部有崩疤
235	F49：42	B型	深灰色页岩	20.67	17.73	0.6～2.1	完整	居住面	打制，呈圆盘状，对钻椭圆形孔，弧状刃，刃部经过修整，一面磨痕明显
236	F49：44	A型	深灰色页岩	10.35	4.91	1.6	残	居住面	打制，体扁平
237	F49①：23	A型	灰色页岩	9	7	1.5	残	堆积层	刃部残缺，打制，弧状刃
238	F50：22	A型	浅灰色石灰岩	18.17	20.33	2.5	完整	居住面	打制，体扁平，束腰，弧状刃，正锋，刃部有崩疤
239	F50：23	A型	浅灰色石灰岩	14.72	15.5	1.7	完整	居住面	打制，体扁平，圆身，束腰，弧状刃，刃部有崩疤
240	F50：24	A型	灰色页岩	15.84	25.04	2.1	残	居住面	打制，体扁平，弧状刃，正锋，刃部有崩疤
241	F50：25	A型	深灰色页岩	20.5	21.28	2.1	完整	居住面	打制，椭圆形，束腰，刃部一面磨痕明显
242	F50：26	A型	浅灰色石灰岩	5.13	9.09	1.4	残	居住面	打制，体扁平，弧状刃，正锋，刃部有崩疤
243	F50：50	A型	灰色石灰岩	9.72	8	1.7	残	居住面	铲身
244	F50：54	A型	灰色泥质页岩	13	12.5	1.8	完整	居住面	打制，体扁平，束腰，弧状刃，正锋，刃部有崩疤
245	F50：61	A型	灰色页岩	8.03	9.88	2.3	残	居住面	刃部残块，打制，体扁平，已残断
246	F51：6	A型	灰色页岩	10	10	1.2	残	居住面	打制，体扁平，不甚规整，直柄，平顶，束腰不显，一侧略微倾斜，椭圆身，弧状刃，一侧刃角残，刃部有使用崩痕
247	F52：22	A型	浅灰色石灰岩	13.95	6.74	0.2～1.9	残	居住面	打制，长方形，圆顶，弧状刃，正锋，刃部有疤痕
248	F52：23	A型	浅灰色石灰岩	10.11	18.39	1.8	残	居住面	刃角残片，弧状刃，正锋，有疤痕，刃部一面使用痕迹明显
249	F53：38	A型	深灰色页岩	10.8	17	2	残	居住面	铲身残片，打制

序号	器号	分型	质地	尺寸（厘米）			保存状况	出土位置	器物描述
				长	宽	厚			
250	F53：39	A型	浅灰色石灰岩	16.73	19.1	2.85	完整	居住面	打制，扁椭圆形，近直柄，束腰，弧状刃，正锋，刃部有崩疤
251	F53：40	A型	浅灰色石灰岩	11.38	6.43	0.9	残	居住面	刃部残片，弧状刃，正锋，刃部有崩疤
252	F53：95	A型	浅灰色石灰岩	8.3	8.8	0.9	残	居住面	刃部残片，刃部崩疤明显
253	F54：41	A型	灰色页岩			1	残	居住面	刃部打制，有使用崩痕
254	F54：43	B型	黑色泥质岩	20.1	13.2	2.3	残	居住面	打制，短柄，柄端圆弧，一侧束腰，一侧刃角残断，器身对凿双孔，弧状刃，刃部一侧磨痕明显
255	F54：44	A型	浅灰色石灰岩	16.44	12.65	1.6	残	居住面	打制，体扁平，束腰，横长身，尖刃角，柄及一侧刃身残，正锋，刃部磨痕明显
256	F54：45	A型	浅灰色页岩	17.66	12.19	1.4	残	居住面	打制，体扁平，顶部平直，一侧残，另一侧平直，弧状刃，正锋
257	F54：47	B型	深灰色页岩	13.76	7.24	1.3	残	居住面	打制，体扁平，呈圆角长方形，弧状刃，正锋，腐蚀严重，一侧棱有一豁口
258	F54：48	A型	黑色页岩	17.3	13.92	1	残	居住面	打制，体扁平，直身，宽直柄，顶部平直，一侧略微微亚腰，弧状刃，正锋，刃部磨痕明显
259	F54：112	B型	黑色页岩	14.63	9.57	0.8	残	居住面	磨制，体扁平，顶部平直，长柄短身，束腰，弧状刃，刃部磨痕明显
260	F55：47	A型	浅灰色石灰岩	13.82	15.92	2.7	残	居住面	打制，体扁平，短柄，顶部平直，束腰，椭圆身，弧状刃，刃部崩疤明显，一侧略残
261	F55：81	A型	浅灰色石灰岩	14.1	8	1.2	残	居住面	打制，体扁平，柄残，束腰，扇形身，弧状刃，正锋，刀刃有崩疤
262	H2：1	A型	灰绿色泥质页岩			1	残	H2	刃部残片，打制
263	H2：2	A型	泥质页岩	15.5	7.5	2.5	残	H2	打制，直柄，束腰，溜肩，弧状刃残，刃部有磨痕
264	H14：6	A型	黄褐色页岩	15	9.4	3.2	残	H14	打制，扁平，弧状刃

续附表9

序号	器号	分型	质地	尺寸（厘米）			保存状况	出土位置	器物描述
				长	宽	厚			
265	H14：7	A型	灰色页岩	8.5	12	1	残	H14	打制，扁平，圆身，刃部有使用崩疤
266	H14：9	A型	灰绿色页岩	14.6	7.7	1.9	残	H14	
267	H24：1	A型	灰色页岩	11.5	7	0.8	残	H24	打制，边缘较薄，椭圆柄，束腰，椭圆身，刃部及器身残缺

附表10 铲形石器样本分类表

序号	编号	类别	序号	编号	类别	序号	编号	类别	序号	编号	类别
1	F16：30	A1	25	F45：68	A4	49	F33：39	C	73	F30：51	D2
2	F21：55	A1	26	F32：86	A5	50	T0111①：5	C	74	F32：87	D2
3	F31：81	A1	27	F24：22	A6	51	F35：35	D1	75	F32①：7	D2
4	F40①：5	A1	28	F21：56	A7	52	F35：36	D1	76	F33：38	D2
5	F45：61	A1	29	F21：57	A7	53	F35：38	D1	77	F33：55	D2
6	F54：45	A1	30	F26：54	A7	54	F53：39	D1	78	F33：59	D2
7	F1：38	A2	31	F30：66	A7	55	T0111①：4	D1	79	F34：39	D2
8	F2：13	A2	32	F19①：22	A8	56	F1：53	D2	80	F35：34	D2
9	F16：9	A2	33	F26：36	A8	57	F1：59	D2	81	F36：97	D2
10	F18：27	A2	34	F30：117	A9	58	F3：25	D2	82	F36①：5	D2
11	F26①：4	A2	35	F10：17	B	59	F4：26	D2	83	F41①：5	D2
12	F10：15	A3	36	F15：7	B	60	F4：35	D2	84	F43：39	D2
13	F19：5	A3	37	F17：21	B	61	F6：16	D2	85	F43：70	D2
14	F26：57	A3	38	F20：21	B	62	F9：8	D2	86	F45：35	D2
15	F32①：8	A3	39	F26：52	B	63	F10：44	D2	87	F46：46	D2
16	F43：42	A3	40	F30：41	B	64	F18：25	D2	88	F46：48	D2
17	F49：40	A3	41	F30：135	B	65	F21：58	D2	89	F47①：28	D2
18	F53：38	A3	42	F33：44	B	66	F21：62	D2	90	F48：40	D2
19	T0710②：2	A3	43	F36：41	B	67	F23：24	D2	91	F48：46	D2
20	F21：64	A4	44	F39：43	B	68	F24：18	D2	92	F48：55	D2
21	F30：44	A4	45	F54：42	B	69	F26：37	D2	93	F49：42	D2
22	F32：53	A4	46	F18：10	C	70	F27：44	D2	94	F50：22	D2
23	F32：81	A4	47	F21：60	C	71	F27：95	D2	95	F50：25	D2
24	F36：42	A4	48	F31：35	C	72	F30：50	D2	96	F52：18	D2

序号	编号	类别	序号	编号	类别	序号	编号	类别	序号	编号	类别
97	F54：48	D2	120	F32①：17	E3	143	F54：44	E4	166	F48：61	F
98	G1：4	D2	121	F36：98	E3	144	F55：47	E4	167	F52：22	F
99	IV①：10	D2	122	F46①：4	E3	145	H2：2	E4	168	T0210①：2	F
100	F1：54	E1	123	F49：23	E3	146	F1：48	E5	169	T0401①：5	F
101	F9：10	E1	124	T0414①：3	E3	147	F16：31	E6	170	F2：17	G
102	F11：8	E1	125	T0807②：2	E3	148	F23：16	E6	171	F4：25	G
103	F16：18	E1	126	F1：44	E4	149	F16：29	E7	172	F19①：29	G
104	F32：84	E1	127	F4：24	E4	150	F13：2	E8	173	F21：31	G
105	F46①：87	E1	128	F5：19	E4	151	F21：63	E8	174	F25①：4	G
106	F3：34	E2	129	F9：7	E4	152	F6①：9	F	175	F30：48	G
107	F11：9	E2	130	F21：59	E4	153	F7：18	F	176	F31：36	G
108	F13：3	E2	131	F26：61	E4	154	F9：11	F	177	F41①：4	G
109	F14：20	E2	132	F32①：30	E4	155	F16：10	F	178	F45：52	G
110	F21：61	E2	133	F33：42	E4	156	F18：12	F	179	F46：102	G
111	F42①：16	E2	134	F34①：1	E4	157	F18：26	F	180	F46①：3	G
112	F50：24	E2	135	F39：61	E4	158	F30：43	F	181	F46①：6	G
113	F52：23	E2	136	F39：70	E4	159	F30：53	F	182	F51①：5	G
114	F30：52	E2	137	F45：36	E4	160	F30：55	F	183	F54：47	G
115	F10：16	E3	138	F46：49	E4	161	F30：101	F	184	F54：112	G
116	F14：19	E3	139	F48：58	E4	162	F31：37	F	185	Ⅱ T0112①：1	G
117	F16：27	E3	140	F50：23	E4	163	F32：79	F	186	F3：21	废料
118	F21：77	E3	141	F50：54	E4	164	F46①：5	F	187	F16：19	废料
119	F32①：6	E3	142	F51：6	E4	165	F46①：89	F			

附表11　部分铲形石器样本信息表

单位：厘米

序号	器号	岩性	通高	柄高	身高	柄宽	孔横径	孔竖径	孔间距	腰宽	刃宽	柄厚	铲身厚	刃厚
1	F1：53	深灰色页岩	15.2	6.5	8.7	7.4				6.1	14	1.3	1.1	0.6
2	F1：59	紫褐色石灰岩	12.3	3.7	8.6	10.8				10.4	17.5	1.5	0.4	0.4
3	F3：25	浅灰色页岩	17.5	7.8	9.7	9.4				8.3	15.8	2.1	1.9	1.6
4	F4：26	紫褐色石灰岩	15.2			4.4					8.6	1.9	2.2	0.9
5	F4：35	深灰色页岩	13.3	5.5	7.8	5.3				6.9	11.1	1.9	1.1	1
6	F6：16	灰褐色页岩	13.3	5.4	7.9	9.2				9.5	22.4	1.7	1.1	1.1
7	F9：8	紫褐色石灰岩	14.5	6.8	7.7	9.3				8.7	18	2.2	1	1.2
8	F10：14	深灰色页岩	12.5								16.6		0.9～1.4	0.3～0.5
9	F18：25	深灰色页岩	15.9	9.1	5.8	4.9				6	9.8	1.2	1.4	0.8
10	F21：58	灰褐色页岩	14.5	7.2	7.3	6.2				6.2	15.3	1.7	1.4	0.7
11	F21：62	紫褐色石灰岩	17.9			4.5					10.6	2.1	2.3	0.9
12	F23：24	深灰色页岩	9.8	4.4	5.4	5.1				3.7	8.7	0.7	0.8	0.4
13	F24：18	紫褐色石灰岩	10.2	3.5	6.7	3.2				4.8	11.5	0.5	0.8	0.3
14	F26：37	浅灰色页岩	14	5.2	8.8	10.3				10.2	23.5	1.3	1.6	1

续附表11

序号	器号	岩性	通高	柄高	身高	柄宽	孔横径	孔竖径	孔间距	腰宽	刃宽	柄厚	铲身厚	刃厚
15	F27：44	紫褐色石灰岩	16.5								14		1～1.4	0.4
16	F27：95	紫褐色石灰岩	11.9	4.4	7.5	9.6				9.7	20.6	1.1	1.4	1
17	F30：50	紫褐色石灰岩	18.9	8.5	10.4	9.3				7.2	14.8	1.6	1.4	0.5
18	F30：51	深灰色页岩	15.8	8.2	7.6	23	2		6.6		21	1.4	2.1	1.2
19	F32①：7	灰褐色页岩	13	5.4	7.6	5.3				6	9.9	2	1.5	1.1
20	F32：87	深灰色页岩	13.4			4.5					8.3	1.4	1.4	0.6
21	F33：38	灰褐色页岩	19.3	8.2	11.1	10.3				9.6	18.5	1.7	1.9	1
22	F33：55	深灰色页岩	20.8	10.8	10	18	1.5	2	6.5～7		18.8	1	2.2	1
23	F33：59	深灰色页岩	18.8	9.5	9.3	18	1.5	2.5	6.4～7		19.2	1.5	1.5	1.2
24	F34：39	灰褐色页岩	14.5	6.4	8.1	9.3				8.1	18.3	1.4	2.1	1
25	F35：34	浅灰色页岩	13.2	6.1	7.1	11				11.6	18	0.8	0.9	0.8
26	F36①：5	深灰色页岩	16.2			5.8					8.9	0.7	0.8	0.7
27	F36：97	紫褐色石灰岩	21.2	10	11.2	5.1				5.3	11.4	2.2	2.7	0.6
28	F41①：5	浅灰色页岩	15.1	7.2	7.9	7.5				6.8	18	1.9	2.2	1
29	F43：39	灰褐色页岩	12	5.9	6.1	6.7				6.6	15.3	2	0.9	0.3
30	F43：70	深灰色页岩	14	6	8.6	17	1.3	2.4	4.8		17.3	0.9	1.3	0.8
31	F45：35	深灰色页岩	12.8								10.7		0.8	0.4
32	F46：46	浅灰色页岩	13.1	4.8	8.3	8.3				8.7	26.8	1.7	1.5	0.8

续附表11

序号	器号	岩性	通高	柄高	身高	柄宽	孔横径	孔竖径	孔间距	腰宽	刃宽	柄厚	铲身厚	刃厚
33	F46：48	紫褐色石灰岩	16.6	7.9	8.7	11				10.6	16	1.6	2	0.6
34	F47①：28	深灰色页岩	16.2	8.5	7.7	5				6.6	10.7	1.5	1	0.6
35	F48：40	灰褐色页岩	18.3	8.7	9.6	9.4				8.3	15.1	2	2.2	1
36	F48：46	深灰色页岩	15.2								20.8		1.2	0.25 ~ 0.3
37	F48：55	深灰色页岩	14.6	8.5	6.1	11				9.1	19.6	1.6	2	1.1
38	F49：42	深灰色页岩	19.8	11.1	8.7	16.5	1.5	2.1	7.7		17.2	1.7	1.6	0.9
39	F50：22	紫褐色石灰岩	17.8	7.5	10.3	10.8				8.6	19.7	2.3	2.6	1
40	F50：25	深灰色页岩	18.7	8.9	9.8	12.7				11.5	19.3	2	1.7	0.6
41	F52：18	紫褐色石灰岩	16.7			5.1					10.6	3.2	3.3	1.5
42	F54：48	深灰色页岩	14.4	8.6	5.8						8.6 ~ 11.6		0.8	0.3 ~ 0.5
43	G1：4	灰褐色页岩	11.1	4.8	6.3	10.3				10	23	2	1.6	0.5
44	Ⅳ①：10	紫褐色石灰岩	14.2			4.4					7.3	1.6	2.3	2.1

附表 12-1 实验用现代工具信息表（一）

序号	器物名称	复合柄材质	复合柄长（厘米）	复合柄粗柄（厘米）	转接柄长（厘米）	装柄方式	固定方式	铲头连接	柄头高（厘米）	身高（厘米）	刃宽（厘米）	刃厚（毫米）	身厚（毫米）	小身高（厘米）	小刃宽（厘米）	小刃厚（毫米）	小身厚（毫米）	整体长（厘米）	类型
1	铁锄	木	127	3.5	64	銎式竖曲柄	铁箍/焊接	出榫		7.5	10.7	1.18	3.1						大锄 A
2	铁锄	木	120	3	50.3	銎式竖曲柄	铁箍/焊接	出榫		8.5	15	1.3	2.4						大锄 A
3	铁锄	木	126.5	3	47	銎式竖曲柄	铁箍/焊接	出榫		9	16.7	1.38	3.2						大锄 A
4	铁锄	铁	147	2.5	25	竖曲柄	焊接/焊接	焊身		10.5	20.5	1.18	3.5						大锄 A
5	铁锄				44	銎式竖曲柄	铁箍/焊接	出榫		10.5	20	1.2	2.56						大锄 A
6	铁锄				45.5	銎式竖曲柄	铁箍/焊接	出榫		10	19.5	1.46	1.98						大锄 A
7	铁锄	铁	139.5	2.5	19	竖曲柄	焊接/焊接	柄头	3	4.5	19.3	1.04	2.06						大锄 B
8	铁锄	铁	140.5	2.5	18.5	竖曲柄	焊接/焊接	柄头	3	4	18	1	2.1						大锄 B
9	铁锄	铁	139.5	3.5	18.5	竖曲柄	焊接/焊接	柄头	3.4	3.6	18	0.6	1.88						大锄 B
10	铁锄	铁	141	2.5	19.5	竖曲柄	焊接/焊接	柄头	3.4	3.6	17.5	0.9	2.36						大锄 B
11	铁锄	木	116	2.5	21.5	銎式竖直柄	铁箍/焊接	连接片		6	13.5	0.8	1.6	9	7.5	0.8	3.9	27.5	大锄 C

续附表 12-1

序号	器物名称	复合柄材质	复合柄长（厘米）	复合柄粗（厘米）	转接柄长（厘米）	装柄方式	固定方式	铲头连接	柄头高（厘米）	身高（厘米）	刃宽（厘米）	刃厚（毫米）	身厚（毫米）	小身高（厘米）	小刃宽（厘米）	小刀厚（毫米）	小身厚（毫米）	整体长（厘米）	类型
12	铁锄	木	150	2.5	0	竖直柄	螺丝固定	连接片		5.3	17.5	0.9	1.58	5.5	5.5	1.28	1.6	22	大锄C
13	铁锄	木	115	4	6.5	銎式竖直柄	螺钉/焊接	连接片		9.5	8.5	1.04	4.1	9.5	8.5	1.28	3.82	19.5	大锄C
14	铁锄	木	16.5	2.5	15	竖曲柄	嵌插/焊接	焊身		2.3	11	0.6	1.78						手锄D
15	铁锄	木	9.5	2.5	20	竖曲柄	嵌插/焊接	焊身		3.5	14.4	1.18	1.8						手锄D
16	铁锄	铁	13.5	2.5	18.5	銎式竖曲一体柄	焊接/焊接	柄头	1.5	2	13.3	0.9	1.48						手锄E
17	铁锄	铁	13.5	2.5	17.5	銎式竖曲一体柄	焊接/焊接	柄头	1.5	2	14	0.9	1.6						手锄E
18	铁锄	铁	11	2.5	17.5	銎式竖曲一体柄	焊接/焊接	柄头	1.3	2.7	14.3	0.74	1.48						手锄E
19	铁锄	铁	11.5	2.5	16	銎式竖曲一体柄	焊接/焊接	焊身		4	13.5	0.7	1.4						手锄F
20	铁锄	铁	12.5	2.5	21	銎式竖曲一体柄	焊接/焊接	焊身		3.3	13.8	0.8	1.4						手锄F
21	铁锄	木	9.5	3	22	竖曲柄	嵌插/焊接	焊身		5.5	13	1.38	1.58						手锄G
22	铁镐	木	107	4.5	9	銎式竖直柄	螺钉/焊接			31	7.6	1.98	10.2						镐头
23	铁镐	木	92.5	4	10	銎式竖直柄	螺钉/焊接			25	7	2	10.8						镐头

附表12-2　实验用现代工具信息表（二）

序号	器物名称	复合柄材质	复合柄长（厘米）	复合柄粗（厘米）	转折连接长（厘米）	装柄方式	固定方式	头部特征	柄长（厘米）	身高（厘米）	刃宽（厘米）	刃厚（毫米）	身厚（毫米）	类型
24	铁锹	木	92	4		銎式直柄	螺钉固定	平头	13.5	25.5	16.5	1.7	1.74	A
25	铁锹	木	105	3.5		銎式直柄	螺钉固定	平头	13	29.5	24	1	1.74	B
26	铁锹	木	106	3.5		銎式直柄	螺钉固定	平头	13	29	24	0.6	0.2	B
27	铁锹	木	104.5	3.5		銎式直柄	螺钉固定	平头	13	29	24	0.6	1.3	B
28	铁锹	木	84	4		銎式直柄	螺钉固定	尖头	14	24	21.5	0.6	1.78	C
29	铁锹	木	76.5	4		銎式直柄	螺钉固定	尖头	14	26	21.5	0.8	1.58	C
30	铁锹	木	105	3.5		銎式直柄	螺钉固定	尖头	14	28	22	1.18	1.5	C
31	铁锹	木	106	3.5		銎式直柄	螺钉固定	尖头	13.5	30	22.5	1.28	1.68	C
32	铁锹	木	106	3.5		銎式直柄	螺钉固定	尖头	14	29.5	22	1.18	1.6	C
33	铁锹	木	78	3.5		銎式直柄	螺钉固定	尖头	14	30	22	1.3	1.6	C
34	铁锹	木	100.5	3.5		銎式直柄	螺钉固定	尖头	14.5	29.5	21	1.58	1.78	C
35	煎饼铲	木	9.5	3.5	4.5	转折连接	嵌插/焊接	平头		15	6.5	1	2	E
36	煎饼铲	木	10.5	3.5	3.5	转折连接	嵌插/焊接	平头		15.5	6	1	1.8	E
37	锅铲	铁	22	1.4		銎式直柄一体	焊接	圆弧头		9.5	9.5	0.82	0.9	F
38	锅铲	铝	24	1		銎式直柄一体	焊接	圆弧头		9	8.5	1.7	2.7	F
39	腻铲	铁	12	3		銎式直柄一体	焊接	平头		10.5	12.5	1	1.3	G
40	手铲	木	10	2.3	3.5	转折连接	嵌插/焊接	平头		15	4	1.2	1.76	D

附表 13　石器功效实验情况表

样本编号	习惯用手	使用方式	实验过程描述
12*	右手	掘土、除草、平整土地	9月14日：7：20开始，8：35结束。掘土，石铲较轻便，平均每5分钟256次。使用时双手在前均可，但更习惯左手在前，右手在后，左脚略靠前的姿势。由于没有木踏，用脚蹬踏石器顶缘，时而两腿前后略微错开，用右膝顶住左手支撑给力。由于石器顶缘一侧比较便于蹬踏，前后不交换时，石器也随之翻面。36分钟掘土16平方米。结束后用石器正反两面敲打土块，使其破碎。后又用28分钟，完成16平方米 9月15日：7：06开始，8：02结束。掘土，23分钟完成16平方米。铲身出现劈裂片，石器并未破裂。后16分钟，完成16平方米
14*	右手	掘土、除草、平整土地	9月10日：7：00开始，18：00结束。用石铲将零散的草堆聚在一起。必要时候用手拨除地上未锄尽的小草。使用者左手在前，右手在后，左脚略微靠前工作。之后，开始掘地，大约以每10分钟230次的频率进行。使用时，用左脚蹬踏踏石器顶缘，以加重下掘力度。36分钟掘土16平方米，后28分钟又完成16平方米
23*	右手	掘土、除草、平整土地	9月14日：7：20开始，8：34结束。掘土，平均每5分钟162次。双手在前均可，但更习惯右手在前，左手在后，右脚靠前蹬踏。由于没有木踏，使用者会不自觉蹬踏石器顶缘，且由于石器顶缘一侧更为突出，故经常蹬踏此处。石器正反翻面使用，可以使便于蹬踏的部位在左右脚间切换。31分钟完成16平方米。完成时，石器正面右端有较小断裂，掘土效率逐渐提高 9月15日：7：06开始，8：01结束。掘土16平方米，用时16分钟。之后效率逐渐提高
24*	右手	掘土、除草、平整土地	9月22日：16：05开始，17：45结束。掘土，平均每5分钟365次。使用时，右手在前，左手在后，右脚靠前，右膝抵住木柄发力。正面使用时，右脚时而踩踏石器右侧腰部，翻面使用时，右脚依然踩踏右侧腰部，踩踏部分正反面都是右脚踩踏右侧腰部。28分钟完成16平方米

样本编号	习惯用手	使用方式	实验过程描述
25*	右手	掘土、除草、平整土地	9月14日：7：20开始，8：33结束。掘土，平均每5分钟160次。使用时，左手在前，右手在后，左脚蹬踏木踏，加大力度。分别用29分钟，25分钟完成16平方米。9月15日：7：06开始，8：00结束。掘土，14分钟完成16平方米
33*	右手	掘土、除草、平整土地	9月22日：7：24开始，8：29结束。掘土，每5分钟254次。使用者右手在前，左手在后，右腿略靠前，两腿基本并齐，用左膝抵住石铲木柄发力。掘土时，时而右脚跟踩踏石器右侧顶缘，因为此侧顶缘略顶凸突出。15分钟完成16平方米。9月23日：16：05开始，16：25结束。掘土
37*	右手	掘土、除草、平整土地	9月22日：7：24开始，8：28结束。右脚蹬踏木蹬，右手在前，左手在后，平均每5分钟380次，速度较快，13分钟完成16平方米。后由于告知使用者不用着急，速度减缓，劳动强度降低，每5分钟218次。9月23日：16：05开始，16：25结束。推拉动作
97（断）	右手	掘土、除草、平整土地	10月9日：14：35开始，15：00结束。掘地皮除草，使用时正面朝上，左手在前，右手在后。后转为掘土，右脚蹬踏踏石器顶缘右侧，只进行4次，柄身即断裂，无法使用
W1*	右手	掘土、除草、平整土地	9月1日：16：05开始，16：30停止。掘土，用脚踏木蹬使铲身下掘，平均每5分钟238次，16：15木蹬发生倾斜，但不妨碍使用。9月2日：16：25开始，16：34结束。石器经重新捆绑后，使用无异常。9月3日：9：05开始，至10：45结束。除播种间时，还短暂地使用石器平整土地和打土块。9月7日：7：00开始，11：00结束。掘土、除草、捆绑无异常，石器功能正常。9月8日：7：00开始，16：06结束。掘土，中午休息3小时。除草、开垦、平整土地。9月9日：7：00开始，15：20结束。掘土，42分钟完成16平方米。入土深，翻土成块，效率比锄地快。之后开始除草。使用者两手执握，习惯左手在前，右手在后。除草、左脚微靠前劳动。9月10日：7：00开始，18：00结束。除草、掘土。30分钟完成16平方米，较大的承物面使得锄地效率提高。之后，分别用时28分钟，25分钟完成16平方米掘土面积。至此，两面均出现使用磨面，减轻了原来一面披式的磨面，与文物样本更为接近
W4（断）	右手	掘土、除草、平整土地	9月22日：7：24开始，8：00结束。掘土，每5分钟272次。使用时，左手在前，右手在后，用力时右膝盖发力，抵住木棍，双脚略微并拢。17分钟完成16平方米。后在重复掘土过程中，石器柄身分离

样本编号	习惯用手	使用方式	实验过程描述
W5*	右手	掘土、除草、平整土地	9月9日：15：11开始，15：20结束。掘地皮除草。使用者两手执握，习惯左手在前，右手在后，左胸略微靠前劳动 9月10日：7：00开始，17：43结束。用石器除草，掘土，由于无蹬踏，用左脚跟踏石器顶缘，平均每10分钟265次，其间休息3次，每次约5～10秒，46分钟完成16平方米，30分钟完成16平方米，分别用时39分钟。由于使用前未沾水，沾水后重新使用
W7*	右手	掘土、除草、平整土地	9月1日：16：05开始，16：30停止。掘土，无木蹬，脚踏石器顶缘进行挖掘，平均每5分钟242次，石器未发生任何异常 9月2日：16：25开始，16：34结束。石器经重新捆绑后，使用无异常。除播种时间外，还短暂使用石器平整土地和打土块 9月7日：7：00开始，11：00结束。打土块，除草。石器捆绑无异常，正常使用 9月8日：7：00开始，16：06结束。除草，开垦，平整土地
1*	右手	锄土、除草、平整土地	9月9日：14：00开始，15：20结束。除草，约以每5分钟140次的频率进行。刃部出现较明显使用痕迹，工具未见异常。使用者两手执握，习惯右手在前，左手在后，右脚略微靠前劳动 9月10日：7：00开始，11：00结束。用石器除草，使用时不自觉会使用石器一端下切
71*	右手	锄土、除草、平整土地	9月1日：16：05开始，16：10结束。锄土，平均每5分钟200次。身垂直下切，入土浅，阻力大，以一端下切较费力。木柄及石锄本身较笨重，使用时较费力。以锄土劳动较容易。由于劳动强度较大，石器顶端缘捆绑麻绳断开，随即停止工作 9月2日：16：25开始，16：34结束。石器经过重新捆绑之后十分牢固。使用无异常。使用时，常倾斜使其一端下切，效果比垂直下切好 9月3日：9：05开始，10：45结束。除播种时间外，短暂使用石器平整土地和打土块 9月7日：7：00开始，16：00结束。中午休息3小时。锄土，由于碰到石块，导致石器背面刃缘出现一块崩裂，捆绑无异常，锄土结束，随即平整土地。工具无异常 9月8日：7：00开始，16：00结束。中午休息3小时。除草，开垦，平整土地 9月9日：14：00开始，15：30结束。刨土翻地，46分钟完成16平方米。刨土翻地，效率比石铲慢，入土浅，之后使用两手执握，习惯左手在前，右手在后，左脚略微靠前劳动 9月10日：7：00开始，17：53结束。中午休息3小时。刨土入土浅，基本是将土壤砸开，因此翻出的土较为细碎，不成块。32分钟完成16平方米

样本编号	习惯用手	使用方式	实验过程描述
113*	右手	锄土、除草、平整土地	10月9日：13：30开始，16：09结束。除草，使用者习惯的两端下切。使用时，两腿盆平，右手在前，左手在后时，习惯用锄的左端下切，反之左手在前。规律是习惯足锄的内侧下切。后转为锄土，每5分钟280次，15分钟完成8平方米前，220次，左手在前，习惯用锄的两端以锄习惯的内侧下切。后转为锄土，每5分钟
42-1*	右手	锄土、除草、平整土地	9月15日：8：50开始，9：03结束。使用者习惯左手在前，平均每5分钟230次。动作比较轻快，频率高。尖端人土浅，仅2~3厘米。因频率高，入土浅，完成16平方米，仅用时13分钟。由于使用时间短，石器刃缘仅出现轻微痕迹和磨面。该石器的刃缘比较疏脆，用手清理土时容易掉渣。顶端出现明显劈裂纹 9月17日：16：52开始，17：46结束。锄土，刃缘中部出现一片略微大的崩痕，导致刃缘内凹。继续使用，由于手叮嘱使用者不要追求速度，此次比上次人土略深，大约4~5厘米。结束时，刃缘一端出现崩疤
42-2（断）	右手	锄土、除草、平整土地	9月22日：16：05开始，16：31结束。使用者右手在前，右手在后，左腿略靠前，每5分钟363次。石器背面右侧微靠前，左腿略残缺。使用时重心偏向另一端（原本略残缺）。后背面左侧端出现崩疤，石器背面左侧端断裂，残断端属于E3和E4型
W2*	右手	锄土、除草、平整土地	9月1日：16：05开始，16：20结束。石锄较薄且木柄略轻，入土阻力小，使用起来较方便，以平均每5分钟280次的频率进行锄地。后锄头发生松动，柄部侧缘绳索断裂，随即停止工作。 9月2日：16：25开始，17：00结束。使用时，后开沟，用时较短，中午休息3小时，应是碰撞重石块裂片，先锄土，先开沟，常倾斜使其一端下切破土，因此使锄一端变薄，但不影响使用。 9月3日：9：05开始，10：45结束。石器右端（使用时的朝向）出现一片劈裂片，播种过程中使用该工具开沟，柄侧缘绳索有单根断裂，但不影响正常使用 9月7日：7：00开始，11：00结束。先锄土，随即平整土地，开沟设岔。整个过程中石器捆绑无异常正常工作 9月8日：7：00开始，16：25结束。除草，开垦，平整土地。工具无异常正常
W8*	右手	锄土、除草、平整土地	9月15日：8：50开始，9：04结束。使用者习惯左手在前，平均每5分钟150次。因石器较重，频率较低。尖端人土3~4厘米，14分钟完成16平方米。用时较短，劳动强度高，容易乏累。石器表面仅出现轻微使用痕迹，磨面不明显 9月17日：16：54开始，17：55结束。两端尖部换用下切，刃缘中部磨痕较少。由于手叮嘱过使用者不要着急，使用刃缘中部，劳累程度减轻，用较多，劳累程度较低，此次劳动频率低，刃缘开始出现较明显磨面。 9月23日：17：03开始，17：40结束。进行推拉动作

续附表 13

样本编号	习惯用手	使用方式	实验过程描述
34*	右手	锄土、除草、平整土地	9月9日：14：00开始，15：20结束。除草，平均每5分钟260次。使用者蹲在地上，单手执握木柄，挥动手锄，另一手时常抓握草茎使其露出根部，便于刨除，石器比较轻薄，时常左右手交换，效率较高。9月10日：7：00开始，11：00结束。除草
103-2（断）*	右手	锄土、除草、平整土地	9月9日：14：00开始，15：07结束。除草，平均每5分钟280次。锄身断裂，断裂方式出现E1和E2型，使用结束。木柄安装在正面、单面装柄，使得石器在使用时腰部受力较大，容易断裂
18	右手	砍伐	12月14日：10：14开始，10：27结束。砍伐6~7厘米粗的杨树树杈，平均每分钟86次。砍到一半后，交换左右手的位置从反方向继续。砍伐过程中石器出现细小的崩疤。后又用6分钟砍断一根直径6厘米的枝干
66-1*	右手	砍伐	12月2日：14：56开始，15：25结束。砍伐4~5厘米粗的榆树树枝，左手握树枝，右手持斧，或双手持斧。另一人把握树枝，斧子与树枝形成弧线交角，使用过程中会使刀缘中部弧凸。每5分钟挥砍546次。刀缘出现崩疤。12月14日：10：30开始，11：00结束。清理村南杨树树枝，由于树杈是新鲜的，砍断1根直径5~8厘米的树枝，用时不到1分钟，双手持斧，改变方向时，双手前后交换，向右劈砍左手在前。之后，砍伐更硬的小叶杨树，树干直径约10厘米，用时7分钟
103-1*	右手	刮削	12月15日：10：25开始，11：00结束。双手持刀或单手握刀，刮削一根长1.3米、直径4~6厘米的杨树枝。刀缘与树枝垂直接触，平均每2分钟155次。树枝瘤结处用石斧砍掉，工具配合使用。后又用时13分钟，刮削了一根长0.8米、直径3~4厘米的杨树枝。将新鲜树枝的树皮全部刮除，成品干净光滑
W3*	右手	刮削	12月15日：9：00开始，10：00结束。刮削干树枝，效果不佳，但石器刀缘出现明显磨圆和短条痕。后又刮削一根长10厘米的半干树枝，用时10分钟即完成

注："*"表示实验过程≥1小时；"（断）"表示石器使用过程中发生断裂。

附表14　实验制作石器样本统计表

样本编号	器类	尺寸（厘米）						
		通高	柄高	身高	柄宽	腰宽	刃宽	刃厚
12	石铲	23.5	11	12.5	11	8	13	1.3
14	石铲	20	9	11	11	8.5	15	0.7
23	石铲	21	9	12	12.5	9	15	0.7
24	石铲	20.5	11	9.5	11	9.5	15	0.5
25	石铲	24.5	12.5	12	13	11	16	1
33	石铲	22	11	11	10.5	8.5	15	1.1
37	石铲	21	10	11	13.5	11	17.5	1.4
97	石铲	19.5	11	8.5	9.5	7	18.5	0.8
W1	石铲	22	10	12	14	无	21	0.5
W4	石铲	21.5	9	12.5	8.5	8.5	17	0.6
W5	石铲	20	10	10	11	12.5	18	0.8
W7	石铲	23.5	10	13.5	14	11	17	1
1	石锄	17.5	7.5	10	15	12	21.5	0.08
71	石锄	17	6.5	10.5	8	无	21	1.1
113	石锄	21	11.5	9.5	12.5	8.5	23.5	0.6
42-1	石锄	13.5	6.5	7	15	12.5	20	0.5
42-2	石锄	15	6.5	8.5	11.5	10	21	0.8
W2	石锄	16	8	8	8.5	10.5	25	0.3
W8	石锄	17	8.5	8.5	11	10	25	1.1
34	石锄（手）	12.5	6	6.5	8.5	8.5	15	0.3
103-2	石锄（手）	13	6.5	6.5	9	7	13	0.9
18	石斧	19			5.5		10	1
66-1	石斧	19			7.5		9	1.1
103-1	石刀	11.5			17.5		15	0.4
W3	石刀	8			8		15	0.3

后 记

　　本书终于面世了，这是国家社科基金课题《石器视野下的查海聚落经济形态研究》的主要成果之一，也是我主持完成的第一本真正意义上的考古学学术专著。

　　1990年，我从吉林大学考古学系博物馆学专业毕业，分配到辽宁省文化厅工作。在机关履职的23年中，一直从事文物博物馆管理工作，虽紧张工作之余时常也"舞文弄墨"，且偶有小作面世，但从根本上说，这些作品还是无法与在一线业务研究基础上取得的学术研究成果相提并论。2002年9月至2005年7月，我在母校吉林大学攻读考古学与博物馆学研究生，师从考古学家魏存成教授，研究方向为东北考古。几年的在职学习虽难成系统，却也收获颇丰，也算是毕业十多年后的一次"补课"，这也为未来可能有机会从事的研究工作打下了一定基础。

　　2013年1月，我调任辽宁省文物考古研究所（今辽宁省文物考古研究院，下同）工作，开始真正涉足考古业务研究。真正踏入这道门槛，立刻觉得自己学识浅薄，难以驾驭，领悟了"转身易、转向难"的真谛所在。所幸身边有众多良师益友，他们给予我许多无私帮助和提携，才使我能够以较快的速度融入考古学研究的汪洋大海之中，辽宁大学历史学院张星德教授就是其中最重要的一位。

　　作为著名考古学家张忠培先生的高足，张星德教授时为辽宁大学考古学科带头人。因为身份和职责所系，她积极协调各方关系，促成了辽宁大学与辽宁省文物考古研究所的战略合作，两家单位联合开展了一系列的业务合作和学术交流，并且为在校学生找到了理想的田野实习工地，实现了优势互补。作为我的良师益友，她经常鼓励我、鞭策我，一定要珍惜光阴、倍加努力，做一些脚踏实地、实实在在的业务工作，弥补多年来在考古学研究方面的短板和不足。在她的鼓励和支持下，我于2017年申报了国家社科基金项目《石器视野下的查海聚落经济形态研究》，并成功获批。

　　之所以选择这个题目，原因有二：一是查海遗址的重要性。作为以辽西为核心分布区的兴隆洼文化中目前已知延续时间最长、内涵最丰富的聚落遗址，经过方殿春、辛岩等辽宁考古人持续多年的辛勤工作，发现了房址、窖穴、居室葬、居址葬、墓葬以及位于聚落中心的长达20米的石堆龙等十分重要的遗迹，出土了大量石器、陶器、玉器等珍贵遗物，为史前考古研究提供了不可多得的重要资料，在考古学界产生了较大影响。二是由于时间紧迫等原因，已经出版的该遗址发掘报告虽资料翔实全面，且引起业内高度关注，但其中对于查海聚落的经济形态并没有给出系统的学术观点和研究结论，这客观上为我提供了一个非常好的、在前人成果的基础上开展专题研究的机会和选择。

在课题申报和启动阶段，辽宁大学王闯老师、辽宁省文物考古研究所技术保护部肖俊涛主任成为课题的主要参与人员，之后调入辽宁省文物考古研究所工作的卢治萍研究员（现在辽宁大学历史学部攻读博士学位）也参与进来并发挥了重要作用。

新冠疫情及我的工作岗位发生的变化（2018年11月调至辽宁省博物馆，2020年7月调至中国文化遗产研究院至今），给课题研究工作带来了诸多不便。好在课题组的各位成员不计名利、勤恳有加、合作密切，才使得课题能够如期结项。特别是在课题申报、推进、结项的过程中，张星德教授给予我本人以及课题组以莫大的关心和无私的投入，我们将铭记心中！

本书是在课题结项报告的基础上，经过修改、补充和完善形成的。本书第一章、第二章、第七章及结语由吴炎亮执笔，第三章至第六章由王闯执笔，第八章由卢治萍执笔，全书统稿工作由吴炎亮完成。本书图片和附表由王闯、卢治萍完成。在本书编辑过程中，张星德教授提出了十分宝贵的学术意见，并对一些重要的学术问题进行了指点和斧正。

本书出版经费由中国文化遗产研究院提供支持。李六三先生为本书出版提出了很好的意见和建议，并在百忙之中为本书作序，科研综合管理处丁燕处长及李嘉妮等有关同志给予了大力支持和帮助。

借本书出版之机，感谢几十年来在我学习和工作过程中给予我关心、关怀、关爱的各位师长、领导、同事和朋友！

吴炎亮

2025年2月于北京